高等院校家庭教育系列教材

家庭教育心理学

边玉芳 主编
梁丽婵 副主编

中国教育出版传媒集团
高等教育出版社·北京

内容提要

本书立足《全国家庭教育指导大纲（修订）》《中华人民共和国家庭教育促进法》等，从心理学的视角，详细阐述家庭情境中的心理现象及其特点和变化规律。全书分五个部分，共十一章。第一部分为第一、第二章，对家庭教育心理学进行概述，阐明家庭教育心理学的理论基础；第二部分为第三至第五章，聚焦于父母教养与儿童发展，各章分别阐述父母教养认知、父母教养行为和协同教养，这些是家庭教育心理学的核心内容；第三部分为第六至第八章，分别围绕亲子互动、夫妻互动和同胞互动阐述家庭互动与儿童发展的关系；第四部分为第九、第十章，分别阐述家庭环境和社会环境对家庭教育和儿童发展的影响；第五部分为第十一章，介绍家庭教育干预的相关内容。

本书兼具理论性和实践性，注重学术性的同时，又具有很强的可读性。本书在章前设置"学习目标""知识导图""内容导读"，章中设置"学习活动""拓展阅读"，章末设置"理解·分析·应用"，便于教师灵活组织课堂教学，也有助于学生进行知识建构与实践演练。同时，本书通过"推荐阅读书目"栏目以及二维码链接，为学习者提供大量的辅助学习材料，便于学习者自主学习。

本书可以作为所有开设家庭教育心理学、家庭教育学等相关课程高校的专业教材，可以作为一线教师、家庭教育指导师培训教材，还可以作为家长及其他对家庭教育感兴趣的读者的学习材料。

图书在版编目（CIP）数据

家庭教育心理学 / 边玉芳主编. -- 北京：高等教育出版社，2024.12. -- ISBN 978-7-04-062751-0

Ⅰ.G780

中国国家版本馆 CIP 数据核字第 2024EQ8693 号

（教材）

JIATING JIAOYU XINLIXUE

| 策划编辑 | 肖冬民 陈雨濛 | 责任编辑 | 陈雨濛 | 封面设计 | 裴一丹 | 版式设计 | 马 云 |
| 责任绘图 | 裴一丹 | | 责任校对 | 胡美萍 | 责任印制 | 赵 佳 | | |

出版发行	高等教育出版社	网　址	http://www.hep.edu.cn
社　　址	北京市西城区德外大街 4 号		http://www.hep.com.cn
邮政编码	100120	网上订购	http://www.hepmall.com.cn
印　　刷	人卫印务（北京）有限公司		http://www.hepmall.com
开　　本	787 mm×1092 mm 1/16		http://www.hepmall.cn
印　　张	15		
字　　数	300 千字	版　次	2024 年 12 月第 1 版
购书热线	010-58581118	印　次	2024 年 12 月第 1 次印刷
咨询电话	400-810-0598	定　价	32.00 元

本书如有缺页、倒页、脱页等质量问题，请到所购图书销售部门联系调换
版权所有 侵权必究
物 料 号 62751-00

前言

家庭教育事关个体的终身发展,事关亿万家庭的幸福,事关社会的稳定,事关国家和民族的未来。《中华人民共和国家庭教育促进法》(以下简称《家庭教育促进法》)的颁布实施标志着我国家庭教育由"家事""私事",正式变成"国事"。虽然家庭教育受到了前所未有的关注和重视,但家庭教育中仍普遍存在一些不理性的教育观念和教育行为。例如,对孩子的成长持过高期望,教育内卷严重,家庭教育焦虑弥漫;又如,对孩子过度教养、严厉教养,压迫式地侵入孩子的生活,使孩子压力过大,甚至出现严重的心理健康问题。

为家庭教育赋能、促进家庭教育高质量发展,是建成"高质量教育体系""教育强国"的重要组成部分,是培养德智体美劳全面发展的社会主义建设者和接班人的必然选择,是全面建设社会主义现代化国家、全面推进中华民族伟大复兴的重要助力。2020年,本人承担国家哲学社会科学重大项目"新时代我国家庭教育指导服务体系构建研究",据我们对全国开展的大规模有代表性的抽样调查结果,八成以上家长在开展家庭教育时会遇到困难。为家长提供高质量、高水平的家庭教育指导需要基于对我国家庭教育内涵及规律的系统研究。

高校和相关研究者有责任对我国家庭教育进行深入系统的研究,有责任面向大学生及相关工作者开发和实施科学的家庭教育通识课程和专业课程,研发高质量配套教材,为家庭教育工作队伍持续补给专业化、高质量的研究性人才和应用型人才。《家庭教育促进法》第十一条明确提出"国家鼓励开展家庭教育研究,鼓励高等学校开设家庭教育专业课程,支持师范院校和有条件的高等学校加强家庭教育学科建设,培养家庭教育服务专业人才,开展家庭教育服务人员培训"。

家庭教育心理学是心理学在家庭教育中的直接体现,是家庭教育学的一个重要分支,也是心理学的一个重要分支。家庭教育心理学是从心理学的视角,研究家庭情境中父母(或长者)对子女产生教育影响的过程中的心理现象及其特点和变化规律的学科。家庭教育心理学围绕家庭教育过程展开研究,涵盖了家庭教育的方方面面,揭示了家庭教育影响儿童发展的奥秘。学习家庭教育心理学,深入理解儿童在家庭中的成长过程和规律,是提升家长家庭教育能力、科学开展家庭教育的重要基础,也是为家庭赋能、提供高质量家庭教育指导的重要前提。因此,家庭教育心理学是家庭教育学科中非常重要的专业基础课程。但目前国内家庭教育心理学的教材很少,且大部分年代比较久远。

在这样的背景下,我们编写了《家庭教育心理学》,希望通过本教材为师范大学及综合性大学、高职院校开设相关课程提供支持,为我国培养更多家庭教育领域的高质量人才助力。对高等院校本科生来说,本教材可以帮助学生"成人－安家－立业"。首先是"成人",帮助学生理解家庭教育对0—18岁儿童①身心发展的影响,理性看待家庭对自己的影响。其次是"安家",帮助学生树立科学家庭教育观念,掌握影响儿童身心发展的家庭相关因素,知道家庭如何为儿童的成长与发展创设适宜的条件,为将来做好父母奠定基础。最后是"立业",帮助学生理解0—18岁儿童身心发展的特点及对家庭教育的需求,掌握家庭教育心理学的基本理论,并能够运用这些知识对家庭教育实践问题进行分析和判断,解决实践中的问题,为从事家庭教育相关工作奠定基础。当然,本书也非常适合想要了解家庭教育、开展家庭教育工作、进行自我成长的一线教师、教育管理人员、社区家庭教育工作者及家庭教育指导师自学和参加培训使用。

本书以培养具备心理学意识和能力的家庭教育专业人才为目标,整合了国内外相关研究成果。全书分为五个部分,共十一章。第一部分共两章,为家庭教育心理学概论:第一章为导论,主要介绍家庭教育心理学的概念、特点、价值、研究内容、研究设计与研究方法、发展历程与研究趋势;第二章为家庭教育心理学的理论基础,主要介绍不同心理学流派和取向下的家庭教育,以及家庭教育心理学领域的一些理论。第二部分共三章,为家庭教育的核心部分——父母教养的相关内容:第三、第四章分别介绍父母教养认知和父母教养行为,第五章的主题是协同教养,主要介绍父母协同教养和亲隔代协同教养。第三部分共三章,为家庭教育的重要载体——家庭互动:第六、第七、第八章分别介绍亲子互动、夫妻互动和同胞互动。第四部分共两章,阐述环境对家庭教育和儿童发展的影响:第九章介绍家庭环境如何影响家庭教育和儿童发展,第十章介绍社会环境如何影响家庭教育和儿童发展。第五部分有一章,这一章的内容是家庭教育干预,除了介绍家庭教育干预的概念、发展、对象等,还重点介绍一些在国际上已经得到广泛证实和推广的家庭教育干预项目,以为我国家庭教育干预开展带来启示。

本书作为重要的专业基础课程教材,具有以下方面特色与创新之处:

1. 立足我国国情,体现国际视野,充分反映国内外研究成果

家庭教育会受到社会文化、环境的影响,不同群体、不同文化、不同区域的家庭教育特点及其对儿童发展的影响也会存在差异。我国历来重视家庭教育,我国传统文化、社会发展等都对家庭教育产生了深远影响。因此,在编写本教材时,我们既立足本土,在内容上充分考虑我国文化特色,选择符合我国社会文化和家庭教育情况的内容,并将习近平新时代中国特色社会主义思想以及中华优秀传统文化融入教材;又注重体现国际视野,充分反映国外的经典理论与先进的科学研究成果。本书中的家庭教育心理学案例多源于现实生活中家长们普遍反映的困惑与问题,提供的教育策略也具有很强的针对性,更适用于我国实际。

---

① 本书所指儿童为广义上的儿童,即18周岁以下的个体;在涉及某个特定时期或特定研究时,进行具体区分,如婴幼儿、青少年。

2. 构建家庭教育心理学的基础知识体系，注重理论与实践相结合

家庭教育心理学涉及的内容很多，包括概念、特点、方法等，包括不同家庭教育载体对儿童的影响及其机制，包括针对不同年龄段儿童的家庭教育规律等，这些都需要研究者在众多文献资料的基础上进行梳理、凝练。本书作为家庭教育学科的专业基础课程用书，围绕家庭教育心理学，对该领域的基本认识，不同年龄段儿童的家庭教育状况以及儿童自身发展的特点等多方面的内容进行凝练和呈现；整合相关领域具有代表性的经典理论、研究成果以及实践经验，为学生开展家庭教育实践与指导、从事相关工作奠定完备的知识基础。此外，家庭教育学是一门兼具理论性和应用性的学科，家庭教育心理学教材也需要体现这一特点。因此，本书既包括专业的理论、相关的科学研究成果，也非常注重理论联系实际。本书每章都辅以多样的案例，而且还特别编写了第十一章，介绍家庭教育干预的相关理论和实践进展，以期解决学生在学习后感到理论与实践之间仍存在一定鸿沟的难题，确保学生在掌握相关知识的同时，也能解决实际生活中的家庭教育问题。

3. 加强教与学融合，丰富教师的教学过程，为学生提供自主学习渠道

本书作为家庭教育学科的专业基础课程教材，一方面应为教师开展教学提供便利和抓手，另一方面应能激发学生的学习兴趣和主动性，方便他们主动探索和发现知识。为此，本书设置了丰富的栏目。首先，本书在每一部分设置"导读"，在每一章章前设置了"学习目标""知识导图""内容导读"，帮助学生更好地了解本部分和本章的框架和知识体系。其次，在每一章中，设置"学习活动"，为教师和学生提供小组研讨、案例分析等丰富多彩的教学活动内容；设置与本章内容相关的"拓展阅读"，为学生提供更丰富的学习内容。最后，在每一章章后设置"理解·分析·应用""推荐阅读书目"，帮助学生回顾所学内容，检验学习成果，同时为其提供自主学习的渠道。本书还适合一线教师、家庭教育指导师在开展教学、培训等工作时使用，也适合家长及其他对家庭教育感兴趣的读者自学使用。

本书的编写历时3年多，凝聚了参与人员的智慧与心血。在教材的设计与规划阶段，我和梁丽婵经过多次讨论，在对已有国内外相关教材深入分析的基础上，明确本教材的定位和特点，逐渐确定本教材的框架和目录。在前期资料收集和初步整理的阶段，张航、张馨宇、边昊天、郑天鹏、庄瑞雪等参与了相关工作。在初稿编写阶段，郑柯君负责第一、第二章和第十章，张航负责第三、第四、第五章，张蕊负责第六、第七、第八章，梁芃伟负责第九、第十一章。在书稿集中修改阶段，我和梁丽婵对书稿进行了多次修改，最终由我统一定稿。记得在书稿编写阶段，因为资料庞杂，我们通过每两周的专项讨论推动书稿编写，每次讨论都很热烈。我已经记不清经历了多少次推翻重来，只为了让教材呈现出更好的样子。在此，要特别感谢汤振君一直以来的陪伴以及对书稿编写的支持，她提出了许多非常有参考价值的意见，并参与了书稿的修改工作。也一并感谢参与本教材写作与讨论的所有成员们的辛苦付出。另外，本书在编写过程中参考了许多家庭教育的研究成果，在此要特别感谢书中所涉及的文献作者，他们中的很多人是一直耕

耘在家庭教育领域的专家学者，他们的研究成果给了我们很多灵感和支持。最后，还要感谢高等教育出版社在本书出版过程中给予的诸多帮助，感谢肖冬民、陈雨濛编辑一直以来的支持，以及对教材的认真审读、校对和诸多有益建议。

虽然我们为本书付出了巨大的努力，但由于能力和时间有限，一定还有许多不足的地方，尚需进一步完善，也恳请读者们不吝赐教，多提宝贵意见！

边玉芳

2024 年 7 月

目录

第一部分 概 论 ... 1

第一章 家庭教育心理学导论 ... 3
第一节 家庭教育心理学概述 ... 4
一、家庭、家庭教育与家庭教育心理学的概念 ... 4
二、家庭教育心理学的特点 ... 7
三、家庭教育心理学的价值 ... 9
第二节 家庭教育心理学的研究内容 ... 10
一、家庭教育对儿童发展的影响及作用机制 ... 10
二、家庭教育的影响因素及作用机制 ... 11
三、家庭教育的干预和改善 ... 11
第三节 家庭教育心理学的研究设计与研究方法 ... 12
一、家庭教育心理学的研究设计 ... 12
二、家庭教育心理学的研究方法 ... 15
第四节 家庭教育心理学的发展历程与研究趋势 ... 20
一、国内外家庭教育心理学的发展历程 ... 20
二、国内外家庭教育心理学的研究趋势 ... 24

第二章 家庭教育心理学的理论基础 ... 27
第一节 不同心理学流派和取向下的家庭教育 ... 28
一、精神分析理论 ... 28
二、行为主义 ... 31
三、人本主义 ... 35
四、建构主义 ... 38
第二节 家庭教育心理学领域相关理论 ... 40
一、生态系统理论 ... 41
二、家庭生命周期理论 ... 43
三、家庭系统理论 ... 44
四、符号互动论 ... 46

第二部分　父母教养与儿童发展……49

第三章　父母教养认知……51

第一节　父母教养认知概述……53
一、父母教养认知的概念……53
二、父母教养认知的作用……53
三、父母教养认知的影响因素……54
四、父母教养认知研究的发展……55

第二节　父母教养认知的类别和具体内容……56
一、描述性认知……56
二、评价性认知……58
三、分析性认知……60
四、效能感……61

第四章　父母教养行为……65

第一节　父母教养行为概述……67
一、父母教养行为的概念……67
二、父母教养行为的分类……67
三、父母教养行为的作用……68
四、父母教养行为的影响因素……70
五、父母教养行为研究的发展……71

第二节　父母积极教养行为……75
一、温暖教养……75
二、自主支持……77
三、行为控制……78

第三节　父母消极教养行为……80
一、心理控制……80
二、严厉管教……83
三、父母忽视……84
四、过度保护……86

第五章　协同教养……89

第一节　协同教养概述……90
一、协同教养的概念……91
二、协同教养的作用……91
三、协同教养研究的发展……93

第二节　父母协同教养……93
一、父母协同教养概述……93

二、父母协同教养的影响因素 ································· 95
　　三、父母协同教养对儿童发展的影响 ························· 96
第三节　亲隔代协同教养 ·· 97
　　一、亲隔代协同教养概述 ······································ 97
　　二、亲隔代协同教养对儿童发展的影响 ······················ 99

第三部分　家庭互动与儿童发展 ···························· 101
第六章　亲子互动 ·· 103
第一节　亲子互动概述 ·· 104
　　一、亲子互动的概念 ·· 105
　　二、亲子互动的作用 ·· 106
　　三、亲子互动的影响因素 ····································· 108
第二节　亲子关系 ··· 110
　　一、亲子关系的概念 ·· 111
　　二、亲子关系质量 ··· 111
第三节　亲子沟通 ··· 122
　　一、亲子沟通的概念 ·· 122
　　二、亲子沟通的特征 ·· 122
　　三、亲子沟通的模式 ·· 123
　　四、亲子沟通对儿童发展的影响 ······························ 123
第四节　亲子活动 ··· 125
　　一、亲子活动的概念 ·· 125
　　二、亲子活动的类型 ·· 125
　　三、常见的亲子活动 ·· 126
　　四、亲子活动对儿童发展的影响 ······························ 128

第七章　夫妻互动 ·· 131
第一节　夫妻互动概述 ·· 133
　　一、夫妻互动的概念 ·· 133
　　二、夫妻互动的类型 ·· 133
　　三、夫妻互动的作用 ·· 134
第二节　夫妻关系 ··· 135
　　一、夫妻关系的概念 ·· 135
　　二、夫妻关系质量 ··· 135
　　三、夫妻关系对儿童发展的影响 ······························ 138
第三节　夫妻沟通 ··· 140
　　一、夫妻沟通的模式 ·· 140

二、夫妻沟通对儿童发展的影响 …………………………………………140

第八章　同胞互动 …………………………………………………………143
第一节　同胞互动概述 …………………………………………………144
　一、同胞互动的概念 ………………………………………………………144
　二、同胞互动的类型 ………………………………………………………145
　三、同胞互动的作用 ………………………………………………………145
第二节　同胞关系 ………………………………………………………146
　一、同胞关系的概念 ………………………………………………………146
　二、同胞关系的影响因素 …………………………………………………147
　三、同胞关系质量 …………………………………………………………149
　四、同胞关系对儿童发展的影响 …………………………………………156

第四部分　环境与儿童发展 ………………………………………………159

第九章　家庭环境与儿童发展 ……………………………………………161
第一节　家庭环境概述 …………………………………………………162
　一、家庭环境的概念 ………………………………………………………163
　二、家庭环境对儿童发展的影响 …………………………………………163
第二节　家庭社会经济地位 ……………………………………………165
　一、家庭社会经济地位的概念 ……………………………………………165
　二、家庭社会经济地位对儿童发展的影响 ………………………………165
　三、低社会经济地位家庭中儿童的发展 …………………………………169
第三节　家庭居住环境 …………………………………………………171
　一、家庭住房状况 …………………………………………………………172
　二、家庭嘈杂度 ……………………………………………………………174
第四节　家庭氛围 ………………………………………………………176
　一、家庭情绪表露 …………………………………………………………177
　二、家庭凝聚力 ……………………………………………………………180

第十章　社会环境与儿童发展 ……………………………………………183
第一节　文化与家庭教育 ………………………………………………184
　一、文化与家庭的关系 ……………………………………………………184
　二、我国传统文化与家庭教育 ……………………………………………185
第二节　社会变迁与家庭教育 …………………………………………186
　一、社会变迁背景下家庭教育政策的变化 ………………………………187
　二、社会变迁对家庭教育和儿童发展的影响 ……………………………188

第五部分　家庭教育干预

第十一章　家庭教育干预……197
第一节　家庭教育干预概述……198
　　一、家庭教育干预的概念……198
　　二、家庭教育干预的发展……199
　　三、家庭教育干预的对象……200
　　四、家庭教育干预的形式与内容……202
　　五、家庭教育干预的评估……203
第二节　国际家庭教育干预项目介绍及启示……204
　　一、国际家庭教育干预项目介绍……204
　　二、对我国家庭教育干预的启示……219

参考文献……223

第一部分 概 论

导读

习近平总书记在2018年全国教育大会上指出:"家庭是人生的第一所学校,家长是孩子的第一任老师,要给孩子讲好'人生第一课',帮助扣好人生第一粒扣子。"家庭教育是个体接受教育的开端,在促进儿童发展、塑造儿童人生的过程中起着最重要也最直接的作用。家庭教育心理学是家庭教育学科体系中的重要学科之一,致力于揭示家庭教育过程中儿童及其他家庭成员的心理现象、发展特点和规律,解决家庭教育理论与实践问题。

本书第一章首先介绍家庭教育心理学的概念、特点、价值、研究内容、研究设计以及研究方法,这是对家庭教育心理学进行系统学习的基础;随后梳理家庭教育心理学的发展历程与研究趋势,便于读者对家庭教育心理学这一学科有更全面的认识。第二章对经典心理学流派和取向下的家庭教育以及家庭教育心理学领域的相关理论进行详细介绍,这是构建家庭教育理论体系、对家庭教育心理学开展科学研究的重要理论基础。

第一部分是学习、研究家庭教育心理学的开端,也是全书的基础,通过系统阐释家庭教育心理学的基本知识和理论,回答家庭教育心理学是什么、有何特点,家庭教育心理学从何而来、往何处去,如何进行家庭教育心理学研究等重要问题。

第一章

家庭教育心理学导论

【学习目标】

1. 掌握家庭、家庭教育、家庭教育心理学的概念。
2. 了解家庭教育心理学的研究内容。
3. 了解家庭教育心理学的研究设计与研究方法。
4. 了解家庭教育心理学的发展历程与研究趋势。

【知识导图】

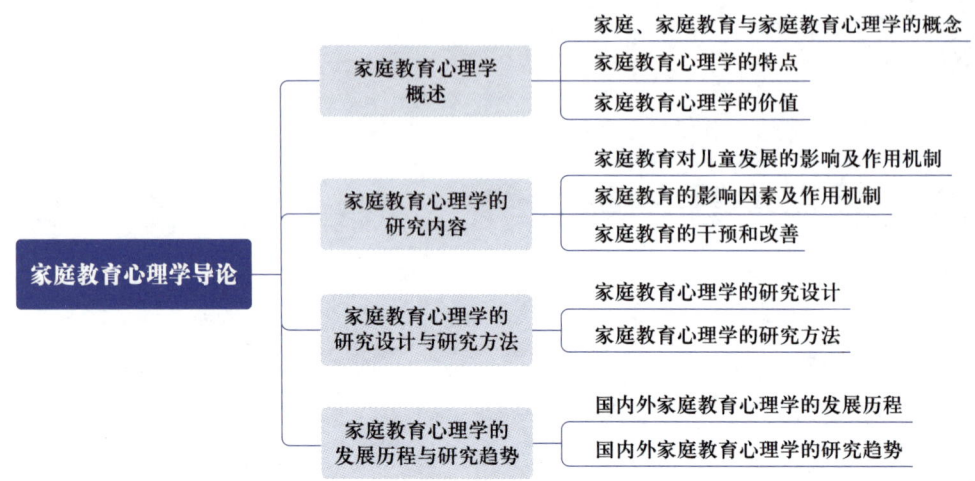

【内容导读】

家庭会对个体的成长产生直接影响,良好的家庭教育能促进儿童积极发展,提升家庭成员的幸福感,推动社会进步。随着时代的发展,家庭教育的重要性日益凸显,科学提升家庭教育质量受到人们的高度重视。家庭教育心理学是心理学的一个重要分支,它聚焦于家庭教育过程中儿童及其他家庭成员的心理现象、发展特点和规律,能为家庭教育工作者解决家庭教育中的理论和实践问题提供重要参考,能有效促进儿童的健康成长和家庭各成员的积极发展。本章是全书的基础,主要讨论以下内容:什么是家庭教育心理学?家庭教育心理学的主要研究内容、研究设计以及研究方法有哪些?家庭教育心理学的发展历程与研究趋势是怎样的?

第一节 家庭教育心理学概述

家庭教育心理学关注家庭情境,聚焦于家庭教育过程与家庭成员间的互动,与日常生活紧密相关。家庭教育看似复杂、无序,实则有一定的科学规律可循。因此,学习者在对家庭教育心理学进行系统学习前,有必要掌握家庭教育心理学的概念、特点及价值。

一、家庭、家庭教育与家庭教育心理学的概念

家庭教育心理学是心理学在家庭教育中的直接体现,要了解这一学科,首先应厘清家庭、家庭教育和家庭教育心理学的概念。

(一) 家庭与家庭教育的概念

家庭教育是伴随家庭这一社会最基本的组织而诞生的。在很长一段时间内,家庭教育几乎是个体所受教育的全部。如今,家庭结构和形态发生了很大变化,但家庭教育依旧发挥着重要作用。

1. 家庭

在传统意义上,家庭被定义为两个或两个以上的个体在婚姻、血缘或收养关系中形成的基本单位。家庭成员共同生活,形成一个经济单位,并共同生育、抚养子女。家庭的形态经历了从原始社会的群婚制家庭(整群的男子与整群的女子互为夫妻)、对偶制家庭(以主夫与主妻为中心,同时存在多位男子和女子的家庭)到当今社会的专偶制家庭(一夫一妻制的家庭)。

在现代社会中,家庭的内涵很复杂,往往与社会文化、法律政策密切相关。一些学者认为家庭是由两个或两个以上的人组成的亲密群体,他们以一种确定的关系共同生活,照顾彼此或孩子,分享生活,建立亲密情感关系。这一定义并未明确包含婚姻、生育和养育孩子,结合社会变迁中出现的诸多家庭形式,可以看出它比传统定义更具包容性。结合不同学者对家庭的界定,我们认为,家庭可以定义为:家庭是人类最基本的社会团体,一般以婚姻关系为基础,以血缘关系或收养关系为纽带,满足成员生存、居住、生育、教育、情感支持、发展等多种需求,是个体社会化的起点,也是连接个体与社会的桥梁。

2. 家庭教育

个体在家庭中诞生、成长,家庭在个体发展的各个方面都会产生深远影响,甚至直接塑造个体的人格。教育是家庭的核心功能之一,家庭对个体发展的影响绝大部分通过家庭教育实现。家庭教育是发生在家庭中的教育过程。在我国,对儿童的教育任务虽然主要由学校承担,但家庭是教育下一代的重要场所,父母是孩子的第一任老师。家长与学校教师密切配合,家校共育,统一教育影响,能使儿童获得全面发展。

对于家庭教育的概念界定,学界有广义和狭义之分。狭义的家庭教育是指家庭中的长辈(主要是父母)对子女产生的教育影响。这种教育的实施环境是家庭,教育者是家里的长者,受教育者是子女或家庭成员中的年幼者。广义的家庭教育则不仅包括父母对子女的教育,还包括子女对家长的教育,双亲之间、子女和祖辈之间相互产生的教育影响,甚至包括家庭外因素对家庭的教育影响。

本书主要基于狭义的家庭教育,对家庭教育过程中发生的心理学现象进行阐释,聚焦于家庭中父母对子女、年长者对年幼者实施的教育和影响过程。此外,由于家庭教育涉及家庭成员之间的互动和环境因素的影响,本书还将基于广义的家庭教育,论述家庭中家庭成员之间的相互影响、家庭环境和社会环境等对家庭教育和儿童发展的影响过程。

拓展阅读

《家庭教育促进法》中关于家庭教育的定义

《家庭教育促进法》于 2021 年 10 月 23 日第十三届全国人民代表大会常务委员会第三十一次会议通过,于 2022 年 1 月 1 日正式实施,是我国第一部关于家庭教育的立法。

该法案对家庭教育作出了明确定义:"本法所称家庭教育,是指父母或者其他监护人为促进未成年人全面健康成长,对其实施的道德品质、身体素质、生活技能、文化修养、行为习惯等方面的培育、引导和影响。"

《家庭教育促进法》界定了家庭教育的实施主体为"父母或者其他监护人",实施对象为"未成年人",因此,该法案所指称的家庭教育是一种单向度的、狭义的家庭教育概念。

(二) 家庭教育心理学的概念

心理学是研究人的心理活动和行为表现的一门学科。人类在生产和生活实践活动中与所处环境产生交互作用,就必然产生主观活动和行为表现,即人的心理活动,或称为"心理"。家庭教育心理学是心理学在家庭教育过程中的直接体现,是心理学的一个重要分支。在家庭教育过程中,家庭成员之间、个体与家庭环境之间发生交互作用,个体会产生一系列主观活动和行为表现。因此,各个家庭成员在家庭教育过程中均会产生各种心理活动。家庭教育心理学研究的正是在家庭教育过程中家庭成员产生的心理现象及其发展特点和规律。

此外,家庭教育心理学还考察在家庭教育过程中,家长对子女、子女对家长的影响过程及在这些过程中个体产生的心理现象,各类家庭成员之间(包括夫妻、祖辈、孩子等)产生的复杂的相互影响,家庭内部因素以及家庭外部因素(如学校、社区、网络等社会环境)对家庭教育及儿童发展的影响过程。家庭教育心理学的知识是围绕家庭教育过程而建构的,涵盖了家庭教育的方方面面,包括家庭成员的心理、家长对儿童的教养方式、家庭成员间的互动过程、家庭教育对儿童发展的影响、影响家庭教育的因素等多方面内容。本书将围绕这些内容对家庭教育心理学进行介绍。

学习活动

我们如何理解家庭和家庭教育?

1. 请同学们分组讨论各自对家庭和家庭教育的理解。比较一下大家的定义是否相同;如果不同,区别在哪里。
2. 有人说:"我并没有将我的原生家庭视为'我的家',因为我父亲嗜赌成性,母亲也忽略我的感受。"我们能否基于情感而非血缘等生理上的联系去选择我们的"家"？这样的家庭里是否存在家庭教育？

3. 一个人独居或三代人共同居住算一个家庭吗？丁克家庭、重组家庭、隔代家庭等的家庭教育是如何开展的呢？请就不同的家庭结构、家庭形式展开讨论，说说你是怎样理解家庭教育的。

二、家庭教育心理学的特点

家庭教育心理学具有以下特点：

（一）家庭教育心理学是心理学的分支，同时具有多学科交叉的特点

家庭教育心理学是心理学、社会学、人类学、教育学等多个学科交叉融合的产物，具有多视角、多理论的特点，能够全面地探究家庭教育过程中的心理现象和规律。

家庭教育心理学借助社会学、人类学和教育学的宏观视角，从社会文化角度解释家庭教育的群体差异，揭示影响家庭教育与儿童发展的环境因素。然而，相比于社会学和人类学对群体的关注以及对自然观察法的使用，家庭教育心理学在研究对象上更侧重个体，研究内容相对微观、具体。例如，在夫妻关系的研究中，社会学家可能会关注某个社会群体的婚姻关系、离婚以及同居比例等，而家庭教育心理学家感兴趣的是夫妻关系、婚姻质量等如何影响家庭教育和儿童发展。

尽管家庭教育心理学与社会学、人类学等学科紧密相关，但家庭教育心理学的基础学科仍是心理学，家庭教育心理学更侧重采用心理学的研究设计和研究范式。在研究内容上，家庭教育心理学与其他心理学分支学科也有一定的区别与联系。与教育心理学相比，家庭教育心理学聚焦于家庭情境中的教育影响过程，以及在这个过程中各家庭成员的心理现象；与发展心理学相比，家庭教育心理学不仅重点关注儿童的发展，还关注父母、祖辈等其他家庭成员的心理活动与特点；与应用心理学相比，家庭教育心理学在临床应用上更多是对家庭教育中的问题进行干预。

因此，就家庭教育这个主题而言，家庭教育心理学可以借助不同的学科视角来解释问题。这些不同的学科视角是互补的，而非冲突、排斥的。

（二）关注家庭情境中各子系统成员的心理过程

家庭教育心理学是一门聚焦于家庭情境中教育过程的学科，它揭示了家庭环境因素、家庭中成员特点、成员间关系及互动等各方面如何影响家庭教育和儿童发展。

家庭教育心理学与教育心理学相比有异同之处。具体而言，家庭教育心理学与教育心理学都关注自然发生的教育过程，对教育过程中产生的心理现象和规律等进行科学描述、解释与预测。但不同的是，教育心理学关注的是课堂和学校情境中的教育过程，家庭教育心理学则聚焦于家庭情境中发生的教育过程，关注的是在家庭教育过程中产生的心理现象。如在考察人际关系时，教育心理学更关注的是师生关系、同伴关系等，而家庭教育心理学更关注的是家庭中的亲子关系、夫妻关系等。另外，学校教育情境是单功能、可控的，而家庭情境则是多功能、不可控的；学校情境中的教育过程是有组织、有计划的，教育者是受过专业训练的，教育活动体现的是国家意志，

而家庭情境中的教育过程则是无计划的、较为随意的,教育者并未接受专业的系统培训,教育活动更多体现的是家长自身的意志。

此外,家庭情境中各成员之间存在相互影响,这使得家庭教育心理学还关注这种复杂家庭情境中各成员交互作用的过程。且家庭由不同子系统构成,各个子系统并非独立存在,而是相互影响的。例如,在各个系统内部,家庭成员有不同的身份,亲子子系统中的"母亲",也是夫妻子系统中的"妻子"。所以,家庭教育心理学关注家庭各个子系统中成员的心理过程,如亲子子系统、夫妻子系统、同胞子系统等,还特别关注家庭各个子系统间的相互影响,如父母教养对亲子关系的影响。

(三) 关注家庭教育对儿童即时和终身的影响

家庭教育的过程是连续且长远的,家庭教育对儿童发展的影响既是即时的,也是终身的。因此,与发展心理学相似,家庭教育心理学同样关注家庭教育对不同年龄段个体的影响,以及对个体终身发展的影响。

首先,家庭教育对儿童存在即时和延时的影响。儿童生活在家庭中,家庭成员的行为和互动对儿童当下的情绪、认知、行为等反应产生即时作用,同时随着时间推移,其也会持续影响儿童的社会适应。例如,诸多日记法研究结果表明,每日的父母冲突水平、强烈程度与儿童每日的抑郁及焦虑情绪呈正相关,与其主观幸福感呈负相关;长期追踪研究结果表明,较多的父母冲突会显著降低儿童的情绪安全感,从而使儿童倾向于采用回避策略,减少对外部世界的探索,这会影响其认知发展;经常经历父母冲突的儿童会习得父母的攻击行为,并倾向于认为这些攻击行为是合理和可接受的,从而在自己的人际交往(如同伴交往、同胞交往)中表现出类似行为,长此以往会形成不良的人际冲突解决策略。

其次,家庭教育对个体发展的影响是持续终生的。自婴儿出生时,直至其成年、进入老年,最终离开人世,家庭教育始终作用于个体发展。例如,追溯到生命的早期,父母在养育婴儿的过程中表现出较多的积极教养行为,就更容易养育出情绪稳定、具有安全型依恋的孩子;当这些孩子进入青春期,父母持续的积极教养行为有助于孩子与同龄人建立良好的同伴关系,形成更强的社会交往技能,有更好的学业表现和更高的心理健康水平;这种积极影响持续到成年期后,表现为该个体更容易发展出积极的亲密关系,接受更高水平的教育。

(四) 既具有理论性,又具有实践性

家庭教育心理学的理论是一套解释家庭教育中某种现象为何出现、如何发展的陈述,用以描述、解释和预测家庭教育中的心理现象。家庭结构和特点虽然在不断变化,但家庭教育始终具有一定的规律,家庭教育心理学则力图探索家庭教育中的一般规律,通过不同的理论,解释家庭教育中不同的现象。因此,家庭教育心理学的理论性是指它包含了可以描述、解释和预测家庭成员间不同心理现象的一系列理论。

理论研究的最终目的是为解决问题提供方案。家庭教育心理学中可复制、可证伪的理论与研究结果,可以为解决家庭教育过程中的实际问题提供直接的指导。因

此,家庭教育心理学具有很强的实践性。首先,家庭教育心理学提供了家庭教育的一般心理规律和科学研究成果,帮助家长等监护人科学认识、评价和指导对孩子的教育。其次,家庭教育心理学提供各种干预课程和干预方案,帮助家长等监护人解决在家庭教育过程中遇到的真实问题。

三、家庭教育心理学的价值

2023年10月31日,习近平总书记在中南海同全国妇联新一届领导班子成员集体谈话并发表重要讲话时强调,家庭和睦、家教良好、家风端正,子女才能健康成长,社会才能健康发展。良好的家庭教育可以促进儿童积极发展,促进家庭成员的成长;构建和谐家庭,对国家和社会发展具有深远影响。家庭教育心理学从心理学的视角,深入探索儿童及其他家庭成员在家庭中表现出来的心理现象及其特点和规律,探究家庭教育对儿童发展的影响及机制,对儿童各方面发展和家庭和谐有重要作用,因此具有重要的价值。

(一) 揭示家庭教育影响儿童发展的机制

家庭是儿童成长的第一个,也是最重要的社会化机构。家庭教育则是儿童心理健康的重要保障,塑造着儿童的行为习惯,影响儿童认知、情绪、意志等各方面的发展,是儿童社会化的起点。家庭教育心理学采用科学方法,对家庭教育的过程进行系统探索,从理论上揭示影响儿童发展的重要家庭因素及其作用机制,如教养方式、家庭互动、家庭环境等对儿童感知觉、学业表现、语言能力、自我意识、道德、情绪、人际关系等各方面发展的直接和间接作用。

(二) 有助于促进家庭成员成长和家庭幸福

家庭教育心理学关注家庭教育情境中的每个个体,包括参与家庭教育的成年人(如父母、祖父母)和儿童。一方面,家庭教育心理学能够指导家长或其他监护人开展家庭教育,从而推动家庭的正常运转。儿童是家庭教育的主要对象,良好的家庭教育是儿童健康成长的重要保障。儿童的健康成长也关乎整个家庭的幸福。儿童的健康成长将提升其他家庭成员,特别是父母的幸福感,促进家庭成员间良性互动,从而促进家庭和谐。而如果儿童的成长出现问题,例如,出现行为问题(也称"问题行为")、心理健康问题等,会为家庭的正常运转带来危机,也会损害父母的教养效能感和成就感,从而影响家庭整体的和谐发展。

另一方面,要想达到促进儿童积极发展的目的,家庭中其他成员也需要不断学习、反思和调整自身的认知和行为,跟随儿童一起成长。家庭教育心理学不仅关注儿童本身,还关注家庭成员的心理过程,揭示促进家庭成员自我成长和家庭幸福和谐的因素。具体而言,儿童发展表现出一定程度的"镜映过程",也就是说在日常生活中,儿童通过观察父母等人的行为表现,获得对自我和他人内部状态的认知,产生特定行为表现。而儿童的这些行为表现及特征被认为是影响父母教养的重要因素,在一定程度上塑造着父母等人的行为。例如,在可以进行有效双向沟通、彼此理解并在遇到困难时提供充分情感支持的家庭中,儿童可以更多地感受到父母的认同和尊重,也可以更多地目睹和参与问题解决,从而建立起更为积极的自我概念,对自己产生更为积极、健康的自我评价,也会拥有更高的自尊水平,这反过来有助于父母提升反思能力,调整自身的教养行为,增加积极教养行为,减少消极教养行为,增强主观幸福感。

由此可见,家庭教育心理学有助于整个家庭的良性互动和家庭成员的积极发展,促进家庭幸福。

(三) 促进社会文明与和谐

习近平总书记在 2019 年春节团拜会上指出:"在家尽孝、为国尽忠是中华民族的优良传统。没有国家繁荣发展,就没有家庭幸福美满。同样,没有千千万万家庭幸福美满,就没有国家繁荣发展。"家是最小国,国是千万家。作为组成社会的最基本的结构,家庭和谐是社会和谐的基础,千家万户安居乐业是社会进步、文明发展的前提。家庭教育心理学的发展为家庭教育提供科学建议和指导,从而给儿童、父母等各家庭成员带来积极影响,进而促进社会文明与和谐。

家庭教育心理学的发展还可以提升社会各界对家庭教育的重视程度,促使家长、学校、社会共同行动,以促进儿童发展为共同目标,完善教育环境、教育内容、教育方式,这也意味着教育事业的整体优化,甚至会影响立法、社会保障体系等多个方面的发展,从而促进全社会的进步。

第二节 家庭教育心理学的研究内容

家庭教育心理学关注的是家庭情境中的教育过程和家庭成员的心理现象。其中,儿童是家庭教育的直接对象,父母是实施家庭教育的主体。因此,家庭教育心理学的研究内容主要包括三个方面:家庭教育对儿童发展的影响及作用机制,家庭教育的影响因素及作用机制,家庭教育的干预和改善。

一、家庭教育对儿童发展的影响及作用机制

家庭教育如何对儿童发展产生影响是家庭教育心理学重点关注的问题,因此,影响儿童发展的家庭因素及作用机制是家庭教育心理学的重要研究内容。

父母是家庭中与儿童关系最密切、接触最多,对儿童产生最深远影响的人。父母如何教养儿童,塑造了儿童的行为和心理。因此,父母教养对儿童发展的影响及作用机制是家庭教育心理学的重要研究内容。父母教养被认为是对儿童发展具有直接作用的关键因素,是父母影响儿童发展的最直接体现。目前,研究者以父母教养为研究对象开展了大量实证研究,包括对父母教养行为、父母教养认知等方面的研究。比如,父母究竟是如何影响儿童的;什么样的父母教养行为对儿童的发展具有促进作用;父母的何种教养行为会给儿童带来消极影响;父母对儿童的教养通过什么样的路径对儿童产生影响;父亲和母亲在教养儿童中的协同行为如何影响儿童发展;等等。这些

都是家庭教育心理学的研究内容。

家庭互动是对儿童发展产生直接和间接影响的另一个重要因素,也是家庭教育心理学的重要研究内容。家庭互动主要包括亲子互动、夫妻互动、同胞互动等。那么,家庭成员之间的互动如何影响儿童发展,具体包括亲子之间的互动有什么特点,如何对儿童产生影响;父亲和母亲之间的互动特点、质量等对儿童产生何种影响,例如,为什么孩子经常目睹父母的冲突,长大后就更不容易认同亲密关系,也更难以建立积极的婚姻关系,同胞之间的互动如何影响儿童,等等,这些都是家庭教育心理学的重要研究内容。

二、家庭教育的影响因素及作用机制

厘清家庭教育的影响因素及作用机制可以为家庭教育的开展和质量提升提供可靠依据,因此,家庭教育的影响因素及作用机制也是家庭教育心理学的重要研究内容。在这些家庭教育的影响因素中,家庭环境和社会环境是家庭教育心理学不能忽视的研究内容。

家庭环境是影响家庭教育的微观层面因素,主要包括家庭社会经济地位、家庭居住环境等。家庭环境是家庭成员生活的直接环境,对家庭成员的发展产生直接影响,同时还通过影响父母的行为、观念等对儿童产生间接影响。在家庭教育心理学中,诸多研究者对家庭环境的影响及作用机制进行了深入研究。比如,哪些家庭环境因素对家庭教育和儿童发展有积极影响;它们通过何种路径影响父母的行为与认知,又如何进一步影响儿童的发展;不同家庭环境中父母对儿童的教养存在何种差异。其中,家庭社会经济地位是研究者考虑较多、影响较为广泛的因素,与儿童的学业表现、自我概念、内外化问题密切相关。在考察家庭教育各种变量之间的关系时,家庭社会经济地位常常是需要纳入考虑的控制变量或调节变量。

社会环境是影响家庭教育不可忽视的宏观因素。许多研究者侧重描述整体社会特征、文化特征和变迁过程对家庭教育的影响,其中经济、技术、流行文化、社会运动、家庭政策等是重要的考虑因素。比如,家庭教育是否存在文化差异,存在哪些文化差异;社会宏观的价值观如何影响父母的教育观念,如何影响儿童发展,如何影响他人对儿童行为的评价,如何塑造儿童的行为与发展;社会变迁使家庭教育发生了怎样的改变,如何影响家庭教育的作用;等等。家庭教育心理学研究者通过队列研究、跨文化比较研究、纵向研究等方法对以上内容进行了考察。

三、家庭教育的干预和改善

如何将科学结论转换为实践成果,推动家庭教育发展,提升家庭教育质量,也是家庭教育心理学的重要研究内容。

父母教养孩子的能力并非天生的,与其生活环境、受教育水平等密切相关。父母的教养行为是可以改变的,父母可以通过主动学习、反思以及接受外在的干预,提升

自身的积极教养行为,促进儿童的发展。因此,家庭教育心理学也研究家庭教育的干预和改善,包括如何对家庭教育进行有效干预,选择怎样的群体进行干预,等等。已有研究结果表明,对父母及其他家庭成员的干预是预防和改善儿童行为问题最有效的措施之一。目前,国外对家庭教育的干预研究与实践相对成熟,形成了如亲子互动疗法、"不可思议的岁月"项目、"3P"正面教养项目(Triple P-Positive Parenting Program)等。

第三节 家庭教育心理学的研究设计与研究方法

家庭教育心理学领域的研究基本遵循心理学的研究方法,采用科学的研究设计和恰当的研究方法回答相应的研究问题。

一、家庭教育心理学的研究设计

在家庭教育心理学的研究中,研究者须根据不同的研究问题进行相应的研究设计。以下四类是家庭教育心理学较为常用的研究设计。

(一)横断研究设计和纵向研究设计

横断研究(cross-sectional study)是指在同一时间内,对不同年龄组被试进行观察、测量或实验,以探究心理发展的规律或特点。在家庭教育心理学的研究过程中,研究者往往需要对不同年龄段儿童的发展及父母家庭教育行为等进行测量或对比,以此考察家庭教育及儿童发展在不同年龄段的特点、变化及相互关系。比如,想要了解学龄阶段亲子关系和青春期亲子关系有何异同,研究者可以通过同时测量儿童和青少年的亲子关系并进行对比来获得相关信息。比如,我国研究者同时测量了 283 名处于青少年早期(10—12 岁)、165 名处于青少年中期(13—15 岁)、149 名处于青少年后期(16—18 岁)的青少年及其母亲,对比了不同发展阶段母亲教养行为对亲子依恋的作用,发现母亲开门行为(即母亲允许父亲参与儿童的家庭教育)在青少年各个阶段均对母亲教养投入和母子依恋具有直接和间接的正向预测作用,但青少年母亲关门行为(即母亲拒绝父亲参与儿童的家庭教育)的间接效应模型只在青少年早期和青少年后期成立,且两个发展阶段的作用性质相反,青少年早期为正向预测作用,青少年后期为负向预测作用。[1]

横断研究最突出的优点是可以在短时间内收集到较多的资料,有助于描述心理发展的规律与趋势。此外,横断研究设计成本低,省时省力,所以目前发展心理学的研究多采用这一设计。其不足之处在于,难以反映个体和群体内部的发展变化状况,即研究者无法获知某一组被试在其他年龄段的发展状况,故不足以确切地反映个体心理发展的连续性和转折点。此外,通过横断研究得出的发展曲线有可能受到同辈

---

[1] 邹盛奇, 伍新春, 黄彬彬, 刘畅.(2019).母亲守门行为与母亲教养投入、母子依恋的关系及发展性差异.心理学报, 51(7), 816—828.

效应(cohort effect)的影响,即生活在不同年代的个体由于所处社会历史条件和文化背景不同而出现心理发展差异,而非由成熟产生年龄差异。

纵向研究(longitudinal study)又称追踪研究,是指在较长的时间内对同一群被试进行定期的观察、测量或实验,以探究心理发展的规律或特点。在家庭教育心理学中,时间是影响家庭教育和儿童发展的重要因素,当需要纳入时间因素考察变量之间的纵向关系,或某些变量的发展趋势等情况时,研究者常常采用纵向研究设计。纵向研究设计常常应用在需要观测儿童及其他家庭成员随时间产生的变化、变量在时间上的先后发生顺序以及变量间随时间推移的相互作用时。比如,在考察父母的教育卷入与儿童数学焦虑的关系时,我国研究者对1 720名小学生进行了间隔1年、一共3次的追踪调查,发现小学生数学焦虑存在不同的发展类型,且随时间变化,某一类型可能会向其他类型转换,父亲和母亲的教育卷入程度对小学生数学焦虑类别的转换具有重要影响。①

总体来说,纵向研究的优点是,研究者通过长期的追踪可以了解被试的心理或行为随时间推移的发展变化,可以获得心理发展连续性与阶段性的资料。此外,纵向研究还有助于探明早期发展与未来发展的联系,以了解发展的原因与机制,即探寻变量间的因果关系。尽管纵向研究具有上述优点,但是也存在一些不足之处:首先,纵向研究周期长、费用大,故被试的数量往往受到限制。其次,在研究期间被试可能会因生病、搬迁、厌烦等原因而流失,这有可能会影响取样的代表性。最后,纵向研究不可避免地会使被试产生练习效应(practice effect),因为纵向研究中的被试可能需要反复接受相同或相似的测验任务或实验,他们可能会习得应该如何作出反应,这就意味着测验或实验并不能获得客观、准确的结果。因此,看似发展导致的变化,实际上可能是由个体对测验的重复练习所致。

(二)序列研究设计

为了弥补横断研究与纵向研究的缺陷,研究者将两者结合起来构成了序列研究(sequential study),也叫聚合交叉研究。采用这一设计的研究者在较长的时间跨度内,在不同的时间点对不同年龄组的被试进行观察、测量和实验。在家庭教育心理学研究中,研究者需要考察不同年龄段儿童的家庭中,变量之间随时间推移的关系时,常常采用该研究设计。比如,为探究不同年龄段亲子关系的发展趋势,或父母关系对亲子关系在儿童不同年龄段如何发生影响,研究者可以在第一个时间点分别对5岁、10岁、15岁的儿童进行测试,然后间隔相同的时间(如1年),在第二个、第三个、第四个时间点对这群儿童进行同样的测试,以此得到儿童不同年龄段亲子关系的发展趋势,以及在儿童不同年龄段父母关系与亲子关系的动态关系。

序列研究的最大优点是只需要进行相对较短时间的追踪测量,就可以分析个体某一心理特征在较长时间内的发展变化趋势。同时,这一设计也削弱了练习效应的影响。

---

① 司继伟,郭凯玥,赵晓萌,张明亮,李红霞,黄碧娟,徐艳丽.(2022).小学儿童数学焦虑的潜在类别转变及其父母教育卷入效应:3年纵向考察.心理学报,54(4),355-370.

(三) 微观发生设计

微观发生设计(microgenetic design)是通过在短时间内重复给被试呈现一个诱发变化的刺激或提供学习的机会,观测个体发生变化的过程的研究设计。相比于长时间间隔的纵向设计,微观发生设计的观测时间通常非常短(数日、数周、数月)。

在家庭教育过程中,父母对子女影响的时效不同,有的影响发生在当下,是即时的;而有些影响则体现在未来,具有延时性。比如,当儿童在日常生活中表现出打同伴等攻击行为时,父母若立即阻止其行为,可以在当下有效限制儿童的攻击行为;如果父母平时经常表现出对儿童攻击行为的消极评价,那么儿童在接受父母的观念后,就可以长期有效减少自身攻击行为的发生。可以看出,父母的行为、观念等既可能对儿童产生即时的影响,也可能对儿童的长久发展起作用,这些即时的影响和延时的影响是否相同或相似,其作用机制如何,都是家庭教育心理学所要考察的问题。在这种情况下,研究者往往利用微观发生设计对变量间即时的关系进行考察,包括日记法、经验取样法等。比如,在考察父母关系对子女发展的影响时,有研究者采用了为期21天的日记法,对父母冲突水平、青少年情绪问题等进行每日测量,据此分析出,每日父母冲突的变化通过影响青少年对威胁的认知从而影响青少年每日情绪和幸福感。①

与长时间间隔的纵向设计相比,微观发生设计有以下优势:第一,它关注儿童或其他家庭成员一系列行为发生的细节,观测一段时间内的快速变化,使得研究者能够直接观测发展变化的过程。第二,密集的追踪使研究者能够在儿童某一年龄范围内掌握其特定行为的发展轨迹,也有助于研究者确定研究对象从一种行为模式到另一种行为模式的转折点。第三,研究者能够观察到个体的内部差异,即能够找到不同时间和不同条件下个体行为的稳定性和不稳定性,以及发生变化的速率和时间。第四,研究者能够确定变化最有可能发生的条件,这有助于探究发展变化的原因。微观发生设计也存在一些不足之处。针对家庭教育心理学领域来说,首先,它需要对儿童或其他家庭成员进行逐个观察、逐点记录,耗时费力,因此被试的数量有限;其次,它只适用于参与研究动机强的家庭,因为整个研究的成败取决于他们能否全程认真参与多个测验或实验。

(四) 实验研究设计

实验是更为严格地评估两个变量之间可能存在的因果关系的研究设计。实验者操作自变量并测量因变量。实验研究的目的是考察自变量是否影响了因变量。为了保证因变量的变化确实是由自变量所引起的,研究者通常会设立两个及以上不同的组,在不同的组里安排不同的处理方法,并研究和比较身处不同处理下的被试的行为结果,以考察其行为如何被影响。接受特殊实验处理的组,我们称为实验组;不接受处理的组,我们称为对照组或者控制组。实验者会把被试随机分配到这两个组中进行实验,最后对比实验组和控制组的差异。

---

① Fosco, G. M., & Lydon-Staley, D. M. (2019). A within-family examination of interparental conflict, cognitive appraisals, and adolescent mood and well-being. *Child Development, 90*(4), 421–436.

在家庭教育心理学研究中,为了排除其他变量的干扰,直接考察自变量与因变量之间的因果关系,研究者常常采用实验研究设计。比如,我国研究者为了考察母婴互动干预(即专业人员给予母亲系统的教育培训,指导母亲掌握特定知识和育儿技巧)是否会影响精神障碍患儿母亲的养育压力和育儿效能感,采用实验研究设计。他们将参与实验的母亲随机分为对照组和观察组,对对照组给予常规家庭干预,对观察组在对照组的基础上给予母婴互动干预,而后对两组母亲的养育压力和育儿效能感进行比较,发现母婴互动干预在精神障碍患儿母亲中的应用效果较好。[①]

实验研究设计的优点是能够重复,而且能够得出确切的因果关系。然而,批评者也指出,严格控制的实验环境常常是人为的,且被试在实验环境中的行为表现可能与自然环境中的行为表现不同,因而研究结论难以被推广到日常生活中去。

二、家庭教育心理学的研究方法

家庭教育心理学与心理学的其他分支学科在研究的基本原则和具体研究方法上基本一致,但由于领域的特殊性,它在具体研究方法上表现出一定的特点。为了回答家庭教育心理学领域的相关研究问题,研究者常使用五种主要的研究方法:问卷和测验法、观察法、访谈法、实验法和心理生理学方法。这五种方法既有定量研究方法,也有定性研究方法。

近年来,研究者在定量研究和定性研究的结合方面作了理论和实践探索。定量研究和定性研究在家庭教育心理学研究中均有所应用,二者各有独特的优势,研究者需根据不同研究问题进行选择。在定性研究中,研究者考察和解释的是非数值型材料,定性数据包括语言记录或书面叙述、日记、信件、照片和其他图像资料等。在定量研究中,研究者强调的是对关于人们反应或具体特点的数据进行分析,定量数据往往通过问卷调查、标准化测验、实验等方式获取。

没有任何一种研究方法在本质上优于或劣于其他方法。选择哪种研究方法取决于研究者的研究目的和研究问题。比如,当研究者想获得祖辈参与的家庭中发生矛盾的详细信息时,那么定性研究更适合;如果想调查祖辈参与家庭的数量是否有所增加,那么定量研究更合适。此外,研究者亦可结合定量研究和定性研究对某一研究问题进行深入剖析。

以下我们将详细介绍家庭教育心理学常用的五种研究方法。

(一)问卷和测验法

1. 问卷法

问卷法是研究者使用严格设计的问卷,收集研究对象心理和行为数据的一种研究方法。问卷法是家庭教育心理学中较为常用的研究方法,一般流程是研究者发放相关问卷,研究对象根据指导语进行填答,研究者再回收问卷、录入数据、分析处理,最后

---

① 陈小陈,曹建,徐志欣.(2022). 母婴互动干预对精神障碍患儿母亲养育压力和育儿效能感的影响. 中国妇幼保健, 37(16), 2945-2948.

得出研究结论。发放问卷的次数和时间间隔根据不同研究设计而定,横断研究只需发放和回收一次问卷,纵向研究则需要按照一定时间间隔发放和回收问卷,在微观发生研究中,日记法要求研究对象每日填写相关调查问卷,并对连续数天的数据进行分析。在使用问卷法进行研究时,研究者所使用的问卷必须是经过严格设计,具有固定结构和维度的。问卷法可以在较短时间内收集到大量数据,因此具有省时省力的优势。

通过问卷法所得数据便于量化分析,这是因为研究者事先对问卷中的题目和选项进行了操作化和标准化设计,并且这些数据分析工作可以借助相应软件进行,结果分析方便且准确。目前分析软件已发展得较为成熟,有 SPSS、Mplus、R、Stata、Amos、Python 等。

问卷法具有较强的匿名性。这种匿名的形式使研究者可以获得研究对象较为真实的回答,尤其是那些不宜当面询问的问题,比如,亲子冲突、父母冲突、离异情况等。因此,问卷法在家庭教育心理学中有着较广泛的应用。

但问卷法的局限性在于其对研究对象具有一定要求,幼儿群体、阅读障碍群体等并不适用。此外,研究对象的回答可能带有一定主观性,对同一被试群体进行问卷调查可能出现共同方法偏差的问题,因此通过问卷法获得的某些数据资料还需通过其他方法再次验证。

2. 测验法

测验法是用成熟测验量表来测量研究对象心理发展特点与规律的研究方法。该方法往往采用标准化题目,并遵循一定标准化程序进行测量,将研究对象的得分与常模分数进行比较,由此可以清楚地掌握研究对象的水平。测验法既可用于考察家庭成员心理发展的个别差异,也可用于了解不同年龄、不同文化背景、不同家庭特征研究对象的发展水平差异。

测验法的优势在于测验量表的编制十分严谨,测验配备相应常模,可以进行直接的比较研究,研究结果处理较为方便;测验量表的种类较多,可以根据不同研究内容进行选择。测验法的局限性在于灵活性差,对主试要求非常高,研究对象的得分可能受练习效应的影响。

(二)观察法

观察法是指研究者有目的、有计划地对被观察者的行为进行观察,从而探究其心理与行为发展特点与规律的研究方法。观察法通常是高度结构化的,常涉及一些精心设计的项目,行为数据会被记录、描述,有时还会被转化为量化的结果,这种研究可用于考察复杂的沟通模式,测量特定行为的频率(如幼儿主动发起同伴交往的频率),注意特定行为的持续时间(如观察对象间眼神交流的时长)。

观察包括自然观察(naturalistic observation)和实验室观察(laboratory observation)。自然观察是在日常生活中观察个体或群体的行为。由于年幼儿童的语言能力有限,所以研究者常采用自然观察方式对其进行研究,比如,在幼儿园观察不同家庭社会经济地位儿童与同伴的互动模式,在家庭中观察父母具体的教养行为,等等。实验室观察是在预先设置的情境中进行的观察,可以控制被观察者所处的环境条件,比如,想要了解夫妻之间如何产生和解决冲突时,研究者可以设置冲突性话题,并在观察室里用单面镜观察夫妻解决复杂问题时的真实情况。

观察法的最大优点在于生态效度较高,能比较真实地反映儿童和其他家庭成员在日常生活中的行为。但是该方法也存在一定的局限性:首先,观察具有一定的主观性,观察者的能力和其他心理因素可能会影响观察质量;其次,观察法只能帮助研究者了解事实现象,难以直接得出因果关系;再次,研究者不能主动地控制观察对象行为的发生,只能被动地等待观察对象行为的出现;最后,由于观察者的存在,观察对象可能会表现出不自然的行为。为了克服这一不足,观察者有时会在隐蔽的地方录像,或者提前进入要观察的群体中,让观察对象熟悉和适应观察者的存在,这样观察对象的行为会更接近自然状态。在开展研究时,研究者常用观察法作为一种前期研究方法。

(三) 访谈法

访谈法是研究者通过与受访者进行口头交谈,收集有关受访者心理特征和行为的数据资料的研究方法。家庭教育发生在真实的家庭环境中,涉及诸多家庭成员的复杂心理过程,当量化研究方法无法深入描述研究问题的细节及个体内心的真实体验时,访谈法常被家庭教育心理学研究者用来对研究问题进行深入剖析。比如,面对"祖辈的儿童照料支持能够提升生育意愿"的"常识性"结论,定性研究呈现了更为丰富和不同的结果。我国研究者采用访谈法对23个城市的家庭进行调查,发现祖辈的儿童照料支持在一定程度上影响了目标家庭的生育决策,但不能真正提升生育意愿,相反,有生育意愿的家庭更倾向于寻求祖辈的儿童照料支持。同时,祖辈的儿童照料支持与生育意愿共同影响生育决策,即生育意愿非常强烈的个体,无论是否获得祖辈的照料支持,都保持了意愿与决策的一致性,但当生育意愿不强烈时,即使有祖辈的照料支持,最终也可能作出不再生育的决策。[①]

访谈法可以通过不同的形式进行。面对面访谈是传统的访谈形式,有较高的回答率,受访者的肢体语言、面部表情、声音语调等非言语信息均可以被记录下来。当受访者无法理解问题的意思或者不愿回答时,访谈者还有澄清、追问或避免受访者偏题的机会。随着信息技术和网络的发展,线上访谈成为更便利的访谈方式,如电话访谈、视频访谈等。相较于面对面访谈,线上访谈在时间和空间上更灵活,更有助于访谈的开展。但线上访谈存在非言语信息缺失,回答率较低等劣势,此外,线上访谈更难使研究者在短时间内获取受访者的信任,尤其是稍敏感的访谈话题。

访谈法有诸多优点,它可以有针对性地收集研究数据和信息,适用于口头表达能力强的访谈对象,对受访者文化程度要求较低;访谈法还可以收集更多的非言语信息,可以随时追问和澄清,研究过程更灵活。访谈法的局限性在于访谈结果的准确性和可靠性受访谈者自身素质的影响较大,访谈效果受到环境、时间、访谈对象特点的限制,研究过程费时费力,所得资料不易被量化。

---

① 聂焱,风笑天.(2022).祖辈的儿童照料能提升生育意愿吗?:基于23个城市家庭的质性研究.江淮论坛,6,128-134.

在家庭教育心理学的研究中使用访谈法,应注意如下问题:第一,由于访谈者是与受访者进行直接交流,受访者对语言的理解与表达是完成访谈的基础。因此,访谈前访谈者应根据受访者年龄等特点调整访谈提纲、方式和方法等。比如,对于幼儿来说,访谈的地点最好在家里或幼儿园中较为安静的活动室,时间选择在上午入园后或中午午休后更佳,访谈者应使用常用词语,避免使用复杂、生僻词语,句子尽可能简短。如果访谈老年人,访谈者应减缓语速,提高音调,吐字清晰,或使用老年人常说的方言。第二,家庭教育心理学所关注的研究内容往往涉及父母和子女双方,访谈对象也常包括父母和子女,访谈的形式可能是对父母和子女分别进行单独的访谈,如研究家庭中父母心理控制的情况,也可能是亲子同时接受访谈,如研究家庭中亲子互动的情况。访谈者应结合不同研究对象和访谈形式调整提问方式,注意信息保密。在访谈亲子时访谈者可能难以现场记录所有信息,因此可以考虑在得到允许的情况下使用摄像机记录访谈过程。

拓展阅读 〉〉〉

一项自然观察法和访谈法相结合的研究[①]

为了考察拉美裔和欧裔美国父母亲子游戏的多元化动机,研究者对带着2—4岁儿童(平均年龄为2.78岁)在博物馆内参观的31个欧裔美国父母和25个拉美裔美国父母进行了自然观察。欧裔美国父母是指白种人、高加索人或者欧裔美国人(如爱尔兰人、德国人等)。墨西哥裔、波多黎各裔及西班牙裔的父母等则被定义为拉美裔美国人。

研究者在研究对象不知情的情况下对其在博物馆自然发生的亲子游戏进行观察、编码,考察父母参与程度、内容和互动模式等,并邀请研究对象参与两次深度访谈。

结果发现,相较于拉美裔儿童,欧裔儿童与父母互动的时间更多;相反,相较于欧裔儿童,拉美裔儿童更多时间是和其他儿童一起玩。

关于亲子游戏的看法,研究者也对博物馆里的父母开展了访谈,并对访谈结果进行了描述性分析。结果显示,拉美裔美国父母更倾向于否认博物馆中的亲子游戏对于孩子来说是一种学习,而欧裔美国父母则认同这是一种学习。

(四)实验法

实验法中的实验包括实验室实验(laboratory experiment)和现场实验(field experiment)。实验室实验是指通过在实验室内进行严格的条件控制,以确定变量之间的关系。其中,自变量是由实验者操纵的变量,因变量是实验者在实验中进行测量

[①] Fasoli, D. A., 周婧景.(2016). 玩还是不玩:拉美裔和欧裔美国父母儿童博物馆内亲子游戏的多元化动机. 学前教育研究, 12, 15-25.

并期望因实验操控而产生变化的变量,无关变量是除自变量以外一切可能影响实验结果的、需要加以控制的变量。实验情境可以根据实验要求和实验者的期待进行设置和变化。比如,在测量幼儿的人际距离知觉时,主试要求幼儿想象自己现在正在和家人(朋友/陌生人)玩分棋子的游戏,可以全部分给自己或家人(朋友/陌生人),也可以只分一部分给家人(朋友/陌生人),以此考察幼儿的人际距离知觉。实验室实验的主要优点是可以严格地控制无关变量,并精确地测定自变量和因变量,不仅有助于研究者揭示"是什么"的问题,而且能让研究者进一步探究"为什么"的问题,即通过实验室实验,研究者可以得出心理变量间的因果关系。其主要缺点是研究情境是人为设计的,因而研究结论难以被推广到日常生活中去。

现场实验是指在儿童自然的生活情境(如游戏、学习、劳动)中,引起或改变影响儿童的某些条件,来研究儿童心理特征的变化。该方法的优点在于能保持儿童活动的自然性,同时又具备实验室实验的特点,可以创造和控制条件。例如,研究儿童注意的特点,既可以利用仪器在实验室中进行,也可以在课堂的学习活动中或在做家庭作业的活动中进行。

(五) 心理生理学方法

随着认知神经科学与心理学的结合,许多研究者将个体行为与心理活动的生理机制相联系,开始关注神经系统的有关功能和结构及内分泌系统等的作用。研究者可以借助更为精密的仪器设备,观察个体神经系统的功能和结构,这极大地丰富了家庭教育心理学的研究方法和手段。

在家庭教育心理学中,常用的心理生理学方法有电生理测量法,包括脑电图(electroencephalography,简称 EEG)和脑磁图(magnetoencephalography,简称 MEG)、生理多导仪;脑功能成像法,包括磁共振成像(magnetic resonance imaging,简称 MRI)、正电子发射断层扫描(positron emission tomograph,简称 PET),以及经颅磁刺激(transcranial magnetic stimulation,简称 TMS)等。近年来,一些研究者开始运用相关电生理技术对亲子脑间同步性进行考察,从认知神经层面对家庭教育心理学问题进行深入探究。也有研究者运用基因检测技术,通过纳入基因这一生理变量,考察遗传基因和环境在家庭教育中如何影响儿童发展。比如,在考察基因和父母教养行为如何影响青少年心理健康时,我国研究者测量了青少年的父母教养行为和青少年抑郁,并提取青少年基因进行检测。研究发现,当父母积极教养行为水平较高时,携带 CC 基因型的女青少年抑郁水平显著低于 G 等位基因携带者;当父母积极教养行为水平较低时,携带不同基因型的女青少年的抑郁水平无显著差异。rs6295 多态性与父母教养行为对男青少年的抑郁无显著交互作用。该研究通过生理心理学的方法纳入基因的作用,发现了家庭教育中基因和父母教养行为对青少年抑郁的具体影响。[①]

---

① 王美萍,张文新,陈欣银.(2015). 5-HTR1A 基因 rs6295 多态性与父母教养行为对青少年早期抑郁的交互作用:不同易感性模型的验证.心理学报, 47(5), 600-610.

拓展阅读

家庭教育心理学的研究原则

家庭教育心理学的研究往往需要对真实的家庭成员进行观察、干预，这就要求研究者能够遵循基本的伦理原则，研究不能对家庭成员的发展产生负面影响。因此，家庭教育研究的一些基本伦理准则，同样适用于家庭教育心理学研究。下述为家庭教育心理学研究者需遵循的六条原则[①]：

(1) 必须获得所有参与者的同意，且研究者必须得到参与者的许可才能引用其回答的内容，尤其是涉及敏感问题的研究。

(2) 不要选择那些出于个人私利而加入的参与者，或者研究助理。

(3) 无论在生理上还是在心理上都不能伤害、侮辱、虐待甚至胁迫参与者。

(4) 尊重所有参与者的隐私，保证研究的匿名性和保密性。

(5) 使用最恰当的方法与标准，尽可能精确。

(6) 在已经出版和还未出版的报告中描述研究的局限性和缺点。

学习活动

针对"父母的童年经历如何影响儿童发展"这一问题进行小组讨论：
1. 适用于考察该问题的研究方法有哪些？如何进行研究设计？
2. 不同研究设计回答问题的角度有何不同？

第四节 家庭教育心理学的发展历程与研究趋势

家庭教育是随着家庭的诞生而产生的，因此，无论是国内还是国外，都积累了大量关于家庭教育的论述，可以说家庭教育经过了一个漫长的发展历程。随着现代心理学的诞生，家庭教育心理学才真正具备科学的研究范式和设计，并在研究视角、研究内容和研究方法方面系统化、丰富化，并且为了应对日益复杂的家庭教育问题，家庭教育心理学研究呈现出独特的发展趋势。

一、国内外家庭教育心理学的发展历程

国内外家庭教育心理学的发展历程基本可以分为两大阶段：一是现代心理学诞生之前的家庭教育思想的发展历程，二是采用科学心理学开展研究的现代家庭教育心理学研究历程。

[①] 本诺克拉蒂斯.(2021).婚姻家庭社会学(第8版)(严念慈 译).北京:中国人民大学出版社.

(一) 国外家庭教育心理学的发展历程

在西方,儿童心理学的发展给家庭教育心理学中研究养育儿童带来了重要启发,一些儿童心理学家在讨论儿童发展的同时,论述了家庭成员如何教养儿童,并出版了与家庭教育相关的专著,这些著作体现了早期西方家庭教育心理学的思想。

儿童心理学研究可以追溯到文艺复兴之后。在此之前,儿童普遍被看作成人的缩小版,家庭教育聚焦于"训练"而非培养儿童——训练儿童掌握成年后符合其身份地位的技能与技艺。16世纪之后,一些人文主义教育家提出尊重儿童、了解儿童的教育思想,认为教育儿童需要一套独特的方法,这为儿童心理学的诞生奠定了最初的思想基础。现代教育科学的奠基人、捷克著名教育家夸美纽斯(J. A. Comerius,1592—1670)于1632年出版了家庭教育专著《母育学校》,该书系统地论述了6岁以下儿童的家庭教育。此外,17世纪末英国著名哲学家洛克(J. Locke,1632—1704)出版的《教育漫话》、18世纪中期法国著名启蒙思想家卢梭(J-J. Rousseau,1712—1778)出版的《爱弥儿》、19世纪初瑞士民主主义教育家裴斯泰洛齐(J. H. Pestalozzi,1746—1827)出版的《葛笃德怎样教育她的子女》、19世纪初德国教育家福禄培尔(F. W. A. Frobel,1782—1852)出版的《人的教育》、19世纪中期英国社会学家与哲学家斯宾塞(H. Spencer,1820—1903)出版的《教育论》,都是论述儿童教育的专著,其中有大量家庭教育心理学的思想。1876年,英国生物学家达尔文(C. R. Darwin,1809—1882)的专著《一个婴儿的传略》出版。他对自己孩子的心理发展进行了长期观察,并在书中记录了相关结果。该书体现了达尔文的进化论思想,是早期儿童心理学专题研究的成果之一,并且推动了儿童发展的传记法(或日记法)研究。德国心理学家普莱尔(W. T. Preyer,1841—1897)是儿童心理学的创始人,他在自己孩子0—3岁期间,每天进行系统自然观察,并穿插一些实验性的观察,并将这些观察记录、汇总、整理成《儿童心理》一书,于1882年出版。《儿童心理》是第一部科学的、系统的儿童心理学著作,它的出版标志着科学儿童心理学的诞生,同时有力地促进了世界各国对家庭教育心理学的研究。

20世纪初期,西方儿童心理学不断分化、发展,相关研究成果的数量和质量均有了飞速提升,儿童心理学已经较为成熟,儿童心理学的蓬勃发展为家庭教育研究奠定了重要基础。在此阶段,众多心理学学派兴起,各学派对儿童心理进行了不同视角的阐述与解释。不同观点、不同风格的儿童心理学著作的大量出版,专门的儿童心理学刊物的相继发行,各种儿童心理学研究组织的建立,都极大地推动了儿童心理学的研究。在大学里,儿童心理学也成为一门专业课程。此外,不同学派的心理学家,如瑞士的皮亚杰(J. Piaget,1896—1980)、美国的格塞尔(A. L. Gesell,1880—1961)等,对儿童心理的不同领域进行了专门的研究与解释,其中有不少研究涉及亲子间的关系与互动,这为家庭教育心理学的研究奠定了基础。

同时期,一些家庭教育的专著陆续发表,且其中开始强调家庭教育心理学的理念与方式方法。1937年,苏联著名教育家马卡连柯(A. S. Makarenko,1888—1939)出版《父母必读》一书,这是一部伟大的家庭教育学专著。马卡连柯认为,父母应以恰当的方式树立威信,营造完整、团结的家庭氛围,这些都体现出马卡连柯对家庭教育心理学的思考。苏联教育家苏霍姆林斯基(V. A. Sukhomlinsky,1918—1970)撰写了《家长教育学》一书,他认为在家庭教育中,教学和教养是密不可分的,父母既要向孩子传授有关知识,又要使孩子的精神充实,培养孩子良好的习惯,使其形成坚定的信念。为此,父母要做到:爱孩子,同时对孩子严格要求;父母双方对孩子的要求要一致;自身的言行要一致;等等。这些教养原则充分体现出苏霍姆林斯基对教养方式、协同教养等家庭教育心理学内容的思考。

20世纪中叶以后,研究者将系统思维引入心理学领域,用系统的观点看待家庭。1985年,家庭心理学成为美国心理学会的第43个分支。1987年,《家庭心理学》(Journal of Family Psychology)在美国创刊,主编利德尔对家庭心理学作出了第一个科学的界定,他认为家庭心理学采用系统的观点,首先强调的是家庭这个社会群体,这颠覆了传统心理学只强调个体心理状况的倾向;其次,家庭心理学还运用系统的观点,关注个体在家庭这个社会群体关系结构中的性质和角色;最后,它还关注家庭处于其中并与之相互作用的社会生态网络。自此,家庭心理学得到主流心理学的认可。随后,在家庭系统的视角下,越来越多的研究者对抚养者与儿童之间的互动、儿童的发展等问题进行探讨,家庭教育心理学的研究体系也日益丰富、完善。

(二)国内家庭教育心理学的发展历程

我国的家庭教育思想源远流长,最早在《周易》的《家人》《渐》《蛊》《节》等卦中,就出现了家庭教育的相关论述。例如,《家人》卦辞曰:"家人,利女贞。"意即教化子女的关键在于母亲是否言行端正,强调母亲的榜样作用。以此为据,我国有文字记载的家庭教育历史已有三千多年。后来,先秦的礼法,汉代的家法,散见于经、史、子集之中的大量有关家庭教育的名言、名篇、轶事,都渗透着家庭教育心理学的思想,是我国家庭教育智慧的重要组成部分。

自魏晋南北朝开始,家庭教育专著、读本层出不穷,包括家训、家诫、家教、家范等。《颜氏家训》由北齐的颜之推编写而成,是我国现存最古老的家训,也是世界上第一部家庭教育专著。古人对其评价颇高,宋代著名藏书家陈振孙认为"古今家训,以此为祖"。该书独树一帜,对家庭教育观念、亲子关系、惩罚方式等家庭教育的多个方面进行了系统且精辟的论述,已然走在家庭教育心理学研究的前列。颜之推主张严慈相结合的教养方式,认为"父母威严而有慈,则子女畏慎而生孝矣",即在家庭教育中,父母应该威严而慈爱,这样子女才会谨言慎行,听从父母的教诲。如果父母溺爱孩子,到孩子形成恶习后再用严厉的手段加以规范,将会难以管教,为时已晚,并且可能降低父母的威望。此外,颜之推还提出重早教、重熏陶、爱子当均等观点,这些思想都与当代家庭教育心理学有异曲同工之处。《颜氏家训》之后,北宋司马光的《家范》、清代孙奇逢的《孝友堂家规》、朱柏庐的《治家格言》、李毓秀的《弟子规》,以及专门为教育女子撰写的《女诫》《女儿经》《女小儿语》等,也都反映了我国家庭教育思想的发展,对当时和后世影响深远。《中国丛书综录》所列的书目记载,"家训"类著作共有117部之多①，可见我国家庭教育研究成果之丰富。

到了近现代，不少政治家、思想家、教育家都涉足了家庭教育心理学的研究。近代著名的爱国将领朱庆澜于1916年任广东省省长期间，撰写了著作《家庭教育》。鲁迅在许多著作中深刻而精辟地探讨了家庭教育的理论问题，并对旧的教育思想和教育方法进行了尖锐、激烈的批判，有些文章如《我们现在怎样做父亲》《我们怎样教育儿童的？》《从孩子的照相说起》，可以说是家庭教育的专论。现代幼儿教育奠基人陈鹤琴，融生理学、心理学、教育学的基础理论与知识为一体，编写了《家庭教育》一书，这是我国第一项用观察、实验等方法对家庭教育进行科学研究的重要成果。陶行知曾对该书作出极高的评价，认为它"系近今中国出版教育专书中最有价值之著作"②。陈鹤琴认为，家庭教育要尊重子女的人格和儿童的独立性与自主性，要遵循儿童心理发展规律，要以积极暗示和鼓励为主。在家庭教育方面，他提出了101条教导原则。这些原则无一不体现出陈鹤琴对儿童心理发展特点和规律的认识与运用，以及对家庭教育心理学的深入理解与思考。

新中国成立初期，受到历史环境的影响，家庭教育的理论和实践研究几乎处于停滞阶段。党的十一届三中全会以来，全国掀起教育改革浪潮，家庭教育也随之兴起，越来越受到社会各界的关注。面对我国新时期的新情况、新问题，众多学者投入家庭教育心理学的研究中，为家庭教育心理学的理论研究和应用研究付出了很大的努力。大量的家庭教育报刊、论著和普及读物相继问世，如创刊于1983年的《家庭教育》，由浙江省妇女联合会和浙江省家庭教育学会主办，旨在普及家庭教育的科学知识和方法，提高家长的素质和教育水平，促进孩子德智体美劳全面发展。以家庭教育心理学的研究与推广为宗旨的群众性学术团体相继成立，如成立于1989年的中国家庭教育学会就是一个学术性社会组织，主要致力于开展家庭教育领域的学术研究、交流，培育、培训家庭教育师资骨干队伍，大大促进了家庭教育心理学的发展。

党的十八大以来，党和国家对家庭教育高度重视。习近平总书记在不同场合多次谈到要"注重家庭、注重家教、注重家风"，强调"家庭的前途命运同国家和民族的前途命运紧密相连"。这体现出以习近平同志为核心的党中央高度重视家庭家教家风建设，推动社会主义核心价值观在家庭落地生根，形成社会主义家庭文明新风尚。在各地各部门的合力推动下，我国家庭家教家风建设法规政策不断建立健全，为加强家庭家教家风建设提供坚实保障。例如，中共中央、国务院2019年印发实施的《新时代公民道德建设实施纲要》明确提出"用良好家教家风涵育道德品行"；《中华人民共和国民法典》确立"家庭应当树立优良家风，弘扬家庭美德，重视家庭文明建设"的原则，《中华人民共和国国民经济和社会发展第十四个五年规划和2035年远景目标纲要》首次设立"加强家庭建设"专节；党的十九届六中全会将"注重家庭家教家风建设"写入《中共中央关于党的百年奋斗重大成就和历史经验的决议》。特别需要提

---

① 陈延斌.(2006).中国传统家训研究述论.上海师范大学学报(基础教育版),3,24-30.
② 陈鹤琴.(2013).家庭教育.武汉:长江文艺出版社.

出的是,2021年,《家庭教育促进法》颁布,该法根据儿童的心理发展规律,提出了家庭教育的要求、内容、方法等,这也是我国首次就家庭教育进行专门立法,家庭教育由"家事"上升为"国事"。

近年来,在心理学、教育学领域有大量学者对家庭教育心理学进行了深入研究。从研究内容来看,对父母教养的探讨最多,也最为深入,主要揭示了父母教养行为对不同年龄段儿童的情绪、行为、同伴关系、认知方式、学业发展等各方面的影响及作用机制。此外,家庭教育心理学研究开始纳入基因、脑机制等层面因素的作用,全方面考察家庭教育对儿童发展的影响过程。从研究设计和方法来看,研究整体呈现出更加丰富、科学的特点,具体反映在:除了横向研究设计,越来越多的纵向研究设计被应用在家庭教育心理学中;定性研究和定量研究相结合的趋势越来越明显。这些研究极大地推动了家庭教育心理学的发展,回应了《家庭教育促进法》对家庭教育心理学研究的要求,为我国家庭教育、家庭教育心理学的发展奠定了坚实的科学基础。

二、国内外家庭教育心理学的研究趋势

随着时代的变迁,家庭和家庭教育也发生了许多新的变化,家庭结构更多元,家庭教育要应对的问题更复杂,新时代家庭的功能、家庭成员的关系也出现了新的特点,这些对家庭教育心理学的研究提出了新的挑战。目前,国内外家庭教育心理学研究呈现以下三个方面的趋势:

(一)研究视角系统化,考察家庭各个子系统间的复杂作用

早期家庭教育心理学的研究大多集中于亲子系统内,如父母对孩子的教养、父母与孩子的关系等。事实上,家庭教育发生在一系列系统中,受到多层次因素的影响。近年来,系列研究聚焦于亲子系统之外的部分,试图揭示文化因素、家庭环境、父母特点、父母互动等多层次的因素是如何影响儿童发展的。

家庭作为重要的微系统,是儿童社会化的起点,家庭的整体情感氛围、父母的教养认知与行为、父母双方的互动质量等都是儿童心理发展的重要影响因素。家庭是一个系统,由多个子系统组成,包括夫妻子系统、亲子子系统、同胞子系统等,而整个家庭系统功能就是由各个子系统来分化和执行的,子系统之间互相依赖,互相影响。比如,婚姻冲突越高的父母越容易采用严厉的教养方式,儿童越容易出现攻击行为。

(二)研究内容丰富化,关注家庭教育中的差异、影响因素及作用机制

第一,研究者越来越关注家庭教育中的各种因素。如近年来,随着家庭教育观念与方式的转变,越来越多的研究者不再只关注母子互动,还开始关注父亲在家庭教育中的地位与作用,以及父母之间的相互影响。例如,父母的童年人际创伤经历对其教养压力有显著的正向影响,且如果父亲有童年人际创伤经历,母亲的教养压力会更大。

第二,父母差异在家庭教育心理学研究中逐渐受到关注。父亲和母亲在家庭中扮演不同的角色,有着不同的分工。因此,父亲和母亲在家庭教育中所发挥的作用是

否存在差异是值得探讨的话题。比如,有研究者发现,父亲和母亲的心理控制均能影响儿童的内化、外化问题,其中父亲的心理控制对儿童外化问题的预测作用更强,母亲的心理控制对儿童内化问题的预测作用更强;在对父亲和母亲的协同教养行为进行探讨时,有研究者发现,父亲的协同教养行为可以通过影响父亲婚姻满意度对父亲教养投入产生影响,而母亲的婚姻满意度和母亲的协同教养行为对父亲教养投入均没有影响。这些实证结果都在一定程度上证明了父亲和母亲在家庭教育中的差异。

第三,文化差异对家庭教育的影响受到研究者的广泛关注。在不同文化背景下,社会的价值取向不同,主流价值观不同,对相同的行为具有不同的评价和反馈,因此会导致家庭教育过程以及结果上的差异。例如,有研究表明,在东方文化背景下,隔代教养与老年教养者抑郁水平没有显著关系;而在西方文化背景下,隔代教养对其抑郁水平有显著的消极作用。

第四,随着社会的发展,祖辈、同胞在家庭教育中的影响越发凸显,隔代教养、同胞关系也逐渐受到研究者的重视。

第五,研究者致力于挖掘影响家庭教育的更深层次的原因。例如,教养方式的代际传递机制逐渐引起研究者的关注。父母的元情绪理念、心理攻击等教养认知与行为都被认为具有代际传递效应。其中,执行功能可能是父母教养方式代际传递的一种机制,如母亲童年期受到的教养方式会影响母亲自身的执行功能,进而影响其对子女的教养行为。

(三) 研究方法综合化,借助脑科学、大数据等手段进行深入探究

随着研究的发展,家庭教育心理学不仅采用心理学的传统研究方法,还开始借助其他学科的研究方法。比如,在近年来的研究中,家庭教育心理学研究者开始结合心理学与分子遗传学的方法,考察父母教养方式通过基因表达的外遗传机制来影响儿童的神经系统,从而改变其压力调节方式、心理弹性和认知能力。

家庭教育心理学研究者还开始采用多重设计和多种测量方式对某一心理过程进行深入研究。相关研究不仅强调综合使用多种研究方法,还强调使用多变量的实验设计。一方面,家庭教育心理学强调纵向研究,特别是序列研究设计,因为在家庭系统中,心理发展的

采用 fMRI 技术揭示"养育脑"涉及的神经系统

连续性、心理发展过程中的因果关系以及作用机制逐渐受到研究者的重视,而横断研究无法回答这些问题。另一方面,在家庭教育心理学研究中,单一预测变量、结果变量的研究逐渐减少,多预测变量、结果变量的研究逐渐增加。

随着科技的发展,家庭教育心理学的研究手段也逐渐丰富。现代化技术手段,如脑电图、脑成像技术等被广泛地用于家庭教育心理学的研究中。比如,借助磁共振成像(MRI)技术,研究者发现与对照儿童相比,经历过早期忽视的儿童左侧杏仁核更小;来自低社会经济地位家庭的儿童左侧杏仁核更小,左右侧海马体均较小;遭受身体虐待的儿童左侧杏仁核较小,右侧海马体较小。

理解·分析·应用

1. 家庭教育心理学有何特点？
2. 简要说明家庭教育心理学涵盖了哪些方面的研究内容。
3. 简述家庭教育心理学四种主要研究设计的优点和局限性。
4. 定性研究和定量研究有何区别？它们是否有优劣之分？为什么？
5. 具体阐述家庭教育心理学常用的五种研究方法。
6. 论述开展家庭教育心理学研究的必要性。

推荐阅读书目

1. 边玉芳.(2023).*家庭教育概论*.北京:高等教育出版社.
2. 赵忠心.(2021).*中外家庭教育思想简史:家庭教育的历史经验与智慧*.北京:中国妇女出版社.
3. 本诺克拉蒂斯.(2021).*婚姻家庭社会学(第8版)*(严念慈 译).北京:中国人民大学出版社.

第二章

家庭教育心理学的理论基础

【学习目标】

1. 了解精神分析理论、行为主义、人本主义、建构主义的主要观点,及其对家庭教育的启示。
2. 了解生态系统理论、家庭生命周期理论、家庭系统理论、符号互动论四种理论的主要观点。
3. 知道如何将家庭教育心理学相关理论运用到研究和实践中去。

【知识导图】

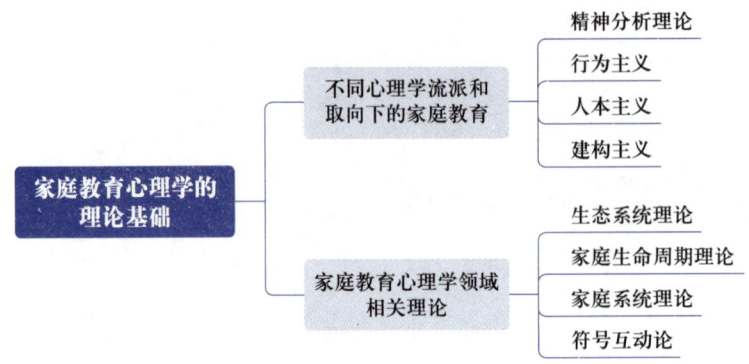

【内容导读】

理论驱动研究,帮助研究者提出研究假设、进行研究设计、解释研究结果,在一定程度上为家庭教育问题提供解决方案。本章对精神分析、行为主义、人本主义、建构主义这四种经典的心理学流派和取向中的家庭教育心理学思想进行梳理,这些重要的流派和取向对家庭教育心理学研究都具有重要的指导作用。同时,本章还阐述生态系统理论、家庭生命周期理论、家庭系统理论、符号互动论这四种理论对家庭教育心理学的科学发展产生的影响。这些理论从不同概念体系阐述家庭教育过程中心理活动产生与发展的本质,为探讨家庭系统及儿童与家庭成员互动的成因、机制及影响等提供理论基础。

第一节　不同心理学流派和取向下的家庭教育

心理学中有诸多经典流派和取向。不同的流派和取向从不同的视角出发,对家庭教育作出了不同的解释和说明,它们对家庭教育实践具有很好的启示作用。本节分别介绍精神分析、行为主义、人本主义、建构主义这四种心理学流派和取向的主要观点及其对家庭教育的启示。

一、精神分析理论

精神分析是西方现代心理学的主要流派之一,产生于19世纪末,其创始人是奥地利精神病医生、心理学家弗洛伊德(S. Freud,1856—1939)。精神分析起源于大量精神病的治疗实践而非实验室研究,它既是一种治疗方法,同时也是一个研究潜意识过程的心理学流派。弗洛伊德认为行为动机源于强大的内在驱力和冲动,如性本能和攻击本能,成人行为的根本原因是童年经历所遗留下来的未解决的心理冲突。弗洛伊德的两个弟子阿德勒(A. Adler,1870—1937)和荣格(C. G. Jung,1875—1961)提出了不同见解,阿德勒反对弗洛伊德将"性"看作人格的动力,他认为自卑才是人格发展的动力;荣格则提出"集体潜意识"的概念,他认为人格是由意识、个人潜意识和集体潜意识组成的。

精神分析理论是心理学史上第一个系统的理论体系,内容庞杂、丰富,为后续各心理学流派的产生和发展做了铺垫。精神分析理论最早强调童年早期经验和家庭因素对人毕生发展的影响,为人们解释心理行为和现象提供了新的视角和理论框架,对当代家庭教育具有重要的指导意义。它还在一定程度上揭示了依恋关系的情感内涵,强调了母亲对儿童发展的重要意义。此外,精神分析理论还提出了诸多重大理论问题,如意识与无意识的关系、人格的结构、动力和发展阶段等,这些都促进了心理学学科的发展和进步。

(一) 主要观点

1. 本能是促使儿童发展的心理动力

家庭教育的目的是促进儿童积极健康地发展,父母以何种方式开展家庭教育,与其如何看待个体发展的动力、如何理解儿童发展的规律和特点有着密切的关系。因此,对儿童发展的动力和特点的科学认知,对父母开展家庭教育格外重要。

古典精神分析理论认为,性本能是人发展的根本动力。其中,最经典的当属弗洛伊德的人格发展动力学说。弗洛伊德认为,促使人发展的心理动力是本能,它是人的生命和生活中的基本要求、原始冲动或内在驱力。本能的根源在于人的需要或冲动,其目的在于满足身体的需要,消除因需要未得到满足而产生的机体的紧张状态。弗洛伊德认为性本能(又称"力比多")对人的心理健康和人格发展都有十分重要的意义。他指出,这里的"性"是广义的"性",包括绝大部分被压抑的欲望,"性"是寻求一切快感的内在驱动力,促使人通过各种方式获得"性"快感和满足。随着儿童年龄的增长,能产生性快感的身体区域也随之发生变化,弗洛伊德据此提出了发展阶段论,认为人格的发展是由力比多的流动带动的。

2. 早期经验会对儿童产生终生影响

精神分析理论十分强调早期经验对个体发展的深远影响。在古典精神分析理论中,弗洛伊德强调早期生活经验对人格形成的重要意义,他认为,婴幼儿时期是人格发展的重要阶段,在出生至6岁的这段时间,人格基本发展定型并持续终生。在人格发展的各阶段中,如果前一个阶段的矛盾和冲突没有得到解决,人格没有得到较好的发展,力比多就会在这一阶段凝滞,无法流向下一个阶段,早期的发展停滞会使早期的特征保留在以后的阶段中,进而影响人格的顺利发展。这种人格停滞体现为某些人成年之后仍然保留着早期发展阶段的心理特征,比如,一个在口唇期出现过发展停滞的人,成年之后可能有吸烟、酗酒、话痨的表现,这些都是其满足口唇快感的方式。换言之,在人格形成的早期,一旦某一个阶段的力比多停滞,接下来的人格发展阶段都会受到不利的影响。弗洛伊德的这种观点是较为消极的。

在精神分析理论中，儿童成长早期的亲子关系(尤其是母亲和孩子的关系)、依恋关系对儿童心理健康的重要意义也受到重视。德裔美国心理学家霍妮(K. Horney, 1885—1952)认为儿童的基本需要必须在成人的帮助才能得到满足，如果父母没有给予儿童足够的爱，儿童就会感到不安全。在这种情况下，儿童会变得焦虑，感到世界充满危险与敌意。为了应对这种焦虑，儿童会发展出神经症，如渴望支配他人、逃避他人等。弗洛伊德和埃里克森(E. H. Erikson, 1902—1994)均认为，婴儿从安全型依恋中获得的温暖、信任和安全感为其以后的心理发展奠定了基础，而非安全型依恋的个体未来获得最佳发展结果的可能性则相对较小。

(二) 对家庭教育的启示

根据精神分析学派的主要观点，在家庭教育过程中，父母需要对儿童发展的动力形成科学的认识，与此同时采用恰当的方法开展家庭教育。对于儿童本能的需要，父母不应过分压抑或无视，而应允许儿童使用安全的方式(如吮吸、抚摸等)满足性本能的冲动，获得快乐。当儿童感到自卑或者有追求卓越的需要时，父母则应该帮助儿童不被自卑所困，努力追求卓越，实现积极、健康的成长。

在精神分析学派的观点中，很多成年人的病症都源于童年的创伤性经历或不良的早期经验，成年人的人格适应问题也通常需要追溯至童年生活。家庭是儿童早期发展最主要也是最重要的环境，父母是儿童最主要的照顾者和教育者，家庭环境的温馨、安全与否，父母的照顾和教养科学与否，亲子关系融洽与否，都直接决定儿童的早期经验，深刻影响儿童未来的发展状态，因此早期的家庭教育、良好亲子关系的建立尤为重要。

但是，精神分析理论也存在局限性。该理论过分强调早期经验和童年经历对儿童发展的影响，夸大了早期经验的作用，并且过分强调母亲在依恋关系建立中的决定性作用，忽视了其他抚养者(如父亲)对儿童成长的作用。事实上，在家庭教育过程中，抚养者应自始至终为儿童提供良好的成长环境，儿童即使有一些负面的早期经验，也可以在后期积极教养环境的浸润下获得良好发展。此外，其他家庭成员，特别是父亲，也应认识到自身在教养儿童中起到的重要作用，积极主动承担起自身的职责。

拓展阅读 >>>

弗洛伊德和埃里克森关于人格发展的渐进学说

弗洛伊德和埃里克森都认为人格的发展是一个渐进的过程，要经历有固定顺序的几个阶段，每个阶段都有一个重要的特点或待解决的危机，儿童如果解决了危机，就能顺利地过渡到下一阶段。弗洛伊德把人格的发展过程划分为五个阶段，他认为前三个阶段是最重要的，对人格发展起决定性作用，认为人格在生命的前五年已经形成。埃里克森以毕生发展的视角阐释了人格在每个阶段的发展任务，他认为如果每个阶段的危机都能被化解，儿童就会获得一个积极品质，自我的力量就会得到增强,人格就能健全发展。表 2-1 是弗洛伊德和埃里克森的人格发展阶段论的主要内容。

表 2-1 弗洛伊德和埃里克森的人格发展阶段论

弗洛伊德的人格发展阶段论		埃里克森的人格发展阶段论	
发展阶段	特点	发展阶段	任务
口唇期 (0—1岁)	力比多发泄的主要动欲区为口唇,吮吸、吞咽、咀嚼等口腔活动能使婴儿获得快感	基本信任对不信任 (0—1岁)	满足生理需要,发展信任感,克服不信任感,体验着希望的实现
肛门期 (1—3岁)	力比多的主要动欲区集中在肛门区域,肛门的排泄活动、玩弄粪便都能使幼儿获得快感	自主对羞怯和疑虑 (1—3岁)	获得自主感,克服羞怯和疑虑感,体验着意志的实现
性器期 (3—6岁)	力比多的动欲区转移到了生殖器,儿童通过抚摸、显露生殖器获得快感	主动对内疚 (3—6岁)	获得主动感,克服内疚感,体验着目的的实现
潜伏期 (6—11、12岁)	没有明确的动欲区,力比多暂时处于潜伏状态,是一个相对平静的时期	勤奋对自卑 (6—12岁)	获得勤奋感,克服自卑感,体验着能力的实现
生殖期 (11、12岁以后)	由于性生理的发育,儿童开始对异性产生强烈的兴趣,喜欢和异性有更多的接触;开始摆脱对父母的依赖;寻找职业;进入婚姻关系中,生育和抚养后代	同一性对角色混乱 (12—20岁)	获得自我同一性,克服角色混乱,体验着忠实的实现
		亲密对孤独 (20—25岁)	获得亲密感,避免孤独感,体验着爱情的实现
		繁殖对停滞 (25—65岁)	获得繁殖感,避免停滞感,体验着关怀的实现
		完善对失望 (65岁至死亡)	获得完善感,避免失望感,体验着智慧的实现

二、行为主义

行为主义产生于 20 世纪初,是心理学主要流派之一。行为主义把心理学的研究领域从意识层面转移到了行为层面,忽视遗传与先天因素的作用,强调后天环境的决定性作用,重视对行为的观察和研究。

行为主义经历了一个不断发展和演变的过程,主要分为三个时期。第一时期为早期行为主义时期(1913—1930 年),代表人物有巴甫洛夫(I. P. Pavlov,1849—1936)、桑代克(E. L. Thorndike 1874—1949)和华生(J. B. Watson,1878—1958),他们用客观的刺激(S)-反应(R)来解释心理与行为现象,用外显行为来研究人的心理,强调刺激和反应的联结以及环境的决定性作用,他们的理论观点是行为主义发展的基础。第二时期是新行为主义时期(1931—1950年),代表人物有斯金纳(B. F. Skinner,1904—1990)、托尔曼(E. C. Tolman,1886—1959)等,他们认为心理学的核心是对学习的研究,在刺激和反应之间加入了意识的因素,更加注重心理和行为之间认知因素的中介作用,认为大部分行为都可以用条件反射定律来解释。斯金纳在操作性条件反射理论中提出的强化和惩罚,对行为的塑造和矫正有着重要的实践价值。新行为主义的代表人物还有班杜拉(A. Bandura,1925—2021)、米歇尔(W. Mischel,1930—2018)等,新行为主义吸收了认知心理学的研究成果,把认知、思维看作积极主动的过程,强调行为和认知、思维的结合,但关注点仍停留在对外显行为的观察上。第三个时期是20世纪50年代以后,行为主义心理学的观点和内容已无更多变化,大多时候作为一种研究取向,活跃在心理学的某些应用研究中。例如,行为主义推动了生物反馈技术的研究,使各种生物反馈仪出现。行为主义的研究重点在于动物和人的行为,因此其研究成果在儿童行为习惯的培养和纠正方面有着广泛的应用。

行为主义理论的贡献在于,它把心理学研究的内容从意识范畴扩展至行为范畴,丰富了心理学的研究领域;运用客观严谨的实验方法研究人的行为,奠定了心理学的科学地位,促进了心理学的客观研究。此外,行为主义理论的应用领域非常广泛,在行为的塑造、改变、消退等方面都有着重要的价值,对家庭教育、学校教育等领域有重要的指导意义;其中很多行为治疗的具体方法,包括系统脱敏法、代币法、示范-模仿疗法、厌恶疗法等,为心理疾病的治疗开辟了新的途径。

(一) 主要观点

1. 环境在个体发展中起决定性作用

行为主义十分强调环境对个体发展的决定性作用,认为环境和教育对人的行为习惯有着决定性的影响,是行为发展的唯一条件。一切行为的总和是人格,环境通过深刻地影响人的行为,进而塑造人的人格。华生认为环境的重要性在于激发行为。他曾提出这样一个著名的论断:给我一打健康的婴儿,并在我自己设定的特殊环境中养育他们,那么我愿意担保,可以随便挑选其中一个婴儿,把他训练成为我所选定的任何一种专家——医生、律师、艺术家、小偷,而不管他的才能、嗜好、倾向、能力、天资和他祖先的种族。① 在华生看来,环境和教育的影响是深刻且长远的,这种影响甚至远远超出了遗传和基因的作用。

而作为新行为主义的代表,斯金纳则认为环境的重要性在于它能够选择行为,环境提供的强化决定着哪些行为得到加强,而那些得不到加强的行为就会逐渐消退。在任何情境中,有机体最初会作出各种反应,在这些反应中,只有少数会被强化,这些被强化的反应被保存下来,并成为当那种情境再次出现时有机体所作出的所有反应中的一部分。

行为主义的经典理论与实验

---

① 华生.(1998).行为主义(李维 译).杭州:浙江教育出版社.

2. 行为的可塑性

行为主义认为,任何行为习惯都可以在环境中通过一些方法来塑造或改变,这些方法包括建立条件反射、强化、惩罚等。

经典性条件反射理论说明,任何一个中性刺激经过多次无条件刺激的联结之后,都能转化成条件刺激,进而引发有机体的反应。通过建立积极的联结,避免把一些中性刺激和消极的非条件反射联系在一起,人们可以达到塑造行为的目的。

强化是斯金纳行为主义理论的核心概念之一。强化分为正强化和负强化。某一刺激的呈现使得行为发生的概率增加了,这就是正强化的过程。例如,对助人行为提出表扬从而使助人行为增加。某一刺激的撤销使得行为发生的概率增加了,这就是负强化的过程。例如,对当日作业表现良好的孩子取消当天孩子不喜欢做的某一活动,从而激励孩子有更好的表现。值得注意的是,在正强化与负强化的过程中,行为发生的概率都是增加的,只是在刺激是呈现还是撤销上有所区别。

与强化不同的是,惩罚的目的是使某种行为发生的概率下降。某一刺激使某种操作行为发生的次数或概率下降了,这一过程就是惩罚。惩罚也有两种类型,通过施加消极刺激从而减少行为的是正惩罚,例如,批评、责备、增加不喜欢的活动,这些都可以作为减少某种不良行为的正惩罚方法。反之,通过撤销积极刺激从而减少行为的是负惩罚,例如,取消儿童喜欢的娱乐项目或活动、撤销奖励,这些都可以作为减少某种行为的负惩罚方法。尽管惩罚也是减少不良行为的一种方法,但斯金纳指出,惩罚对行为的改变和塑造效果不如强化,且可能会带来消极影响,教育者应慎重使用惩罚方法。

此外,行为主义指出,对于一种通过操作性条件反射新建立的行为,如果把强化物撤除,那么这个操作性反应就会随之消退,并一直恢复至最初没有被强化时的水平,这就是行为的消退。行为的消退和建立是两个相反的过程,受到强化的行为得以维持,而未受到强化的行为逐渐消失。对于行为的改变而言,科学的做法就是,强化所期望的行为,忽视不期望的行为。斯金纳认为,对于我们不期望的行为,改变它最好的办法是消退,而不是惩罚。例如,父母对孩子做出的消极行为"不予注意"。如果孩子的行为变得强烈,可能是因为父母的反对强化了它,如果不再有这种强化,行为就将消失。这是因为在实施惩罚的过程中,惩罚手段也可能会变成对被惩罚者的一种强化。按照斯金纳的观点,正确的做法应该是忽视儿童的消极行为,不予强化,并强化儿童的积极行为,对其给予关注和表扬,从而使消极行为因得不到强化而消退。另外,对于已经消退的行为,可能还存在这样一种现象:经过一段时间后,尽管没有任何强化物出现,这种行为重新出现了,这就是自然恢复现象。这说明,行为的消退不是一次就能完成的。

3. 观察学习是重要的学习方式

观察学习又称替代学习、模仿学习,指的是通过观察他人所表现的行为及其结果而进行的学习。班杜拉认为,每一个通过直接经验发生的现象都可以通过替代性经验,即观察他人的行为及其结果而发生。

根据班杜拉的观点,不同于刺激-反应式学习的是,刺激-反应式学习者需要亲自作出反应,接受强化,进而逐渐学到一种新的行为。而观察学习者不需要作出反应,也不需要体验强化,只需要观察他人在一定环境中的行为,并观察他人接受强化就可以完成对这种行为的模仿和学习,这种强化过程是间接的强化(又称替代强化)。所以,观察是一种省时省力的间接学习方式,避免了大量的试错。此外,通过观察习得的行为会保持在头脑中,不一定会真正表现出来,行为的表现与否取决于现实环境中有无强化的诱因。

(二) 对家庭教育的启示

根据行为主义流派的主要观点,构建良好的家庭环境、采用科学的教养方法对于儿童的发展尤为重要。父母可以为儿童创造宽敞、整洁的家庭环境,营造安全、温暖的家庭氛围,培养儿童良好的行为习惯,对积极行为予以强化,适当忽视消极行为、不给予行为反应,这些都是有效的行为塑造方式。比如,父母可以及时地给予儿童物质奖励(如糖果、零花钱、玩具、小红花)、精神奖励(如微笑、表扬、鼓励、陪伴),或收回批评、停止打骂、取消儿童不喜欢参加的活动,以此来帮助儿童养成正确的行为习惯。再如,如果父母用打骂的方式作为对儿童不认真完成作业的惩罚,一方面,儿童容易通过模仿习得打骂的不良言语和行为,另一方面,还可能导致儿童将被打骂后的恐惧心理和作业建立起不良的联结,从而一提及作业就感到恐惧和厌恶。甚至如果处理不当,父母的过分关注反而会强化儿童的不良行为,儿童通过这种方法来达到吸引父母关注的目的。因此,父母可以把对儿童不良行为的关注更多地转移到对儿童良好行为习惯的培养上,如不对儿童不认真完成作业的行为有过多的批评和指责,让其自然消退,同时用积极的手段强化儿童认真完成作业的学习行为。

行为主义从环境的影响出发,揭示了环境对个体的塑造作用,在家庭教育领域的儿童行为塑造与矫正方面,具有重要的实践指导意义。父母可以通过创设环境或调整对儿童特定行为的反应,来培养或矫正儿童的行为,从而实现科学的教养,让家庭环境对儿童的发展产生积极的影响。

由于儿童在成长早期的大部分时间都处在家庭环境中,父母是与儿童相处时间最长的人,且父母作为成年人、与儿童关系最亲近的人,往往是儿童所崇拜的权威人物,因此儿童在进行观察学习时模仿和观察的主要对象也是父母。父母的言行举止、是非观念、行事准则都会在潜移默化中成为儿童模仿、学习的对象。父母最好的家庭教育方式可能不是过多的说教,而是把自身塑造成一个良好的对象,为儿童起到示范作用。除此之外,个体更有可能模仿同性别、同年龄段或同伴的行为。尤其对于儿童来说,敌意和攻击行为更容易被模仿。实证研究结果表明,相比于其他儿童,花费大量时间在暴力电子游戏、电视、电影上的儿童,表现出更多的暴力与攻击行为,以及更低的道德水平。

总体来说,该流派强调了社会环境和社会认知对行为的重要性,以及家庭环境和父母的言行举止对儿童行为塑造和培养的重要意义。由此,在家庭生活中,父母需要创设良好的家庭氛围,同时规范自身的言行,为儿童树立榜样。

但行为主义依然存在着一些局限性。首先,行为主义存在生物主义的倾向。早期行为主义试图把在动物实验中得到的结论推演到人的身上,忽视了人的特殊性。其次,行为主义否认遗传和生理因素对心理的作用,只强调环境因素是行为的决定性力量,有机械主义的倾向。最后,行为主义侧重对人的外部行为的研究,而忽略了人的内部的心理过程,这些都是我们在学习这一理论时需要关注的问题。

学习活动 >>>

班杜拉的"不倒翁实验"

1961年,班杜拉对学前儿童进行了一系列"不倒翁实验"。研究者将幼儿园的孩子们分成三组,把每个孩子单独带到房间里玩耍。在这个房间的角落里,有一个实验用的"不倒翁"。10钟后,成人进入房间,实验正式开始。

第一个实验组:成人当着孩子的面,对"不倒翁"拳打脚踢。

第二个实验组:成人与"不倒翁"进行友好的玩耍。

第三个实验组:设为对照组,成人完全不出现。

通过实验发现:观看过成人暴力行为的第一组孩子比其他两组孩子模仿暴力行为的水平高得多,孩子明显受到成人行为的影响。

结合以上实验背景和结果,开展分析研讨:该实验对家庭教育的启示有哪些?

三、人本主义

人本主义心理学兴起于20世纪五六十年代的美国,它的产生与当代西方心理学的发展和美国社会的思想与社会变革有紧密的联系,它反对心理学中"非人化"的思想,强烈反对精神分析学派的性本能理论和行为主义的"刺激-反应"模式等观点,认为精神分析只研究残缺的个体,贬低人的意识与经验的作用,过分强调本能的原始欲望和冲动,而行为主义把人还原为动物或机器,忽视了人的主观性。人本主义对精神分析和行为主义的观点进行了扬弃,主张心理学应重点研究健康的、整体的人,应突出人的主观世界及人的创造性、自我实现、主观能动性等积极的方面,认为人具有实现自己的潜能、不断突破自我的能力,重视对人性积极力量的思考,主张恢复人的价值和尊严,解放个性,使人得到充分的、自由的发展,最大程度实现个人的价值和生活的幸福。在研究方法层面,人本主义反对行为主义用动物心理学的实验方法研究人的心理,主张采用质性研究方法、现象学方法取代实验研究,用整体研究取代分析研究。

人本主义的主要代表人物是马斯洛(A. H. Maslow, 1908—1970)和罗杰斯(C. R. Rogers, 1902—1987)。马斯洛充分肯定了人的尊严和价值,积极倡导个体潜能的实现。罗杰斯同样强调人的自我实现、情感与主体性接纳。他认为教育的目标是要培养健全的人格,教育者必须创造一个积极的成长环境。

人本主义的贡献在于,把健康的人作为研究对象,探讨健康的人的心理特点,突破了传统心理学的束缚,扩展了心理学的研究范围;强调人的高层次需要和内在价值的实现,对人性和人的发展都有十分积极的认识,为人类潜能的开发指明了方向,增强了人类的自信心;强调了积极关注对自我发展的重要意义,对教育有重要的指导意义。

(一) 主要观点

1. 个体需要是其发展的内驱力量

需要是一种内驱力量,当需要未得到满足时,个体会处于一种紧张的状态;当需要被满足时,这种紧张的感觉就会消失。需要层次理论形成于20世纪40年代,是马斯洛人格理论的中心。他认为,人类的需要可以分为五个层次,以金字塔的形式从低到高依次为:生理需要、安全需要、归属和爱的需要、尊重需要、自我实现的需要(图2-1)。其中,前两项为低层次需要,后三项为高层次需要。

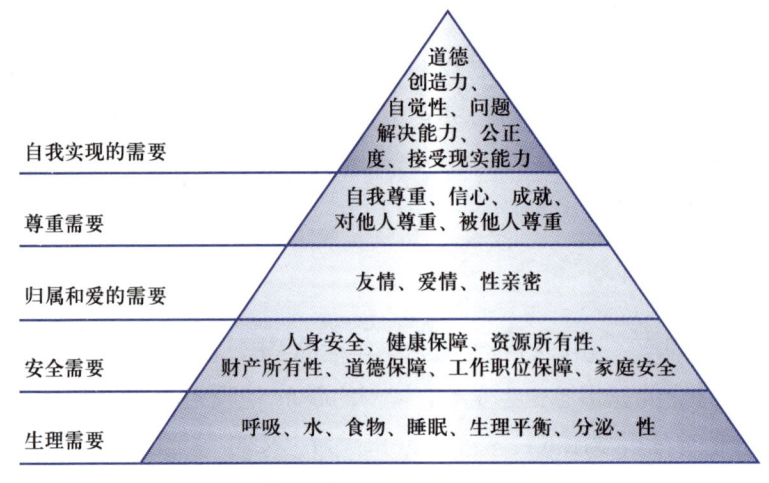

图 2-1 马斯洛需要层次理论

在一般情况下,低层次的需要得到满足之后,高层次的需要就会出现,但并不是低层次的需要必须完全得到满足之后高层次的需要才会出现。马斯洛指出,需要的发展是连续地、重叠地、波浪式地向前推进的。但在极特殊的情况下,也存在低层次的需要未被满足而高层次的需要更为强烈的情况。

人类的需要在某种程度上是由遗传决定的,但它的发展和表现却很容易受到环境和教育的影响。对于儿童来说,他们力量弱小,在成长早期,很多需要的满足都需通过父母的照顾才能实现。父母对儿童早期需要满足的理解以及满足的程度,都会影响儿童的发展,甚至关系到儿童成年后的安全感和自信心水平,因此,儿童早期需要的满足具有重要的意义。马斯洛强调了童年经验的重要性,他指出,一个人的童年经验和他的自我实现有着非常密切的关系,如果一个人在童年时没有获得足够的爱,或者在生命前两年中生理需要和安全需要没有得到满足,其成年后将依然不能获得安全感和自信心,很难自我实现。

2. 积极关注促进个体发展

罗杰斯在其自我理论中指出,积极关注的需要指的是人们在生活中渴望得到周围人的关心、欣赏、接纳、尊重、同情、温暖和爱的需要,积极关注的获得有利于个体自我的形成和发展。

每个人都有获得积极关注的需要。起初这些积极关注来自身边重要的人,如父母、老师、朋友等。儿童在成长早期通常迫切希望获得他人的关注和赞扬,以至于可能因此放弃一些其他需要。例如,儿童听从父母的话参加某些活动可能不是因为对活动的喜欢,而是为了获得父母的积极关注。而随着年龄的增长,个体能够积极地看待自己,做到自我接纳、自我欣赏。此外,罗杰斯还特别强调母子关系对儿童自我成长的重要影响,如果母亲能够满足儿童对爱的需要,对儿童给予积极关注,儿童就更有可能形成健康的人格。

积极关注有无条件和有条件之分。无条件的积极关注指的是一种没有价值条件的积极关注,即在任何时候对一个人做的所有事情都予以积极的关注和看待,即使这件事客观上是错误的也要如此。在充分的无条件的积极关注下,儿童不会为了迎合他人而扭曲自己的想法,或为了获得他人的积极关注而改变自己的行为,他们能够自由地接纳自己的优点和缺点,也就是说既能够接纳被赞许的那一部分自我,也能够接纳可能还不甚完美的那一部分自我,能根据自己内心的期待和想法指导自己做想做的事情,这一切都能够为他们走向自我实现作铺垫。

有条件的积极关注指的是根据一定的标准来评判某个人的品行或成就,如果达到标准,就予以积极关注,否则就不给予积极关注。对获得积极关注所设定的条件通常是价值条件。有条件的积极关注因为涉及评判标准,因此可能会干扰儿童的健康发展和自我实现,容易让儿童在一味地追求积极关注的过程中丧失自己的期望和想法。

(二) 对家庭教育的启示

儿童早期生理需要和安全需要的满足对其发展具有不可替代的意义,早期需要被充分满足的儿童在长大之后能体验到安全感和自信,更容易自我实现。因此,父母应该及时给儿童哺乳、喂食,进行亲密的互动(接触、拥抱等),与儿童建立安全的依恋关系,为儿童创造舒适、安全、充满爱的家庭环境,满足儿童合理的需要。随着儿童年龄的增长,父母需要帮助儿童认识自己的能力,建立自信,创设和谐的人际关系,从而让儿童体会到被尊重的感觉;支持儿童根据自己的兴趣探索世界,学习知识,构建对美的认识,满足认知和审美层面的需要,最终推动儿童对自我实现的追求。父母形成对积极关注的正确理解,并给予儿童无条件的积极关注,对儿童形成健康的自我和人格有积极的意义。具体来说,父母在任何时候都应该给予儿童没有任何附加条件的、不带任何功利的关注、尊重和爱,无论其聪明与否、表现如何。父母可以批评儿童所犯的错误,但应该从内心接纳儿童的一切,包括其缺点,以包容、积极的心态关注、帮助其成长。有条件的积极关注容易给儿童带来消极影响。比如,父母把"练好钢琴""学好跳舞"的要求和希望强加给儿童,并以此为积极关注的条件。儿童为了获得父母的积极关注,不得不违背自己的内心而遵从父母的要求,内心无法面对和接纳不被赞许的那一部分自我,从而心理上出现不和谐。这样的儿童虽然能获得积极关注,但其内在自我实现的潜力和愿望是被压抑的,这是不利于其发展的。

四、建构主义

作为一种关于学习的哲学,建构主义至少可以追溯到18世纪意大利哲学家维柯(G. Vico,1668—1744),到20世纪80年代,建构主义掀起了研究热潮,心理学家更关注建构主义理论对个体学习的解释。建构主义强调个体学习的主动性,认为学习是个体基于已有知识经验生成意义、建构理解的过程,这一过程在社会文化互动中完成。

建构主义的重要代表人物皮亚杰对建构主义进行了系统而经典的阐释,他坚持从内因和外因相互作用的观点来研究儿童的认知发展。建构主义理论重视意义建构和社会文化互动在学习中的作用,它的一个重要概念是图式。图式是认知结构的起点,是人类认识事物的基础,图式的发展变化是认知发展的实质,同化、顺应和平衡则是认知发展变化的重要过程。在皮亚杰所提出的理论的基础上,一些学者对建构主义理论进行了进一步的丰富和完善。科尔伯格(L. Kohlberg,1927—1987)在认知结构的性质与认知结构的发展条件等方面作了进一步的研究;斯滕伯格(R. J. Sternberg,1949—)等人则强调了个体的主动性在建构认知结构过程中的关键作用,并对在认知过程中个体如何发挥主动性作了探索;维果茨基(L. S. Vygotsky,1896—1934)创立的文化历史发展理论则强调在认知过程中学习者所处社会文化历史背景的作用。

(一)主要观点

1. 心理发展结构使个体在建构中发展

儿童的认知发展活动中包含一定的认识发展结构,包括图式、同化、顺应、平衡。了解儿童的认知发展结构和规律,对父母引导儿童开展一些学习性的游戏和活动具有指导性价值。

皮亚杰认为,儿童是建构者,如果儿童想了解某事物,必须自己建构与此有关的知识。儿童通过操控新的事物和事件来理解事物的本质。儿童对知识的建构是依托认知结构开展的。图式是个体内部一种动态的、可变的认知结构,具有概括性的特点,可以从一种情境迁移到另一种情境中去。图式最开始源自遗传,在儿童和环境相互作用的过程中,在儿童适应环境的过程中不断发展、丰富起来。例如,刚出生的婴儿无论遇到什么物体,都会发生吮吸反射,这就说明婴儿有吮吸的图式。随着年龄的增长,儿童拥有的图式变得更复杂。

儿童在发展过程中会遇到很多来自周围环境的刺激,主体将外界刺激整合到已有的图式中的过程就是同化。换言之,同化就是以已经存在的图式为基础,去吸收新经验的过程。同化能够有效地促进图式范围的扩大,从而改变认知结构。但同化只能带来图式量的变化,不能促进质的改变。顺应能带来认知机制的质变,即改变或新建一个图式以容纳一个新鲜刺激的过程。同化和顺应是主体在与环境相互作用的过程中使认知发生改变的机制,它们相辅相成、缺一不可,共同促进认知的发展。主体在不断同化或顺应的过程中达到认知的平衡。如果出现了不平衡,这种不平衡状态会推动主体运用同化或顺应把认知调节至平衡状态。同化和顺应这两种活动为儿童理解、改造这个复杂的世界提供了可能。

2. 个体认知发展具有阶段性

建构主义理论认为,儿童的认知发展是主体在与客体相互作用的过程中逐渐实现的,呈现出一定的阶段性和规律性。

皮亚杰认为,儿童的心理发展是连续的,但由于各种发展因素的相互作用,儿童的心理发展呈现阶段性。每个发展阶段都有与年龄相对应的特点,由于教育、文化等因素的影响,每个阶段可能提前或推迟,但阶段的先后顺序是固定的,前一个阶段是后一个阶段的基础,不过两个阶段不是截然划分的,而是存在一定的交叉。尽管皮亚杰认为认知发展的顺序是不变的,但他也承认儿童进入特定阶段的时间存在较大的个体差异,文化及其他环境因素可能会促进或延缓儿童认知的发展速度。通过大量的观察和实验,皮亚杰把儿童的心理发展过程划分为四个阶段:感知运动阶段(0—2岁)、前运算阶段(2—7岁)、具体运算阶段(7—12岁)、形式运算阶段(12—15岁),儿童在每个发展阶段的认知都呈现出一定的特点,如表2-2所示。

表2-2 皮亚杰的认知发展阶段论

阶段划分	主要认知特点
感知运动阶段(0—2岁)	儿童主要依靠感知觉和动作来适应环境、认识世界
前运算阶段(2—7岁)	儿童主要借助事物具体生动的表象来进行具体形象思维;思维的具体形象性是这一阶段的显著特点
具体运算阶段(7—12岁)	儿童主要依靠身体动作来影响环境,能开始表征并预见运动、形变、变化等动态过程; 儿童的思维已超越动作和事物的静态表象,儿童能够在头脑中对这些内化的动作和意向进行协调
形式运算阶段(12—15岁)	儿童能够摆脱具体事物或内容的束缚,在形式上思考命题之间的意义关联,并作出符合逻辑的推理; 儿童在此阶段获得抽象逻辑思维、假设-演绎思维等

3. 提出"最近发展区"理论

20世纪30年代,维果茨基提出"最近发展区"理论。"最近发展区"指的是儿童独立活动时所能达到的解决问题的水平与在成人指导下能达到的解决问题的水平之间的差距。维果茨基认为,教学创造着"最近发展区",教学应该走在发展的前面,教师应为儿童创设符合其发展的"最近发展区",帮助儿童最大程度地发挥个人的潜力。同时,维果茨基还强调学习的最佳期限,即某种知识或技能的教学应该符合儿童学习这些知识与技能的最佳时间,否则就会造成儿童智力发展的障碍。因此,教育必须以儿童成熟和发育为前提,并建立在儿童正在发展的心理机能的基础上,使教育走在发展前面。

(二) 对家庭教育的启示

建构主义理论对家庭教育的启示有:首先,父母可以为儿童的认知发展创设多种多样的活动,寓教于乐,让儿童在活动中积极探索,获得认知的提升;除此之外,还可以引导儿童在与他人的社会交往中理解他人的观点,从而完善头脑中的图式,突破自我中心的局限性。

其次,儿童认知发展的每个阶段都有其相应的特点,父母需要对儿童认知发展的规律形成科学的认识,据此有针对性地引导儿童进行一些认知训练活动,促进儿童认知水平的提高。例如,处于感知运动阶段的儿童主要通过动作与外部环境互动,逐步形成相应的动作图式。因此,这一阶段家庭教育的重点是帮助婴儿适应、接受外部环境中的各种刺激,在保证安全的前提下,家长应允许婴儿通过吮吸、抓握、抬举等方式探索世界,形成对外界环境的初步感知。

最后,"最近发展区"理论表明,在家庭教育过程中,父母应关注儿童的发展特点和水平,帮助儿童"垫一垫脚"摘到成长的"果实",从而让儿童感受到努力的成果,不断获得成功的体验,逐渐成长,而不是拔苗助长,为儿童设置远超其发展水平的目标。

对于家庭教育而言,建构主义理论的局限性主要在于,刻意追求儿童的自主建构,忽视了父母教育与指导的重要意义。如果我们完全依靠儿童的自主建构,教育的时效性和经济性就难以得到保障。

第二节 家庭教育心理学领域相关理论

家庭教育心理学涉及家庭教育过程的方方面面,包括不同家庭系统、家庭成员以及环境等因素的相互作用等。家庭教育心理学领域中形成了众多具有重要影响的理论。这些理论关注家庭情境,从不同的视角和侧重点,描述、解释家庭教育的不同方面,尝试探讨家庭如何发展、什么样的家庭是好的家庭、家庭教育如何影响儿童发展等议题。本节介绍四种影响较大的经典理论:生态系统理论、家庭生命周期理论、家庭系统理论以及符号互动论。

一、生态系统理论

美国生态心理学家布朗芬布伦纳(U. Bronfenbrenner,1917—2005)于20世纪70年代提出生态系统理论,该理论围绕环境对个体发展的影响做了详细分析。布朗芬布伦纳指出,环境是一组嵌套结构,每一个要素都嵌套在下一个要素中,就像俄罗斯套娃一样。也就是说,发展的个体处在从直接环境到间接环境的几个环境系统的中心,每一个系统都与其他几个系统以及个体交互作用,影响个体发展的各个方面(如图2-2所示)。环境主要包括微系统、中间系统、外层系统、宏系统及时间系统。

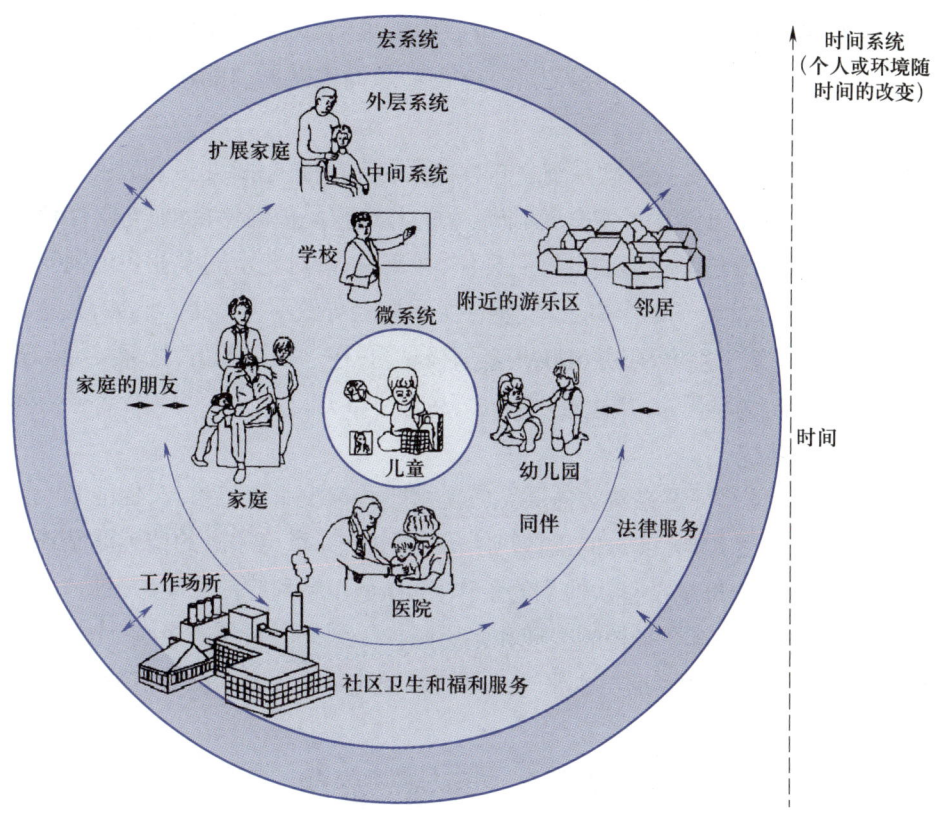

图2-2 生态系统理论结构图

(一)微系统

布朗芬布伦纳指出,环境的最里层也是第一个环境层为微系统,是个体活动和交往的直接环境。微系统由相互关联的角色、行为和影响儿童日常生活的关系组成,家庭是影响儿童发展最重要的微系统。此外,学校、同伴群体等也是影响儿童发展的重要微系统。在家庭微系统中,父母受教育水平、父母冲突、父母教养行为以及亲子关系、家庭结构等,均会直接或间接地影响儿童的发展。

此外,微系统中任意两名个体的交往都有可能受到第三名个体的影响,比如,母亲和孩子的交往显著地受到父亲的影响;在高幸福感的婚姻关系中,夫妻双方相互尊重、支持,处在这种夫妻关系中的母亲比婚姻关系紧张,或缺乏配偶支持的母亲更有耐心,更能给予儿童关注。

由此可知,微系统是一个动态的发展环境,生活在其中的每个个体不仅影响着他人,同时也受到他人的影响。儿童在家庭中出生、成长,父母或其他家庭成员塑造着儿童的行为,影响着儿童的发展。

(二) 中间系统

生态系统理论中第二个环境层是中间系统。中间系统是指各微系统之间的联系或相互关系所形成的环境系统,如家校之间的联系系统等。这些中间系统对儿童发展及家庭教育的效果产生影响,比如,在家庭中如果父母采用了溺爱的教养方式,那么儿童在学校或同伴环境中容易产生不平衡感,从而难以形成良好的同伴关系和师生关系。

布朗芬布伦纳认为,如果微系统之间有较强的支持性关系,儿童发展就可能实现最优化。比如,与父母建立了安全、和谐关系的儿童容易被同伴接纳、与同伴建立良好的友谊关系;家庭与学校形成良好的合作、共育模式,对儿童的学业表现则具有非常大的促进作用。相反,微系统的非支持性关系则会导致不良后果。比如,儿童所处的同伴群体不在意学生表现,并鼓吹儿童消极学习,在这种情况下,就算父母与教师鼓励儿童认真、努力学习,儿童也难以有较好的学业表现。

(三) 外层系统

第三个环境层是外层系统。外层系统是那些儿童没有直接参与,但能影响儿童发展的环境系统,如邻居、父母的工作场所等。比如,儿童与家庭的情感联结或亲子关系等,可能受到父母是否喜欢他们的工作、工作是否顺利等的影响,并进一步影响儿童自身的发展。儿童在学校的表现和经历同样受到外层系统的影响,比如学校所处社区的环境、卫生和福利服务水平等都可能影响儿童的教育经历与结果。

(四) 宏系统

宏系统是更宏观的社会环境和文化环境,是微系统、中间系统和外层系统的文化或亚文化背景,包括所处社会的文化价值观、公共政策等。宏系统规定了如何评价儿童的行为,应该给予儿童何种教育。不同文化中的价值观不尽相同,这些价值观存在于各个系统中,或直接或间接地影响家庭教育及儿童发展。比如,在反对体罚儿童、反对以暴力方式解决人际冲突的文化背景中的家庭,父母出现虐待儿童的概率也相对较低。

(五) 时间系统

时间因素也是家庭教育中不可忽视的因素。时间系统包括发展时间跨度、发展时机、时代性特征等,被用于解释发展的时间维度。个体的生命发展历程是嵌入宏观历史发展中并受其影响的,家庭教育心理学的研究也常常纳入时间因素,关注家庭成员的心理现象和特征随着时间的变化,以及变化的影响因素及机制,比如,研究社会变迁对家庭教育的影响等。

生态系统理论强调不同系统共同对个体产生影响,并且个体与环境是相互作用的。基于此,家庭教育心理学研究者常常结合宏观和微观层面的因素综合考察家庭教育过程中的问题。比如,考察不同文化背景下父母教养期望对儿童学业表现、心理健康等的影响。

二、家庭生命周期理论

家庭生命周期的概念确立于20世纪40年代,提出者是美国人类学学者格里克(P. C. Glick,1910—2006)。该理论认为家庭的生命由随着家庭所处不同阶段而变化的社会角色和关系组成。家庭生命周期理论旨在阐明家庭和个人随时间变化的共同框架,关注家庭从形成到解体的循环运动过程,关注家庭生命周期各个阶段个体在家庭中的不同角色变化,从时间角度阐释家庭的变迁,是家庭教育心理学研究领域的一个重要理论和分析工具。

(一)家庭生命周期的阶段性

家庭生命周期理论注重微观层次上的家庭转变,着眼于家庭发展的时间序列及不同阶段,这也使其与个人生命历程紧密相连。自该理论提出以来,较多研究者基于理论与现实情况对家庭生命周期的不同阶段进行了划分。其中,影响最为广泛的属格里克建立的六阶段家庭生命周期模型。格里克认为,家庭生命周期中最重要的事件包含结婚、第一个孩子出生、最后一个孩子出生、第一个孩子离开父母家、最后一个孩子离开父母家、配偶一方死亡及另一方死亡。根据核心事件,格里克将家庭生命周期分为形成、扩展、稳定、收缩、空巢以及解体六个阶段。标志每一阶段起始与结束的事件如表2-3所示。虽然格里克六阶段家庭生命周期模型没有关注家庭中儿童的年龄变化及成长过程,以及重组家庭等不同家庭类型,但整体而言,其适用性较强。

表2-3 格里克对家庭生命周期的阶段划分

阶段	起始	结束
形成	结婚	第一个孩子出生
扩展	第一个孩子出生	最后一个孩子出生
稳定	最后一个孩子出生	第一个孩子离开父母家
收缩	第一个孩子离开父母家	最后一个孩子离开父母家
空巢	最后一个孩子离开父母家	配偶一方死亡
解体	配偶一方死亡	配偶另一方死亡

(二)在家庭生命周期的不同阶段个体的发展任务

在家庭生命周期的不同阶段,家庭及其成员有不同的发展需要及任务。在形成阶段,个体需要建立婚姻关系,满足亲密的需要,将依恋的主要对象由父母转向配偶;

在扩展及稳定阶段,个体需要满足繁殖的需要,获得生育感,家庭的主要任务是适应子女的诞生、成长带来的变化;在收缩阶段,父母要适应子女逐渐离开家庭,同时重建并深化婚姻关系;在空巢阶段,家庭要维护支持性的关系,父母要适应两个人的家庭结构,重构亲子关系,避免孤独感等消极情绪;在解体阶段,家庭成员要自我调整,承认现实,发展新的精神寄托。只有完成相应阶段的家庭任务,家庭才能继续发展,进入下一阶段;若无法完成相应的任务,家庭生活质量就会受到影响,家庭的发展也会停滞,甚至会退回之前的某个转折点。

家庭生命周期理论被应用于心理学、人口学、社会学、经济学等多个领域。对于家庭教育心理学研究而言,该理论提供了一个视角,能够帮助研究者预见家庭即将经历的阶段,提示研究者用纵向的、长期的视角,探讨家庭结构及家庭成员关系的变化以及代际传递等问题。此外,家庭生命周期理论还提供了一个宏观视角,提示研究者从历史发展、社会变迁等角度探讨家庭结构和家庭功能的变化,从而描绘现代家庭的普遍特点。

对于家庭教育实践而言,家庭生命周期理论有助于家庭教育指导者对家庭开展评估,以确认家庭所处的发展阶段、所面临的发展任务以及可能面对的压力,并以此评估当前阶段家庭教育的适宜性。据此,家庭成员也能够以长期视角思考过去的事件对当下所出现问题的影响、当下家庭的主要任务与矛盾,以及家庭前进的方向等,以此对家庭变化保持积极的态度,促进家庭系统的良性发展。

三、家庭系统理论

家庭系统理论源于一般系统理论和控制论,描述家庭系统内各元素之间的关系是如何定义及共同维护这一系统的。家庭系统理论的奠基人是美国心理治疗家鲍恩(M. Bowen,1913—1990),该理论最早将一般系统理论的观点引入心理咨询与治疗领域。家庭系统理论为家庭教育心理学研究提供了丰富的概念框架和研究内容,在家庭治疗领域有广泛的应用。

(一)家庭是一个有组织的整体

整体论的概念是家庭系统理论的核心。家庭系统理论认为,整个家庭是一个系统,是按一定的规则进行互动并且不断发展的统一体。根据该理论,家庭系统的整体大于部分之和。家庭系统的整体性不单是家庭成员的简单相加,更是成员间彼此的互动,如果没有互动关系,就没有所谓的系统。

此外,家庭系统理论认为,家庭系统的特征不能简化为家庭成员个人的属性特征。因此在家庭治疗领域,被视为病理根源的是家庭,而不仅仅是个人。个体的某些情绪或心理问题不仅由个体自身导致,还受家庭其他成员的影响。在治疗过程中,治疗师只关注个体本身是不够的,家庭成员之间的情绪具有"共生"现象,应从家庭系统的角度对个体的情绪等问题进行探索。家庭系统还会影响个体的行为,例如,当夫妻二元关系向父母及子女三元关系转换时,增加的亲子系统及其互动过程会对夫妻二元关系产生影响。

(二) 家庭包含多个子系统

系统是一组对象以及这些对象及其属性之间的关系。将某物识别为一个系统的主要特征是,它与环境是可分离的,并对环境产生影响,这意味着系统拥有内部元素,并与环境有交互,即系统有输入与输出过程。

家庭系统理论指出,家庭系统包含不同的子系统,如夫妻子系统、亲子子系统和同胞子系统等。子系统是系统的一部分,每个子系统都与系统整体及其他子系统发生互动,各个子系统之间相互影响。一些家庭系统的特性可能仅出现在部分子系统之中。

所有的家庭系统都有不同程度的多样性,这是指系统拥有的满足新的环境需求或适应变化的资源的程度。拥有大量不同资源的系统更具多样性,更能满足动态变化的环境的各种要求。当家庭缺乏适应变化所需的多样性时,就很可能出现家庭关系的破裂。此外,家庭系统还是一个有层次的结构,这种层次结构表示成员之间的权力关系和边界,这些边界划分和定义了子系统之间交互的规则。

(三) 家庭子系统相互依赖、相互影响

家庭系统理论将家庭视作一个相互关联的网络,认为其中一条链条上的变化会沿着连接系统其他部分的线索对其他部分产生影响,即整个家庭系统功能是由各个子系统来分化和执行的,子系统之间互相依赖、互相影响。据此,研究者提出了家庭各子系统间影响的几种假说:

溢出假说(spillover hypothesis)认为,家庭各子系统在进行某项活动时,其成员的情绪或行为不仅会对子系统内部的成员产生影响,还会外溢影响到其他子系统。例如,丈夫和妻子发生冲突,影响的不仅仅是夫妻子系统内部二者的情绪与关系,还可能会对亲子系统中的亲子关系产生影响。

补偿假说(compensatory hypothesis)认为,当家庭中两位成员的关系出现问题时,他们可能会通过建立与第三者的积极关系来满足原有二者关系中未得到满足的情感需要。例如,当夫妻关系不良时,父亲和母亲可能通过增加教养投入等方式与子女培养更亲密的情感。

交叉假说(crossover hypothesis)认为,家庭子系统互动双方中一方的情绪或行为会影响另一方在其他子系统中的情绪或行为。例如,母亲在养育孩子过程中感受到的压力、情绪可能会影响父亲与孩子良好关系的建立。

家庭系统理论对家庭教育心理学研究具有重要影响。家庭系统理论指导研究者将家庭中各个成员及要素看作一个整体,同时探讨家庭各个成员的关系及互动,寻找成员相互影响的模式及机制。目前较多家庭领域的研究以家庭系统理论为基础,探讨家庭内部子系统的相互影响、成员的互动及发展规律。例如,研究结果表明,父母子系统中一方的支持型协同教养会降低另一方在亲子子系统中对子女严厉教养的可能性;家庭中夫妻子系统中的夫妻冲突会蔓延影响同胞子系统的同胞关系。

另外,家庭系统理论提示父母应将目光从儿童本身拉回整体家庭互动的层面,反

思儿童出现情绪、行为等发展问题的深层次原因。同时,家庭系统理论也强调家庭各个成员的独立性及成员之间的相互联系,提示父母应重视儿童个人价值的发展,鼓励儿童自我分化出较高程度的理智与情感,以此推动和谐的家庭关系建立,促进儿童发展。家庭系统理论也催生了较多影响广泛的家庭治疗与干预方法,提倡通过家长培训、家长教养行为干预改善儿童发展状况。

四、符号互动论

符号互动论是一种通过分析日常环境中人们的互动来研究人类群体生活的理论。美国社会学家米德(G. H. Mead,1863—1931)被认为是符号互动论的开创者,他的学生布鲁默(H. G. Blumer,1900—1987)系统发展了米德的思想,正式提出"符号互动论"这一名称。

符号互动论有三个基本观点:一是事物本身不存在客观的意义,它是人在社会互动过程中赋予的;二是人在社会互动过程中,根据自身对事物意义的理解来应对事物;三是人对事物意义的理解可以随着社会互动的过程而发生改变,不是绝对不变的。由此可知,符号互动论研究个体的想法、信念和态度如何塑造日常生活(包括家庭),是一种侧重从心理学角度研究社会的理论流派。根据符号互动论的基本观点,家庭是由互动的个人构成的,对各种家庭教育过程或家庭教育过程中出现的心理现象的解释需要从这种互动中寻找。家庭教育心理学则应重点关注家庭互动过程(如亲子互动、夫妻互动等)中的个人行为和活动。家庭情境中存在特有的和普遍的符号意义,家庭成员在家庭情境中需扮演不同的角色,对角色的社会期望和个人解读决定了个体的行为表现,如育儿观念、教养行为等。

(一) 家庭情境中的符号意义

符号互动论着眼于主观意义和人际意义,重视个体如何用符号来传达这些意义,包括代表某些事物的文字、手势、图片等。如果家庭成员想要有效地互动,那么他们的符号必须有共享的或约定的含义,包括戴结婚戒指、过年团聚,以及庆祝重要的事件,如生日、周年纪念日等。

根据符号互动论,亲子共读等亲子活动并不单单是活动这件事本身,而是一种传达如"我喜欢与你共度时光"的信息的行为。在家庭中有规律地开展家庭活动,比如,周末全家一起出游,全家共同做一顿晚餐,亲子共读等,具有积极的符号意义,有助于增进亲子关系,促进儿童发展。

符号互动论还强调了家庭成员作为个体重要他人的作用。家庭中的重要他人包括父母、伴侣、孩子等。这些成员之间感知现实并对其作出反应的方式影响着彼此,他们在个体社会化的过程中扮演着重要角色。比如,在离异家庭中,作为重要他人的父亲或母亲可能处于缺位、缺失的状态,儿童长期缺乏对父亲或母亲的意义知觉,就容易产生消极情绪,或对人际关系产生消极解读;离异父亲和母亲间还可能出现伤害性的言语或贬低对方的行为,父亲或母亲这种对人际交往的态度也影响着儿童的人际交往态度。

（二）家庭中的角色

根据符号互动论,每个家庭成员都扮演着多个角色。比如,一名男性在一个家庭中,可能既是丈夫,同时还是父亲、兄弟、儿子等。个体所扮演的不同角色与其他家庭成员的角色相关联,这些不同的角色也带来了不同的权利和责任。例如,父母既要照顾他们的孩子,也要履行子女的责任和义务。当与不同角色互动时,个体需要修改与调整他们的角色。比如,家庭中某位成员与父母、祖辈的互动方式可能和与同胞的互动方式完全不同。

可以看出,符号互动论聚焦于家庭内的微观层面,对家庭成员之间的关系和角色进行了讨论,因此,其局限性在于忽视了影响家庭关系的宏观因素。比如,低社会经济地位的家庭、单亲母亲家庭所承受的社会舆论对家庭成员之间的互动和发展的影响等。

理解·分析·应用

1. 结合行为主义理论的观点分析父母应如何塑造儿童的行为。
2. 论述父母应如何利用皮亚杰的认知发展阶段论教育儿童。
3. 利用生态系统理论阐释文化、社会、学校和父母在家庭教育中的作用。
4. 简述格里克的六阶段家庭生命周期模型。
5. 按照家庭系统理论,你的家庭有哪些子系统?举例说明各个子系统之间是如何相互影响的。

推荐阅读书目

1. 边玉芳,等.(2009).*儿童心理学*.杭州:浙江教育出版社.
2. 叶浩生.(2019).*心理学通史(第2版)*.北京:北京师范大学出版社.
3. 陈鹤琴.(2013).*家庭教育与父母教育*.上海:上海人民出版社.
4. 克莱因.(2017).*儿童精神分析*(徐晴,陈虹,陈伦菊 译).北京:九州出版社.

第二部分　父母教养与儿童发展

导读

教养（parenting）一词源于拉丁语"parere"，意为"生产、发展或教育"。从教养的词源来看，不难发现，"教养"强调的是"促进发展"和"实施教育"，而非由"谁"来施加影响。这是因为广泛来看，无论是孩子的亲生父母、养父母，还是祖父母、叔伯长辈，都可能是实施教养行为的人。在现代家庭中，一般主要由父母来承担教养儿童的职责。因此，在家庭教育心理学中，父母教养与儿童发展是非常核心的内容。

父母教养主要分为父母教养认知和父母教养行为两个方面，二者相互关联，相互影响，直接或间接地影响着儿童的发展。其中父母教养认知是指父母在教养过程中的内在心理过程，例如，感知和评价孩子的表现和自己的做法（如父母评价孩子的学业表现和自己的教养表现），或是对孩子发展持有的期望（如思考和规划孩子的未来，期望孩子未来从事何种职业）；父母教养行为是指父母在养育子女的日常活动中表现出来的固定行为模式和行为倾向（如孩子遭遇挫折后鼓励和指导孩子）。有时，父母教养认知和教养行为也伴随着教养感受，是指父母在教养孩子过程中的心理体验，例如，对教育孩子这件事是充满信心还是感到疲惫。

在家庭系统之中，父亲和母亲（或许还有祖父母等）同为实施教养行为的成年人，他们彼此之间并非完全独立，他们的想法和行为会相互影响，他们在教养过程中或协同合作，或发生冲突，从而对儿童的发展产生不同的影响。

本书第二部分围绕"父母教养与儿童发展"这一主题展开。其中第三、第四章分别介绍父母教养认知和父母教养行为，第五章则聚焦于教养者之间的协同性，着重介绍父亲和母亲、父辈和祖辈之间的协同教养。

第三章

父母教养认知

3

【学习目标】

1. 了解父母教养认知的概念和作用。
2. 了解父母教养认知的影响因素。
3. 知道父母教养认知研究的发展脉络。
4. 理解重要的父母教养认知及其对儿童发展的影响。

【知识导图】

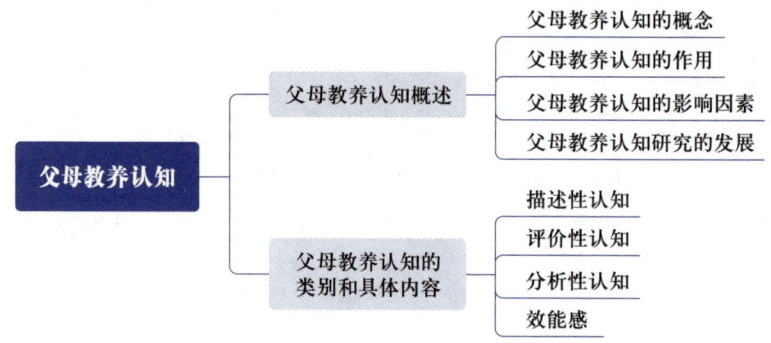

【内容导读】

　　李平和小米都是三年级的小学生,因为住在同一个小区,平时经常一起上下学。最近有几个六年级的孩子总是在回家的路上拦着他们要钱,李平和小米回到家都告诉了自己的父母。李平爸爸的第一反应是李平又惹祸了,于是对李平说:"苍蝇不叮无缝的蛋,他们怎么总欺负你们两个,你们是不是做了什么事情惹了他们?"李平便再也不敢跟家长说这件事了。另一边,小米妈妈非常认真地听了小米的叙述,赶紧检查小米有没有受伤,并告诉小米不是她的问题,这些六年级孩子的做法是不对的,她明天会带着小米去找学校老师沟通。

　　当孩子受欺负时,李平的爸爸和小米的妈妈持有两种完全相反的看法,这种看法就属于父母教养认知。在教育孩子的过程中,父母会不断思考、评价自己与孩子的想法和行为,并在此过程中形成有关孩子和自身的观点和看法。例如,孩子总是赖床的原因是什么,孩子的学习能力是一成不变的还是可以发生变化的,体罚是否是一种有效的教育方式,孩子是否必须服从父母,成绩是否是最重要的,什么是对孩子将来的发展最重要的等问题,针对这些问题,父母形成的观点和看法就是父母教养认知。父母教养认知指导父母采取具体的教养行为,从而直接或间接地影响家庭教育的结果和儿童的发展。

　　父母教养认知是家庭教育心理学研究的重要内容。本章结合相关研究,围绕父母教养认知这一概念,系统阐述父母教养认知的概念、作用、影响因素、相关研究的发展,并重点介绍父母知觉、父母信念、父母期望、父母教养态度、父母教养价值观、父母教养目标、父母归因、父母教养效能感等重要的父母教养认知。

第一节 父母教养认知概述

父母教养认知是父母在开展家庭教育时的重要心理过程,或直接、或间接地影响着儿童的发展。对父母教养认知的探讨能帮助我们理解家庭教育现象背后的心理过程和规律,从而为干预父母教养认知、提升家庭教育实效、促进儿童发展提供方向。

一、父母教养认知的概念

认知是人最基本的心理过程,涉及人们对事物的感知、对事物关系的理解与判断等。人脑接受外界输入的信息,信息经过头脑的加工处理,转换成内在的心理活动,进而支配人的行为,这个过程就是信息加工的过程,也就是认知过程。[①] 父母教养认知就是指父母在教养孩子过程中的信息加工过程。父母加工的信息,一方面与父母自身有关,也就是说父母如何看待教养过程以及自身的教养角色,即自我认知;另一方面与孩子有关,即父母如何感知、理解、评价孩子的想法和行为,以及对孩子未来发展抱有怎样的期待等。

父母教养认知伴随着亲子关系的出现而产生和发展,是一种较为特殊的社会认知。亲子关系不仅是个体一生中最早接触的人际关系,还具有不可替代性、持久性等特点。当个体刚刚为人父母的时候,他们关于教养的认识往往比较匮乏,因此需要快速地学习和掌握相关知识。随着孩子的成长,父母也需要及时更新和调整自己的教养认知。

父母教养认知具有较为明显的个体差异性。它是父母对孩子和自身思维、感受、欲望和意图等心理过程的一种常识性理解。这种理解主要来源于父母自己的观察和日常经验、他人的榜样行为或建议、社会普遍价值的引导等。因此,这些理解并不一定是成熟的、绝对正确的,而是会受到父母自身经验和社会环境的深刻影响。

二、父母教养认知的作用

父母教养认知在家庭教育过程中发挥着重要作用,不仅是父母教养行为的重要决定性因素,而且也能够间接影响儿童的发展。

(一)父母教养认知是教养行为的重要决定性因素

父母教养认知是父母教养行为的重要决定性因素,父母的所思所想会直接影响父母教养孩子的行为。例如,面对孩子哭泣的情况,不同的母亲可能持有不同的教养认知,从而作出不同的反应:当她将孩子的哭泣理解成孩子的需求未满足时,她可能会去安抚孩子;而当她认为孩子的表现是任性、胡闹时,则不会去安抚孩子,会任由孩子哭闹。

此外,父母的教养目标和价值观同样也会影响父母实际的教养行为。例如,父

---

① 彭聃龄.(主编).(2019).普通心理学.北京:北京师范大学出版社.

母会对以下一些问题产生不同的看法:应当培养孩子的哪些技能和能力?孩子的哪些行为是合乎社会规范的?孩子在公共场合能否表达自己的消极情绪?独立自主更重要,还是参考父母或其他家人的意见更重要?父母对这些问题的看法,就是父母的教养目标和价值观。如果父母认为培养孩子的独立性和自主性更重要,在教养过程中就会对孩子有较多的自主性支持,而对孩子的限制和约束较少。

总之,父母教养认知是教养行为的重要决定性因素,分析父母教养认知能帮助我们更好地理解父母教养行为背后的想法,从而为促进父母教养行为的积极调整提供参考。

(二)父母教养认知能够间接影响儿童发展结果

父母教养认知是父母内在的心理过程,往往通过父母外显的教养行为间接地影响儿童的发展结果。例如,认为早期阅读很重要的父母更可能会带着孩子从小开始阅读,孩子也就更容易产生阅读兴趣。而那些不能正确、及时地觉察到孩子行为问题的父母,很可能采取消极的教养方式,从而给孩子的发展带来负面影响。例如,当有阅读障碍的孩子学不会、记不住、写不出时,父母如果没有及时意识到孩子的阅读困难,而是认为孩子不够努力、不够上进,或是智商出了问题,则可能采用惩罚等消极的教养方式,进而加剧儿童的阅读困难。所以,对父母教养认知的理解还能帮助我们更有效地认识和促进儿童的健康成长。

学习活动

"为什么他只欺负你,不欺负别人?"

当孩子在校园中遭遇校园欺凌,回到家中向父母抱怨和寻求安慰时,有的父母会有这样类似的表达:"为什么他只欺负你,不欺负别人?""他怎么打你不打我呢?"这种表达往往会使孩子在遭遇校园欺凌后有更强烈的消极心理感受。

针对这一现象,就以下问题展开小组讨论:

1. 这一表达背后隐藏着父母怎样的教养认知?
2. 如果你是一名学校管理者,你会通过哪些方式减少这种消极的父母教养认知?
3. 当孩子遭遇校园欺凌时,你认为父母应该如何正确看待?

三、父母教养认知的影响因素

父母教养认知的形成与变化受到多种因素的影响,这些因素可以为父母教养认知的积极改变提供方向。

(一)儿童的行为表现

儿童的行为表现是父母教养认知最为重要的影响因素。这是因为,父母教养认知往往是父母在和孩子相处的过程中通过观察和思考所形成的。例如,当家中陪伴多年的小狗去世时,4岁的孩子表现出非常伤心的样子,父母通过观察感知到这一点,从而形成了关于孩子当前情绪理解能力的认知。

(二) 父母的个人经历

父母的个人经历,尤其是父母的童年经历,还有父母的受教育程度、职业等,都有可能影响父母的教养认知。例如,有温暖童年经历的父母在教养中通常更看重孩子的主动性、独立性、责任感,而有童年创伤的父母通常在教养中更看重孩子的服从性、顺从性。

(三) 大众媒体信息

除了个人经历之外,大众媒体所推崇的价值观同样会对父母教养认知产生影响。在过去,我国社会中流传"棍棒底下出孝子""打是亲,骂是爱"的观点,但随着时代的发展,越来越多的大众媒体鼓励父母从更加积极的视角思考和践行对孩子的教养,培养孩子的内在动机和自我管理能力,并用发展的目光看待孩子已有的问题。与之相应,越来越多的新时代父母也在转变自己的教养认知,更积极地看待孩子的发展。

(四) 社会文化

在特定的文化环境中,更深层的集体意识和文化传统会普遍影响父母对自己、孩子和家庭的认知。例如,在更看重社会参与和人际关系联结的社会文化中,父母更倾向于支持孩子积极主动地参与社会互动,如举办生日聚会、定期参与社区活动等;而在更看重社会适应与公众道德规范的文化中,父母则更看重孩子的自我约束和控制。在学业表现方面,中西方父母也持有不同的关注点。西方文化更强调自我价值,因此父母往往持有自我实现的教养目标,更关注孩子表现好的部分,以此来鼓励孩子发挥潜能;而我国深受儒家文化的影响,社会文化更强调实际成就的达成,因此父母往往持有自我完善的目标,更关注孩子仍需要提升的方面,以此来激励孩子不断提升学业表现。

四、父母教养认知研究的发展

随着认知和信息加工领域研究的发展,父母教养认知逐渐成为发展心理学家关注的热门话题。近年来,人们对父母教养认知的关注显著增加,涉及父母教养态度、父母教养价值观、父母信念、父母知觉、父母归因和父母期望等父母教养认知概念的研究成果不断涌现。

20世纪40至50年代,最受研究者关注的是父母教养态度,如父母对儿童不良行为的看法、关于父母控制的看法和对教养行为作用的观点,等等。同时,还有研究者对父母的教养价值观进行研究。例如,研究者对不同阶层和种族的母亲进行"好母亲"和"好孩子"的提问,从而总结出两种迥异的教养价值观:一种是传统的教养价值观,如教育孩子保持房间的洁净整齐,培养孩子的服从性,要求孩子遵守礼节;另一种则是非传统的教养价值观,如培养孩子的自立性,提高其合作能力和幸福感。[1]

20 世纪 50 至 60 年代,研究者通过访谈等方法了解父母信念和父母知觉。进入 20 世纪 70 年代,越来越多的研究者开始关注父母归因,即父母对孩子行为产生原因的推断。而父母归因影响着父母对孩子行为作出的反应。例如,如果父母在不考虑实际情况的前提下,断然将孩子的不当行为解释为违反规矩、有意为之,那么就会对孩子的行为表现出生气、愤怒等负面情绪以及批评、责骂等行为。

20 世纪 80 年代,父母期望,也就是父母对孩子发展的期待,成为父母教养认知研究关注的焦点。大量研究结果表明,父母期望是影响孩子学业成就的重要因素。

20 世纪 90 年代至今,父母教养认知的研究更加丰富,研究者的视角更加多元,不同研究者聚焦的研究问题亦各不相同。不过,越来越多的研究者开始考察和探讨父母教养认知与父母教养行为同儿童发展的关系,从而为提升父母教养行为和促进儿童健康成长提供切入点。

第二节　父母教养认知的类别和具体内容

父母教养认知涉及的相关概念较为繁杂,本节按照美国心理学家布根塔尔(J. F. T. Bugental,1915—2008)等人所划分的描述性认知、评价性认知、分析性认知和效能感这几类[2],进一步介绍其中较为重要的几种父母教养认知。

一、描述性认知

描述性认知反映了父母感知到的自身教养和儿童表现的情况,往往与家庭成员的行为、特征或家庭环境的具体细节有关。父母知觉、父母信念和父母期望是三种重要的描述性认知。其中父母知觉和父母信念是父母对当前情况的认知,父母期望则是指向未来的认知。

(一) 父母知觉

知觉是指客观事物直接作用于感官而在头脑中的反映,是人对事物整体的认识。父母知觉是指父母在儿童发展、教养过程和自身发展中形成的相关看法和认识,是父母视角下的认识。

值得注意的是,父母知觉往往是非评判性的,不涉及价值判断,也就是说父母知觉并没有特定的情感色彩。例如,父母感知到自己在教养中使用体罚等方式的频率较高,这里只表明父母自身的感知,而并不涉及父母对高体罚的评价。总之,父母知觉的研究仅仅关注父母对自身表现的描述,而不关注父母对自身表现的评价。

我们可以通过对以下三个基本问题的探讨,来深入了解父母知觉。第一个基本

---

[1] Duvall, E. M. (1946). Conceptions of parenthood. *American Journal of Sociology, 52*(3), 193–203.
[2] Bugental, D. B., & Johnston, C. (2000). Parental and child cognitions in the context of the family. *Annual Review of Psychology, 51*(1), 315–344.

问题是:在教养过程中,父母感知到了什么?有研究者要求父母对特定的情境进行选词填空,以此了解父母的教养知觉。填空题如:约翰不听妈妈的劝阻,不断地打自己的弟弟,约翰妈妈 _____ 他;备选词是几种常见的体罚方式(打屁股,扇耳光,击打等),研究者让父母评价自己更容易采取哪种体罚方式(普遍性),更容易接受哪种体罚方式(可接受性),认为哪种体罚方式更有效(有效性)。结果表明,父母认为打屁股的方式最普遍,最容易被接受,也最有效。[①]

第二个基本问题是:父母的感知是否准确?换句话说,父母的感知是否与事实相符?其实,父亲和母亲报告的自己的教养行为(例如,接纳、心理控制和行为控制)和孩子感受到的教养行为并不完全一致。父母往往戴着一副"玫瑰色"的眼镜看待自己的教养行为,相比于他们的孩子,父母对自己的评价更为积极,会认为自己的积极教养行为(如温暖、接纳)更多,消极教养行为(如心理控制)更少。此外,有时父母还会错估孩子的能力,比如,大部分父母显著高估了孩子的情绪能力,整体上父母认为4岁孩子所具有的情绪能力,其实对应的是孩子在7岁时能达到的水平。由此可见,父母的感知并不一定准确。

第三个基本问题是:父母的感知是否会影响其教养行为?相比于那些不能准确感知到孩子害怕情绪的母亲,那些能够准确感知到孩子害怕情绪的母亲,往往能表现出更多保护孩子的教养行为。[②]这说明父母会根据自己对教养情况的感知,作出相应的教养行为。

(二) 父母信念

信念是指一个人对某种事物或观念确信无疑的看法。父母信念是指父母根据自己的经验或是受到的教育而形成的看法和观点,这些信念同样受到父母自身成长经验和社会文化环境的影响,因而具有较强的稳定性。父母持有这些认识,并且认为这些看法或观念是正确的,或是与事实相符的,但这并不意味着这些信念与真实世界的客观规律是相符的。

在教养过程中,父母信念涉及儿童的情绪、行为和能力等多个方面,并影响父母采取的教养行为。例如,当父母认为孩子的消极情绪值得关注时,他们往往会采取更多的支持性教养行为,从而帮助孩子提升情绪调节能力。在儿童行为困难或情绪发展困难的家庭中,关于儿童情绪的父母信念尤其值得关注。相比于正常孩子的父母,有焦虑症孩子的父母更容易对焦虑这种情绪持有非适应性的信念,例如,"这个世界对我的孩子来说非常不安全"。而持有这种信念的父母很容易采取过度保护的教养行为,因此,父母的非理性信念可能是焦虑代际传递的重要机制。

---

① Brown, A. S., Holden, G. W., & Ashraf, R. (2018). Spank, slap, or hit? How labels alter perceptions of child discipline. *Psychology of Violence, 8*(1), 1–9.
② Kiel, E. J. & Buss, K. A. (2011). Prospective relations among fearful temperament, protective parenting, and social withdrawal: The role of maternal accuracy in a moderated mediation framework. *Journal of Abnormal Child Psychology, 39*(7), 953–966.

(三) 父母期望

期望是指对未来的事物或人的前途有所希望和等待。期望是人类最基本、最重要的心理功能之一。

父母期望是指父母对孩子未来发展的期望意向。父母期望可以指导父母的行为，父母更可能采取他们认为能够带来积极发展结果的教养行为，以试图让孩子达到自己的期待。例如，父母的期望会强化父母的教育行为，对孩子有更多的投入和关注，包括投入更多的资源，提供更多的辅导与陪伴等。

在父母期望中，父母教育期望是一个备受关注的话题。父母教育期望是指父母对子女未来教育程度、学业成就的一种愿望和期盼。父母对儿童的教育期望是儿童学业适应强有力的预测因素，不过这种预测关系并不是单向的，而是双向的，也就是说，孩子的学业表现越好，父母也越倾向于持有较高的教育期望。从小学阶段到高中阶段，父母对孩子学业成就的高期望均与孩子的学业选择、学业表现、学业自我概念等学业适应之间呈双向预测关系。

除了教育期望，父母可能还对孩子其他方面的发展持有期望，如品行期望、身心素质期望和人际关系期望，甚至亲密关系期望，等等。随着孩子的成长，生涯发展期望即父母希望孩子未来选择什么样的职业，成为父母期望的重要组成部分。父母期望是个体作出职业选择时最重要的参考因素。

父母期望在子女发展过程中的积极作用不容忽视，但过高的父母期望也会引发父母对子女的过多干涉，从而影响孩子的身心发展。父母教育期望过高可能会引发子女的学习焦虑，进而对其学习造成负面影响。另外，当父母期望和子女期望出现分歧时，孩子容易出现更多的发展问题。

二、评价性认知

与描述性认知不同，父母评价性认知是父母对自身教养和儿童发展"应该如何"的判断。这类认知涉及父母对行为或事件的价值判断。父母教养态度、父母教养价值观和父母教养目标是三种比较重要的评价性认知。其中父母教养态度和父母教养价值观是父母对当前情况的评价性认知，父母教养目标是指向未来的评价性认知。

(一) 父母教养态度

态度是我们对特定事实和情境的立场、观点和评价，往往具有一定的指向性。父母教养态度主要是指，父母认为其在教养中应当扮演怎样的角色。父母教养态度主要可划分为两种：第一种是传统的、以父母为主导的教养态度，常常指专制型教养态度，如父母认为自身应该是教养活动的主导，孩子需要服从父母；第二种是现代的、更关注孩子自身的教养态度，常常指权威型教养态度，如父母认为孩子不同意自己的想法也是可以的。有研究者发现，无论是父亲还是母亲，越认同孩子应当服从父母，就越不会采取自主支持型的教养行为。当父母持专制型教养态度时，也就是父母认为"孩子是任性的，需要通过被惩罚的方式来学习服从"时，孩子就可能会有较高的攻击性和较低的学业成绩。① 总之,父母采取专制的教养态度,强调父母的权威和孩子的服从,往往会导致非适应性的父母行为和子女更差的发展结果。

(二) 父母教养价值观

和态度类似,价值观同样具有指向性,不过更为抽象,且往往反映了个体自身的世界观、文化价值观或是宗教信仰。父母教养价值观主要是指父母对儿童教育与培养的价值观。父母价值观往往与父母所处的社会阶层或文化氛围密切相关。

(三) 父母教养目标

父母教养目标是指父母所追求的儿童发展结果。父母教养目标一般是父母教养价值观的直接体现,比较具体和明确,且往往指向未来。父母教养目标既可能是即时的、短期的,也可能是长期的。具体而言,即时目标是父母在当下特定的情境下期待的结果;短期目标是对不久的将来的期待,通常是在亲子互动过程中产生的;而长期目标则指向几年后甚至更长时间,例如,孩子将来要考上怎样的大学,毕业后从事什么样的职业。

父母教养目标包括很多方面,其中社会化教养目标是比较重要的内容。社会化(socialization)是个体通过与社会的交互作用,适应并吸收社会文化,成为一个合格的社会成员的过程。父母社会化教养目标是指父母关于儿童理想发展(即符合社会要求)的目标。父母社会化教养目标深受所处文化的影响,来自不同文化背景的父母自然会形成不同的社会化教养目标。因此,父母社会化教养目标具有较明显的跨文化差异。

在个体主义文化中,个体的独立性、自信心以及自我观点的表达受到社会的推崇。在这种文化背景下,许多父母注重子女的个性化发展。而在集体主义文化中,人们更加注重与他人、社会建立良好的关系,因此,父母更看重孩子对他人负责、与他人合作的能力和对长者、权威的尊重。②

父母社会化教养目标对父母教养行为具有较强的预测作用。持集体主义文化目标的父母,对子女服从自己的管教抱有较高的期望,进而表现出更多的父母控制以及更少的自主支持,对待体罚与严厉教养的态度也更加宽容。而持个体主义文化目标的父母,则认为给予子女自主决定的权利以及培养其自信心是符合社会规范的行为,因此,通常有较高的自主支持以及较低的严厉教养水平。当然,随着父母经验的增加、子女对自主权需求程度的提高,以及子女青春期自然发生的亲子关系的变化等,父母的社会化教养目标也会发生变化。

---

① Partain, J. A., Nelson, J. A., & Hafiz, M. (2022). Parents' obedience beliefs and autonomy granting: The role of child externalizing and parent anxiety. *Journal of Child and Family Studies, 31* (2), 339–348.
② 陈世民,张莹,陆文春.(2020).父母教养方式的影响因素综述.中国临床心理学杂志,4,857–860.

> 拓展阅读

对"霸凌式"教育说"不"[①]

2024年5月,某"教育专家"的家访视频引发网络关注。这些家访视频的主要内容是帮助成绩不太好的孩子"变身"学霸。不过,相关视频中所采用的教育方式引发网友争议,被网友称作"霸凌式"教育。

这位"教育专家"要解决的大部分是"学业问题",所输出的观念是要有梦想、要心无旁骛、要背诵、要刷题。一位小女孩桌上有摆件,抽屉里有卡片,"教育专家"认为这会分散注意力,就将其全部扔掉;一位小男孩喜欢手办,"教育专家"认为这种爱好毫无意义,就让男孩自己拿榔头砸碎手办。在"教育专家"的教育中,我们看不到对学生个体的尊重,也看不到对全面发展的倡导。

教育不是威胁、贬低,孩子的成长同样不是只有习题和试卷。家庭是儿童发展过程中重要的环境之一,我国已经正式出台了《家庭教育促进法》,从立法层面对家庭教育进行规范和引导。

三、分析性认知

归因属于分析性认知,是指个体从他人的行为推论出行为原因。父母归因就是父母如何解释和看待孩子的行为。面对孩子的同一种表现,不同的父母会作出不同的反应,根本原因就在于父母对同一现象作出了不同的推断。例如,当孩子总是沉迷于手机游戏时,不同的父母会有不同的解释(如图3-1),也就会采取不同的教养行为来应对这一问题。

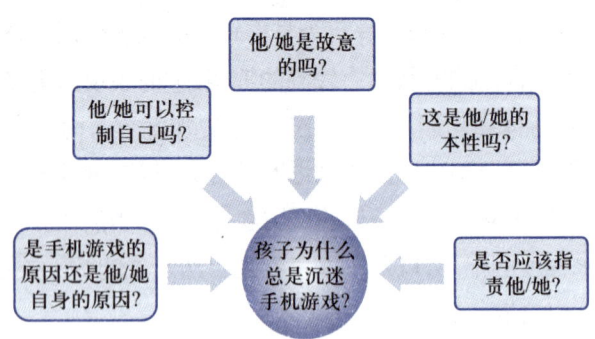

图3-1 父母如何理解孩子沉迷于手机游戏

父母归因主要与儿童具体的行为表现有关。例如,当孩子出现明显的不服从或反抗行为时,父母更可能将其行为视为故意的。父母一旦认为孩子是故意的,就会对

[①] 张盖伦.(2024-05-14). 对"霸凌式"教育说"不". 科技日报, p3.

孩子更严厉。类似地，如果父母将某件事的失败、孩子的行为问题或亲子冲突归咎于孩子（例如，孩子顶嘴就是故意想惹"我"生气），他们就更可能采取消极的教养行为，孩子就更可能出现心理健康问题。此外，父母的消极归因还可能会加剧一些消极经历对儿童的影响。例如，在孩子受欺凌后，如果父母认为这是孩子本身的问题（例如，这是孩子的错，他不一个人在走廊待着就不会碰到那些大孩子了），那么这种归因可能会加剧同伴侵害对孩子的负面影响。

四、效能感

自我效能感是指个体对自己能否胜任某项工作或者行为表现能否达到预期水平的信念。父母教养效能感（parental self-efficacy）是自我效能感在父母教养领域的体现，是父母对自己教养行为和能力的感知和评估。这一概念主要涉及两个方面：一是父母对胜任父母角色的能力的自我感知，也就是说父母对自己按照预期教养风格采取行动的信心；二是父母对自己积极影响孩子发展的信念。通常，教养效能感高的父母会表现出更积极的教养策略，在困难教养情境中具有更强的坚持性。

教养效能感包括整体的教养效能感及处理儿童特定问题的教养效能感。除了整体的教养效能感外，处理儿童特定问题的教养效能感同样可能影响父母的教养行为。例如，在控制整体教养效能感的前提下，母亲应对儿童不服从行为的效能感越高，她们越能够采取积极的教养行为。

父母教养效能感能够影响孩子的发展。父母教养效能感与子女的情感、行为结果等密切相关。例如，父母教养效能可以正向预测儿童的社会能力。高教养效能感的母亲不仅会直接示范人际交往的方法和技巧，还会表现出移情、照顾他人、关注和倾听等亲社会行为，儿童会在潜移默化中学习这些社会能力。

此外，父母教养自我效能感还影响父母参与教养干预项目的意愿。接受单次教养干预项目母亲的教养效能感越高，就越有可能在后续干预项目进程中使用学到的教养策略，也就越可能通过改进教养行为促进孩子的发展。[①] 这可能是因为父母对自身教养的信心会促使他们去认识寻求帮助的必要性，并愿意调整自己的教养行为以增强对孩子需求的敏感。

拓展阅读 >>>

父母教养压力与教养倦怠

养育孩子的过程并不总是欢乐的，常常伴随着压力与挑战。父母可能在教养过程中感受到教养压力，甚至出现教养倦怠。

[①] Johnston, C., Mah, J. W., & Regambal, M. (2010). Parenting cognitions and treatment beliefs as predictors of experience using behavioral parenting strategies in families of children with attention-deficit/hyperactivity disorder. *Behavior Therapy, 41*(4), 491–504.

教养压力是指父母在亲子系统内所感受到的压力,即父母在履行其角色和任务时,受到自身人格特质、子女特质、亲子互动关系或是家庭其他情境因素的影响,而感受到的压力程度。

教养压力的来源可能是父母自身的因素,如父母的人格、精神状态(如抑郁、好胜心等)、身体状态;也可能是孩子的因素,如孩子的适应性、可接受性、情绪状态等。不过,引起教养压力的也可能是一些很小的生活事件,如孩子拒绝吃父母准备好的饭菜而使父母感到不被尊重和觉得自己教不好孩子等。

教养压力会带来一系列消极影响,这种压力不仅会损害父母的身心健康,还会导致父母形成更为消极的育儿观念,降低其养育满意度和主观幸福感,使其采取更多消极的教养行为等,这会阻碍父母积极地履行教养角色,从而阻碍孩子的健康成长。例如,教养压力较大的父母倾向于更加消极地解读孩子的行为,更加易怒,孩子更容易形成不安全的依恋。

当教养压力长期得不到有效的应对与缓解时,父母极有可能出现教养倦怠。具体来说,父母可能会有以下感受:

(1) 与父母角色相关的情绪耗竭感,感觉已经到达了极限,难以再维持下去,典型的表现是父母早上起来,想到要与孩子共度一天,考虑到照顾孩子的问题,就感到疲惫不堪;

(2) 从教养活动中获得的成就感逐渐降低,不再喜欢与孩子在一起,在教养孩子的过程中失去了为人父母的乐趣和成就感;

(3) 父母在情感上与孩子疏远,甚至怀疑自己是否有能力成为一个好父母。

教养倦怠不仅对父母自身的身心健康有消极影响,如损害父母的精神状态,使父母出现睡眠失调的问题,引发父母的成瘾行为等,还可能导致父母的消极教养行为,例如,父母可能会忽视孩子的生理、情感需求,还可能出现言语暴力(如对孩子说出不友善的话)、身体暴力(如殴打、体罚孩子),或者回避教养职责(如离家出走),甚至产生自杀的想法。因此,父母教养倦怠直接或间接地损害孩子的心理健康,引发夫妻冲突,进而对整体家庭关系产生严重的破坏作用。

理解·分析·应用

1. 简要说明父母教养认知的重要作用。
2. 父母教养认知主要受哪些因素的影响?
3. 父母教养认知主要包括哪些内容?它们对儿童发展分别有怎样的影响?
4. 在熙熙攘攘的景区里,我们可能会看到这样的情景:一些儿童本来自己走得好好的,突然就不肯自己走路了,非要爸爸或妈妈抱才行。遇到这种情况,父母的反应会有所不同。请举出至少两种不同的父母行为反应,并分析行为背后的教养认知。

5. 在生活中,有一些父母可能会发出这样的感慨:"我对其他人都是和颜悦色的,很少对别人大呼小叫,为什么面对孩子时总是口不择言,有时候甚至说出尖酸刻薄的话?有时我听到孩子的哭声、看到孩子在闹腾,火就会蹭得一下往上冒。"如何理解这些父母所处的状态?这种状态可能带来怎样的消极后果?

推荐阅读书目

1. 尼尔森.(2009).*正面管教:如何不惩罚,不娇纵地有效管教孩子*(玉冰 译).北京:京华出版社.
2. 戈登.(2009).*父母效能训练手册:让你和孩子更贴心*(宋苗 译).天津:天津社会科学院出版社.
3. 阿伦.(2015).*发掘敏感孩子的力量*(翟青 译).北京:华夏出版社.

第四章

父母教养行为

【学习目标】

1. 了解父母教养行为的概念、分类和影响因素。
2. 知道父母教养行为研究的发展脉络。
3. 理解重要的父母积极教养行为及其对儿童发展的影响。
4. 理解重要的父母消极教养行为及其对儿童发展的影响。

【知识导图】

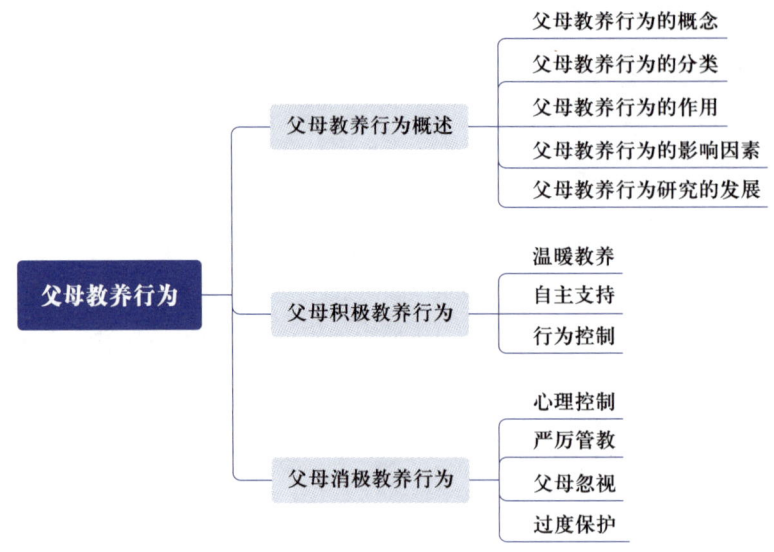

【内容导读】

刘丽经常带着女儿小茜去超市。这天,小茜看中了玩具货架上的一个芭比娃娃,就缠着妈妈要买。但这种娃娃家里已经有很多了,刘丽就不想再买这个娃娃了。刘丽让小茜放下娃娃,但小茜却站在那里一动不动。刘丽想早点回家做饭,就大吼了几声,让小茜放下娃娃赶紧回家,没想到小茜一下子就躺在地上哭闹起来。刘丽非常生气,冲上去就打了小茜屁股两巴掌,小茜越哭越大声,围观的人也越来越多。

刘丽的行为就是非常典型的消极教养行为。在生活中,父母的教养行为不尽相同,例如,当孩子因心情不好而哭泣时,有的父母轻声细语地进行安抚,而有的父母则是威胁孩子再哭就不爱他;当孩子不懂得过马路的规则时,有的父母耐心地给孩子讲解规则,及时纠正孩子的不当行为,而有的父母则严厉地呵斥甚至惩罚孩子。

父母的教养行为直接作用于孩子,因此在孩子的成长过程中发挥着极为重要的作用。不同的教养行为也决定了家庭教育结果的差异。我们需要了解的是,哪些教养行为有利于儿童的发展,哪些教养行为会给儿童的发展带来损害;什么因素会影响父母的教养行为;等等。本章明确父母教养行为的概念,阐述父母教养行为的分类、作用、影响因素及相关研究的发展,并对主要的父母积极教养行为和消极教养行为展开讨论。

第一节　父母教养行为概述

父母教养行为不仅包括喂食、提供衣物等基本养育行为,还涉及父母如何回应孩子的情感需要、约束孩子的行为等更深层次的教养行为。在深入了解各种具体的父母教养行为之前,我们首先需要了解父母教养行为的概念、分类、作用及其影响因素,并对父母教养行为研究的发展有所认识。

一、父母教养行为的概念

在心理学中,行为是指有机体对各种内外部刺激所作出的所有反应的总和。父母教养行为则是指父母在养育子女的过程中所表现出来的具有目标导向和非目标导向的行为。

相比于父母教养认知,父母教养行为更容易被观察到。例如,在电影院等公众场合,当孩子哭闹或是大声喧哗时,我们经常可以看到,有些父母会大声呵斥孩子,甚至试图通过推搡、打骂孩子的方式阻止其哭闹;有些父母则会耐心地告诉孩子现在需要保持安静并安抚孩子的情绪,这些都属于父母教养行为。

二、父母教养行为的分类

基于对儿童发展的影响,父母教养行为可以分为积极教养行为和消极教养行为。而按照涉及的儿童发展领域,父母教养行为可以分为父母一般教养行为和特定领域教养行为。

(一) 积极教养行为与消极教养行为

积极教养行为也称为建设性的教养行为,因为这些行为往往会促进儿童认知、道德、社交、情绪等多个方面的发展,有利于儿童建立安全的依恋关系,发展社会情绪能力。具体而言,积极教养行为主要包括温暖教养(父母的情感温暖和对孩子的回应)、自主支持(以适合孩子发展的方式给予孩子自主权并提供支持)、行为控制(父母有效地约束孩子的行为)等。

消极教养行为也称为破坏性的教养行为,这些行为往往会导致儿童的适应不良,如产生回避型依恋和形成更高的攻击性。消极教养行为不仅包括积极教养行为的缺失,如父母忽视(父母缺乏温暖,与孩子沟通不畅,或缺少对孩子的监管),还包括心理控制(为达到目的侵入孩子的内心世界)、严厉教养(父母在教养过程中以自我为中心而忽略孩子自己的意愿和想法)、过度保护(父母对孩子溺爱和过分关心)等。

(二) 一般教养行为与特定领域教养行为

父母一般教养行为是指父母在教养儿童的过程中形成的相对稳定的风格和模式,主要分为两个核心维度:一是父母与儿童的情感关系,即从接纳、积极回应儿童情感需求的一端到排斥、忽视儿童情感需求的另一端;二是父母对儿童的控制,即从约束、要求儿童的一端到放纵儿童、对儿童不加限制的另一端。

特定领域教养行为是指父母为了促进儿童的社会化,在儿童特定发展领域(如情绪、学业等)表现出的行为。父母情绪教养行为,也称为父母情绪社会化行为,指的是在亲子互动中,父母为提高孩子对情绪识别、理解和管理的能力而表现出的与情绪相关的互动行为。比如,当孩子因为错过演出而伤心时,父母如何安抚孩子的情绪;当孩子在同伴交往中受了委屈时,父母如何教育孩子调节自己的情绪并和同伴沟通自己的感受等。父母学业教养行为,也称父母教育卷入,是指父母在家庭和学校中作出的旨在促进孩子取得更好学业成就的行为。比如,监督和辅导孩子完成家庭作业,和孩子讨论学校里的情况,和学校老师沟通与联系,等等。此外,随着互联网的飞速发展,父母关于孩子网络使用的教养行为同样引起了研究者的关注。比如,为孩子设定网络使用的规则、对孩子过度使用网络作出反应等,都属于此类教养行为。

> **学习活动** >>

网络时代的挑战:家长如何预防孩子沉迷于网络

根据共青团中央维护青少年权益部、中国互联网络信息中心等部门共同发布的《第5次全国未成年人互联网使用情况调查报告》,2022年我国未成年网民规模不断扩大,已突破1.93亿。2018—2022年,未成年人互联网普及率从93.7%增长到97.2%,基本达到饱和状态。

家庭是未成年人上网的主要场所,家长对未成年人上网的管理和引导方式直接影响未成年人的上网行为和习惯。家长自身的网上娱乐行为也会影响未成年人的上网时长。《2021年全国未成年人互联网使用情况研究报告》显示,在家长经常玩手机游戏或看短视频的家庭中,未成年人工作日平均每天上网时长在2小时以上的比例达12.1%,节假日平均每天上网在5小时以上的比例达14.9%;而在家长不经常玩手机游戏或看短视频的家庭中,上述两个比例仅为6.5%和6.4%。

针对这一现象,就以下问题展开小组讨论:
1. 家长完全禁止孩子使用网络的教养行为是否可取?为什么?
2. 家长应当采取怎样的教养行为来预防孩子沉迷于网络?

三、父母教养行为的作用

父母教养行为对儿童的成长和发展具有极其重要的作用,父母积极教养行为不仅是影响儿童行为的最直接路径,也是帮助儿童社会化的重要手段。

(一)父母教养行为是影响儿童行为的最直接路径

在众多影响儿童发展的家庭因素之中,父母教养行为对儿童发展的影响最大,也最直接。父母教养行为主要通过"言传"和"身教"两种方式影响孩子的发展:"言传",

即"照我说的做",是指父母借助说教等语言表达直接向儿童传授行为规范;"身教",即"照我做的做",是指儿童模仿父母的行为,间接地受到父母的影响。

父母直接向儿童传授行为规范时,往往是有目的和导向的,此时父母是有明确的教育意识的。父母能够说出行为标准并给予儿童奖惩,明确地知道自己正在影响儿童的行为。例如,当孩子在超市打滚哭闹时,有些父母会用直接的、不赞成的语言表达自己的要求,如"你不可以在公共场合这样做",或者采用直接忽视孩子,自行离开的方式,强迫孩子服从自己的命令。在这样的情况下,孩子可能会停止哭泣。不过,这种强迫孩子服从的方法所取得的效果可能只是暂时的。更有效的方法是父母引导孩子学习自己所要传递的行为标准,例如,告诉孩子:"哭闹不能得到自己想要的东西,慢慢地说出自己的需要才有可能得到自己想要的东西。"

父母通过"身教"对孩子产生的影响,往往是在父母没有意识到的情况下发生的。例如,父母要求孩子不要边看手机边吃饭,但自己却在吃饭时眼睛不离手机。在这种情况下,父母对孩子使用手机的规则约束很有可能不起作用,孩子会直接观察父母的行为,获得一种"替代强化",认为吃饭时看手机是可行的,并模仿父母的行为。

总之,父母教养行为是父母影响儿童行为最直接的路径,是改变儿童行为问题和帮助儿童学习社会行为规范的重要切入点。也正因此,父母教养行为干预已被证明是预防和改善儿童行为问题的重要途径。

(二)父母教养行为是儿童社会化的重要手段

儿童的成长过程也是实现社会化的过程。在促进儿童社会化的过程中,父母的重要性不言而喻。父母教养行为是父母帮助儿童适应社会的重要手段。父母通过教养行为教给孩子日后生活所必需的生活技能,并指导孩子学习社会规范,根据孩子遵守或违背规则的行为而给予奖惩,从而达到塑造孩子的价值观和帮助孩子适应社会的目的。例如,第一次进电影院,儿童可能并不知道在电影院需要遵守哪些规范,大声喧哗是出于天性而非故意违反规则或跟家长唱反调。但通过安抚和教育,父母可以帮助儿童学习遵守电影院的规则。在这个过程中,儿童就能顺利内化"公共场所不能大声喧哗"这一社会基本规范。

受不同文化的影响,不同社会对个体行为的期待和规范可能存在差异,父母促进儿童社会化的目标也因此存在差异。例如,在个体主义社会中,个性、自我的表达受到推崇,因此,父母会更多地鼓励孩子在社会互动中表现自我;而在集体主义社会中,行为控制可能是一种社会成熟度和能力的体现,因此,在教养过程中,父母会更多地要求孩子在社会互动中进行自我约束。

此外,随着时代的发展,社会对个体的要求会有所变化,父母的教养行为也会随之改变。相比于自己的父辈,中国年轻一代父母往往更致力于培养孩子的自主性、好奇心和自我表达能力,而较少关注孩子的服从性。在教养孩子的过程中,年轻一代父母也更多地采用表扬和支持的方式,而更少采用控制和批评的方式。

总之,父母会根据社会规范的要求采取教养行为,父母教养行为是儿童实现社会化的重要手段。

四、父母教养行为的影响因素

根据已有的研究成果,父母教养行为的影响因素可分为三大类:父母个体因素、儿童个体因素和环境因素。其中,父母个体因素包括父母性别、人格与情绪因素以及父母个人成长经历等;儿童个体因素包括儿童性别、气质与行为问题等因素;环境因素包括家庭结构、婚姻质量、家庭社会经济地位等家庭环境因素以及社会文化因素。

(一) 父母个体因素

1. 父母性别

父亲和母亲在教养行为上存在差异。母亲在养育过程中往往更可能出现控制、要求、干涉、禁止等约束性的教养行为。此外,母亲也更容易过度保护儿童,这可能是因为社会性别角色期待有所不同:相比于父亲,母亲承担了更多养育子女的任务,在育儿的过程中更多扮演"照顾者"的角色,因而更容易采取过度保护的教养行为。

相比于父亲,母亲往往也更为敏感、温暖,并有更多的支持性行为。这可能是因为,母亲往往在社会化过程中扮演更具表达性的角色,而父亲则扮演更具工具性的角色。"慈母严父"的教养行为差异使得母亲对子女的情感需求更为敏感,而父亲通常更关注子女学业和社会方面的外在表现。由于母亲更愿意与孩子在情感上进行交流,更愿意扮演关怀、养育的角色,孩子与母亲在情感上通常更亲近,往往也更倾向于向母亲寻求情感上的支持和解决问题的帮助。

2. 父母人格与情绪因素

就人格因素而言,高外向性、高宜人性、高开放性和低神经质水平的父母往往对儿童有更多的行为控制。高外向性和高宜人性的父母也更可能采取温暖教养而较少采用严厉教养的方式。就父母情绪因素而言,抑郁水平更高的父母往往对儿童有更少的行为控制和更多的心理控制。父母的焦虑水平越高,越可能采取行为控制和过度保护的教养行为。此外,低自尊、情绪调节困难,或被诊断为特定的精神障碍(如强迫障碍)的父母更可能在教养过程中忽视儿童。而具有暴躁、易激惹等敌意性人格特征的父母更有可能出现打屁股、扇巴掌、吼叫、批评等严厉教养行为。对自身的情绪、思维以及行为调控能力较差的父母也更可能采用严厉教养的方式。

3. 父母个人成长经历

父母的个人成长经历也影响着其教养行为。当父母在自己的原生家庭中形成了安全的亲子依恋时,他们更容易采取自主支持的方式教养自己的孩子;而当父母在儿童时期遭遇虐待或是在原生家庭中具有较差的亲子关系时,更容易忽视自己的孩子。严厉教养同样具有代际传递性。幼年被严厉或粗暴养育的个体成年后很可能会采用类似的教养方式对待自己的孩子。这可能是因为,个体在缺乏参照的情况下,很容易把父母的教养行为视为典型的、合理的教养脚本,从而导致其在成年后以反射的、不假思索的方式,采用同样的攻击性教养行为对待孩子。

（二）儿童个体因素

儿童个体因素主要包括儿童性别和儿童气质与行为问题，父母会因为儿童这些方面的不同而采取不同的教养行为。

1. 儿童性别

对不同性别的儿童，父母的教养行为表现出一定的差异。父母更容易对男孩表现出严厉管教的行为，对女孩则更多地采取过度保护行为。例如，当女孩摔倒后，父母可能会表现出过度的关心，而当男孩发生类似的情况时，父母则可能"置之不理"，甚至对男孩的哭泣、寻求抚慰等行为予以制止。

2. 儿童气质与行为问题

就儿童气质而言，易激惹气质的儿童更有可能诱发父母的体罚等严厉教养行为。高消极情绪、低积极性和活动性的儿童的父母也更可能采取控制性的教养行为。就儿童的行为问题而言，外化问题、情绪问题较严重的儿童有可能诱发父母的严厉教养行为，儿童的高抑郁、高焦虑和高攻击行为水平都有可能引发父母的控制性教养行为，表现出攻击行为、注意力缺失等问题的儿童也更有可能被父母忽视。

（三）环境因素

环境因素主要包括家庭环境因素和社会文化因素。

1. 家庭环境因素

家庭环境因素可以分为家庭结构因素和家庭关系因素。家庭结构因素包括家庭完整性、家庭规模等。相比于完整家庭，非完整家庭的孩子往往会报告更低的父母行为控制和更高的心理控制。当父母仅有一个孩子时，他们愿意更多地投入，采取更温暖的教养行为；随着家庭规模的增加，父母忽视孩子的可能性也会增加。

从家庭关系的角度，夫妻关系对父母教养行为具有显著影响。处于婚姻冲突中的父母，往往更容易将注意力集中在自己和伴侣身上，而对儿童的需求不敏感，对待儿童也更可能采取暴力、强制性及心理控制等教养行为；反之，当父母，尤其是父亲，能够从伴侣那里获得支持和认可时，他们更可能采取温暖教养行为。母亲在父亲与孩子的关系中可能起着"监督者"的作用，不仅母亲的支持对父亲参与教养具有重要影响，母亲对父亲的重视和满意程度也存在一定的"监督"作用。母亲的鼓励会让父亲对自己的教养责任更加清晰、明确，并产生积极的动机，进而表现出更为温暖的教养行为。

2. 社会文化因素

不同社会文化背景下的父母教养行为存在不同。总体上，集体主义价值观仍是我国社会的主流观念，大部分传统的中国家庭仍认为长辈扮演着权威的、不容置疑的角色。因此，我国父母在和儿童互动时，往往更少表达自己的情感，更少采取温暖的教养行为，因为他们要维护长辈的权威。

五、父母教养行为研究的发展

父母教养行为是随着家庭的诞生而产生的。但直到20世纪初，心理学家们才开始关注这一话题。总体来说,父母教养行为研究的发展历程中有三个重要的时间节点。

(一) 20世纪初:"情感联结"与"行为控制"的争论

第一个重要的时间节点是20世纪初,精神分析学派和行为主义研究者对"父母教养与儿童发展"持有不同观点。两者的主要争论在于,在教养儿童的过程中,究竟是父母与儿童的情感联结重要,还是对儿童的行为控制重要?

以弗洛伊德为代表的精神分析学派强调父母与儿童情感联结的重要性。父母对儿童的情感关注和积极回应,使孩子具有更高水平的安全感、自尊和亲社会倾向等。相反,父母冷漠、严厉的态度则会让儿童感到紧张和焦虑,甚至出现更多的情绪问题。温暖、热情的父母可以更有效地引导儿童学习社会规范,儿童也会因为信任和喜欢这样的父母而遵从他们制订的规则和要求的纪律;相反,父母的冷漠可能会使儿童不愿意认同和遵守他们制订的规则。

以华生为代表的行为主义学派更强调在教养中父母对孩子的行为控制。他们认为,按照刺激-反应理论,儿童的行为是通过强化而来的,因此,父母的行为而非父母传达的态度更为重要。为了帮助儿童习得社会的规则和要求以及成长为具有社会认知能力和生存技能的个体,父母必须对儿童进行一定程度的行为控制,向儿童传授行为规范。值得注意的是,父母控制的终极目标是促使儿童学会自我控制而非一直依赖父母的要求。因此,根据这一观点,过于极端的控制或是不加控制的纵容都会给儿童的发展带来不利影响。

此后,随着研究的不断深入,研究者就父母教养行为的核心达成了共识,即情感联结和行为控制均为父母教养不可或缺的方面。

(二) 20世纪60年代:类型观与维度观的提出

第二个重要的时间节点是20世纪60年代,针对"应当如何考察父母教养行为"这一问题,鲍姆林德(D. Baumrind,1927—2018)和谢弗(D. R. Shaffer,1918—2002)两位研究者采取了两种不同的研究取向:鲍姆林德采取的是类型取向,主张根据父母教养行为的特点将其划分为不同的类型(如权威型、专制型等),并关注儿童适应结果在不同教养方式上的差异情况;谢弗采取的是维度取向,主张聚焦于不同的教养行为维度(如温暖、心理控制等)及其与儿童心理社会适应结果间的关系。

鲍姆林德对学前儿童的亲子互动进行了大量的观察和信息收集,根据观察数据和访谈结果,她总结出三类不同的父母,并根据他们的不同表现对其进行命名,分别为权威型(authoritative)、专制型(authoritarian)和放任型(permissive)。具体来说,权威型的父母既对孩子高度接纳,又对孩子提出严格要求;专制型的父母对孩子要求严苛,但又无法为孩子提供良好的情感支持;放任型的父母虽然对孩子高度接纳,但却很少借助规则约束孩子。这三类父母的主要区别在于父母的权威性不同:专制型父母的权威性过高,而放任型父母的权威性过低,权威型父母的权威性恰到好处。1983年,麦科比(E. Maccoby,1917—2018)与其合作者将父母教养行为解构为两个特定的内在过程:一是父母提出要求的量与类型;二是父母给予孩子强化的及时性。他们提出了反应性(responsiveness)和要求性(demandingness)两个维度。其中反应性是指父母对孩子表现出来的反应和爱的多少,而要求性则是指父母对孩子限制和要求的情况。他们按照两个维度的水平高低,对两个维度进行交叉匹配,组成了四种经典的父母教养方式(见图4-1),即在之前的基础上补充了一种新的父母类型:忽视型(neglecting)父母——他们既不会对孩子有所要求和控制,也不会给予孩子关爱和回应,即反应性和要求性都很低。

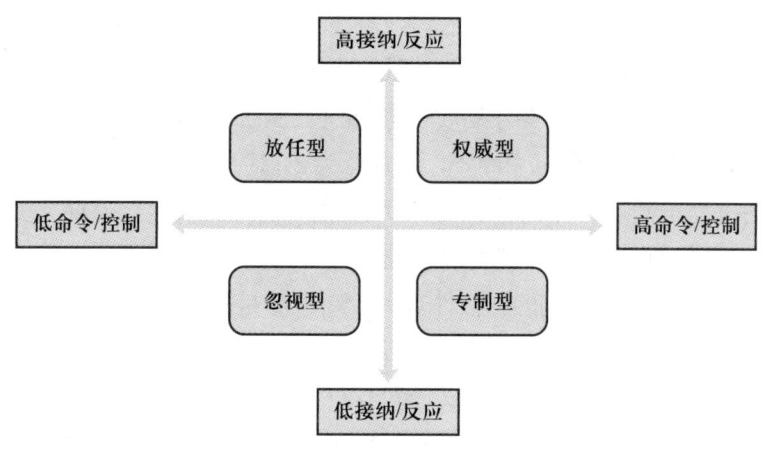

图 4-1 四种经典的父母教养方式

不同于鲍姆林德的类型观,谢弗认为父母教养是一个多维的心理结构,他采用环式模型将父母教养行为分为三个不同层级:最底端的层级是父母各种具体的行为表现,即所有可以观察到的父母行为;处于第二层级的是父母教养的中间因子,谢弗共总结了26个父母教养的中间因子;处于最上层的是两个教养维度(关爱—敌意、自主—控制)。不过在后续研究中,谢弗又将这两个教养维度进一步扩展成三个维度(接纳—拒绝、心理自主—心理控制、严厉控制—宽松控制),并提出上述三个维度之间是如同立体坐标轴一样的相互独立的正交关系。

(三) 20 世纪 90 年代:情境模型的提出

第三个重要的时间节点是20世纪90年代,研究者开始对教养行为研究进行回顾和总结,并提出了教养方式的情境模型(见图4-2)[1],该模型对此后的教养行为研究产生了深远影响。

---

[1] Darling, N., & Steinberg, L. (1993). Parenting style as context: An integrative model. *Psychological Bulletin, 113*(3), 487-496.

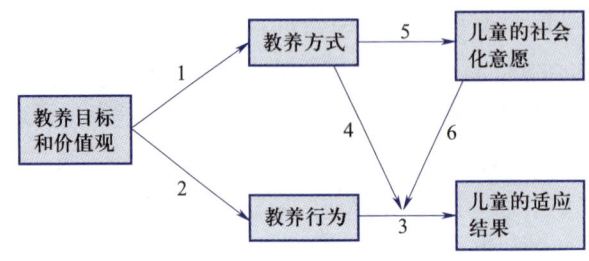

图 4-2 教养方式的情境模型

这一模型有三个核心概念:首先是教养目标和价值观,属于父母教养认知,即父母认为儿童应该习得的具体技能和行为(如恰当的举止、社会技能和学业能力等),以及父母认为儿童应该具备的良好品质(如好奇心、独立性、思维能力等),教养目标和价值观影响教养方式(箭头1)和教养行为(箭头2);其次是教养方式,它影响儿童适应与发展的过程是间接的,因此是一种情境变量,具体而言,它一方面改变亲子互动的性质,从而调节教养行为对儿童发展的影响(箭头4),另一方面影响儿童的社会化意愿,特别是儿童对父母影响的开放性(箭头5);最后是教养行为,即父母在教养活动中采取的具体教养行为,是父母直接帮助儿童实现社会化目标的作用机制(箭头3)。儿童的社会化意愿反过来也会调节父母教养行为对其适应结果的影响(箭头6)。该模型认为父母对儿童社会化所持的教养目标是影响父母行为的重要因素。例如,如果父母持有培养儿童独立性和自主性的社会化目标,那么他们在教养过程中表现出的自主支持水平会较高,对儿童的限制和约束水平就会较低。教养行为对儿童的具体行为和心理特征产生直接的影响。情境模型的提出为探讨不同文化、种族、社会经济地位背景下教养方式对儿童发展的作用提供了重要的理论支持。

如今,随着家庭教育心理学的发展,关于父母教养行为的研究层出不穷。除了父母一般教养行为,越来越多的研究者开始关注特定领域的父母教养行为,更为精细地考察父母教养行为对儿童发展的影响。

拓展阅读

鲍姆林德是如何探究父母教养行为的?

在溺爱中长大的孩子,学会了狂妄和脆弱。
在粗暴中长大的孩子,学会了愤怒和自卑。
在忽略中长大的孩子,学会了残忍和冷漠。
在规矩和爱中长大的孩子,学会了谦卑和自信。

——鲍姆林德

鲍姆林德是加利福尼亚大学伯克利分校人类发展学院的发展心理学家。1967年,她对儿童在幼儿园和家庭中的行为进行了为期14周的观察,据此对儿童的社交能力、自立、成就、情绪化和自我控制等行为技能进行评估。此外,她还对父母进行访谈,并且观察亲子在家庭中的互动行为,据此提出父母教养行为是儿童行为的重要前因。

无论是根据结构化观察的数据还是根据家庭访谈的数据,她均发现了三类不同行为模式的儿童:积极友好型、冲动急躁型和冲动攻击型。其中积极友好型儿童具有很好的社交能力和较强的独立性,能很好地控制自己的情绪和行为;冲动攻击型儿童不容易被满足,经常感到不安全和忧虑,不能与同伴进行很好的互动,并且在感受到压力的情境下往往表现出敌意和攻击行为;冲动急躁型儿童与其他两类儿童相比则具有较差的行为控制和较弱的自主性。

鲍姆林德根据观察数据和访谈结果,进一步发现三类儿童的父母在控制、给予儿童的独立性训练和支持、对儿童观点或感受的理解以及对儿童的爱和关注上存在差异,据此总结出了三类经典的父母类型,并根据他们的不同表现对其进行命名,分别为权威型、专制型和放任型。

第二节 父母积极教养行为

随着研究的不断深入,越来越多的研究者细致地考察了积极教养行为和消极教养行为对儿童心理适应的独特影响。积极教养行为中得到较多关注的有温暖教养、自主支持和行为控制。

一、温暖教养

温暖教养(warmth)是指父母的教养行为具有较强的支持性、反应性和一致性,这样的父母能够及时地回应孩子的需要。温暖教养反映了父母对子女的情感、态度以及父母与子女情感联结的质量。当孩子能够在父母那里体验到一种积极的、温暖的人际关系时,自然也会有更好的成长和发展。

(一)温暖教养的表现

温暖教养的核心特征可概括为无条件地接纳、赞赏与鼓励孩子的表现,积极参与孩子的生活,以及满足孩子的需求。

首先,温暖教养是对孩子无条件地接纳。这意味着,父母不仅接纳孩子的优点,也接纳孩子的缺点,对孩子的爱与关注并不是以孩子的行为表现为条件的,而仅仅是因为孩子的存在本身而关爱孩子和支持孩子。

其次,温暖教养还意味着父母将孩子的表现看在眼里,无论孩子表现好还是坏,都给予积极的关注与回应。父母在孩子的行为表现中,发现孩子的闪光点,同时鼓励孩子不断探索和成长。

最后,温暖教养的父母还会积极参与孩子的生活和满足孩子的需要。父母深入了解孩子的生活和内心世界,当孩子面临困难时,能够及时给予情感和物质上的支持和帮助。

(二) 温暖教养对儿童发展的影响

根据接纳-拒绝理论,父母或其他重要他人的接纳和关注在个体的成长中发挥着重要作用。作为一种积极教养行为,父母温暖教养满足了孩子被重要他人接纳的需要,从而对孩子的自我、情绪和人际关系发展均具有积极作用。尤其是在婴幼儿阶段和青春期阶段,父母温暖教养发挥着极为重要的作用。

1. 对自我发展的影响

温暖教养下的孩子有更健康的自我发展。父母温暖教养将推动孩子展开更多的对环境的探索,从而帮助其建立更高水平的自尊、更积极的自我概念以及获得安全感。青春期是个体形成自我概念的关键阶段,如果孩子能在这一阶段从父母那里获得无条件的关爱、接纳及鼓励,那么孩子就能更充分地探索自我和世界,而不会担心自己的所作所为遭到父母的反对,从而能更顺利地建立自我同一性。因此,温暖教养下的孩子在青春期,甚至成年期都能获得较高水平的自尊,也就是说孩子会认为自己是有价值的,是值得被爱的。

2. 对情绪发展的影响

温暖教养下的孩子情绪问题更少。这是因为,孩子更愿意同温暖的父母探讨问题,也因此更有机会获得父母的帮助,因而更不容易出现消极情绪等内化问题。温暖教养的父母往往更擅长积极地表达自己的感受和情绪,孩子以这样的父母为榜样,更容易学会使用建设性的方法应对焦虑、抑郁等情绪问题。此外,父母温暖教养还可以促进儿童情绪调节和社会情绪能力的发展,因为温暖的父母更能及时地察觉到孩子的情绪线索并积极给予回应,孩子也更愿意认同父母的要求,从而表现出与父母期望一致的行为,如控制自己的情绪。反之,当孩子难以从父母那里获得温暖的接纳和稳固的情感联结时,他们出现情绪适应和调节问题的风险便会升高。

3. 对人际关系发展的影响

温暖教养下的孩子人际关系发展也更好。在温暖教养下成长的孩子,往往有更强的共情能力、更多的亲社会行为以及更少的攻击行为。这是因为,当孩子能从父母那里获得充足的关爱,情感和物质需要都能得到满足时,他可能不再需要借助自己的认知资源满足自己的需要,因而具有更多的心理能力换位思考和帮助他人。因此,父母温暖教养的水平越高,儿童越容易为他人着想,越懂得感恩,也越有可能做出亲社会行为。

学习活动 ▶▶

中国式温暖教养:爱在心口难开

曾有人在某论坛提问:"为什么中国的爸爸说不出'我爱你'?"有一条高赞的回答是:"因为他的爸爸也从未跟他说过。"相比于西方文化,我国文化更为含蓄,我国父母也往往通过行动表达自己对孩子的爱,例如尽可能给孩子提供最好的食宿,提供作业方面的帮助,满足孩子的种种需求,但不太擅长用语言的方式,特别是拥抱、亲吻等更为外放的肢体语言,对孩子表达关爱。甚至有些父母,明明关心孩子,说出的话却是尖酸刻薄的,如:"冻死你活该!我说的话你就是不听!"这样反而让孩子很难感受到父母的温暖。

针对这一现象,就以下问题展开小组讨论:
1. 我国父母的温暖教养还有哪些特点?
2. "爱在心口难开"的父母可以通过怎样的方式让孩子感受到自己的温暖?

二、自主支持

自主是指行为所展示出来的体现自身意志的程度。也就是说,自主性较高的个体,其行为是基于个人兴趣以及自身长久的目标与价值观的,他们完全认同、赞许自己的行为。父母自主支持(autonomy support)是指父母很少使用控制的方式管教子女,对子女的观点表示理解,为子女提供选择,鼓励子女认真思考自己的价值观和目标并以此来指导行动。根据自我决定理论,自主支持满足了儿童的基本心理需要,从而有助于儿童自我、情绪、人际关系等多方面的发展。

(一) 自主支持的表现

在《生命·成长(第一季)》这部家庭教育纪录片中,一位父亲在谈到自己女儿为何能在画画方面取得成功时说:"我从来没有帮过她,我做的唯一贡献就是没有阻止过她。"这一表达便体现了父母的自主支持。在生活中,自主支持的父母往往能够积极地换位思考,鼓励孩子按照自己的想法去探索,尊重孩子的意愿,并且很少采用控制的沟通方式。

首先,自主支持的父母能够接纳孩子的观点和感受并试图从孩子的视角来看待问题,而非仅仅停留在自己的角度。例如,当孩子在学习中感到迷茫、困惑时,自主支持的父母往往可以耐心地倾听孩子的感受和想法,和孩子一起想办法,而非强硬地要求孩子必须按照自己的想法进行调整。

其次,自主支持的父母鼓励孩子按照自己的想法作出选择和尝试,但并非简单粗暴地要求孩子靠自己。具体而言,自主支持的父母往往会为孩子提供更多有意义的选择并鼓励他们行动,和孩子一起分析和讨论各种选择的利弊,而非当"甩手掌柜",不为孩子提供任何帮助或直接要求孩子独立做决定。

最后,自主支持的父母尊重孩子的主体性,也就是说,父母会把孩子视作与自己平等的个体,在向孩子提出请求时会用商量的态度并说明理由,而不是采取控制性的教养行为,直接要求孩子服从自己的要求。

总之,自主支持的父母注重培养孩子的意志感和心理自由(即感觉自己是有意志的,是自己行为的来源),而非仅仅培养孩子的独立性。

(二) 自主支持对儿童发展的影响

父母自主支持对儿童自我、情绪、人际关系方面的发展均具有促进作用,并且自主支持往往通过满足儿童的基本心理需要发挥积极作用。

1. 对自我发展的影响

父母的自主支持能够促进儿童自主意识的发展和心理功能的完善。父母在教养中给予儿童更多的自主支持,意味着父母传递给儿童充分的信任和支持,相信儿童有能力作出选择、采取行动和适时调节自己的行为。自主支持的父母也坚信自己的子女能够朝着积极的方向发展,因此允许其遵循内心去探索自己真正的价值。受到父母自主支持的儿童,也能够更好地内化父母设定的规则,从而达到自我成长的目的。这些儿童即便在生活和学习中遇到困难,也仍然坚信他们背后有鼓励和支持他们的父母。因此,在自主支持的家庭环境中成长的儿童,往往具备更强的自主决策、规划和调节能力。

自我决定理论视角下父母自主支持对儿童发展的促进作用

2. 对情绪发展的影响

在自主支持下成长的儿童往往具有更强的情绪适应能力。自主支持的父母为孩子提供了一张"安全网",无论面临怎样的挑战,儿童都会认为自己的选择是有父母支持和认可的。因此,父母的自主支持水平越高,儿童往往越少出现情绪问题,拥有越强的主观幸福感。此外,当儿童能从父母那里获得自主权时,他们往往能发展出更强的心理弹性,也就是说,即便因为周遭环境和压力而遭遇心理危机,这些儿童也拥有从逆境中成长和调节自己情绪的能力。

3. 对人际关系发展的影响

父母的自主支持水平越高,儿童的人际关系往往越好。自主支持的父母充分尊重儿童的意愿和想法,不会强行干涉儿童的交友情况。当儿童在人际交往中遇到困难时,自主支持的父母能够与其一起分析问题,提供适时的帮助,从而使其感受到父母的鼓励与支持。儿童会将这种良好、平等的人际关系迁移到同伴交往中,发展更高质量的友谊。这些儿童更愿意帮助别人和换位思考,从而更容易做出亲社会行为。

三、行为控制

行为控制(behavioral control)是指父母为子女设定规范、规则、限制以及通过主动询问和观察等方式了解子女的活动。行为控制为儿童的行为提供了必要的指导,也是父母帮助孩子社会化的重要手段,因此是一种有益于儿童成长的积极教养行为。

(一) 行为控制的表现

为了保障儿童的安全,很多父母会要求孩子提前说好放学后的安排、设置晚归的时间,还有父母为了帮助孩子养成良好的生活习惯,会监督孩子按时睡觉、起床。这些都是父母行为控制的表现。父母行为控制一方面是对孩子的行为进行约束和管理,以使其学会遵守家庭或社会的规范,另一方面是对孩子的行为进行监督,以保障孩子的安全与健康。

行为控制的父母会为孩子在家庭中的行为制订纪律与规则。例如,要求孩子晚上10点前必须上床睡觉,限定孩子使用手机的时间,等等。这些要求旨在更好地规范孩子的行为,一些父母还可能会根据孩子的行为实施奖惩措施。

行为控制的父母会指导孩子学习社会行为规范。例如,教导孩子在电影院、剧院等一些公共场合保持安静,教导孩子在乘坐地铁、公交等公共交通工具时遵守先下后上的规则,等等。对孩子的这些行为要求能够帮助孩子学习社会规则,为孩子今后的生活奠定基础。

行为控制的父母还会对孩子的日常活动进行监督与管理。尤其是孩子进入青春期后,他们的身心急速发展,他们希望摆脱父母进行自我探索。但由于此时个体的身心仍不成熟,父母可能会对孩子的行踪、活动和同伴等情况进行了解和监督,其目的是保障孩子的人身安全和健康发展。

(二) 行为控制对儿童发展的影响

行为控制对儿童的情绪和行为发展均具有积极作用。

1. 对情绪发展的影响

父母行为控制水平越高,通常儿童情绪问题越少。这是因为父母的行为控制为孩子提供了行为规范的框架,教会孩子适应家庭、学校和社会的规则。孩子从父母那里习得了相应的规范,也更容易适应家庭外的其他环境,做出符合所处环境规范的行为。例如,父母教会孩子"公共场合不要大声喧哗"这样的行为规则,孩子明白这样的规则,即便自己想要大声说话,也会尝试控制自己的行为,因而不易因自己的需求不能得到满足而哭闹和陷入负面情绪之中。

2. 对行为发展的影响

父母行为控制有助于减少儿童的行为问题。家庭、学校、社会都是实现个体行为约束的重要途径。对于儿童而言,家庭是最具影响力的场所,父母对儿童的行为提出要求,对其活动进行监督,可以非常有效地减少儿童的破坏性行为。而不受父母约束和监督的儿童,则更可能受到同龄人的影响,尝试一些冒险的越轨行为和攻击行为,甚至误入歧途。因此,父母的行为控制能够帮助儿童抵御环境中的风险,减少儿童的不良同伴交往,也有助于儿童习得社会行为规范,培养儿童健康的行为习惯。

父母行为控制有效减少青少年的网络成瘾问题

特别是在孩子的青春期阶段,父母的行为控制发挥着极为重要的作用。进入青春期,儿童的身体发育水平已基本接近成人,但认知水平和社会经验仍然十分有限。在这一阶段,父母的行为控制更多地体现在对儿童行为的监督上。父母及时了解儿童的行踪和交友情况,能够及时发现儿童成长环境中潜在的不良因素,帮助儿童远离有不良行为的同伴,及时矫正儿童的不良习惯,从而防患于未然,大大降低他们在青春期出现行为问题的概率。

不过，处于青春期的个体自我意识增强，渴望独立和获得自主权，父母对他们行为的监督需要适度，并注意方法。对儿童行为进行约束比较有效的方式是，父母不过分窥探儿童的生活，在获知儿童的生活与学习情况之后，能够通过交流、沟通的方式纠正儿童的不良行为，而不采取强制性的监控、干涉策略。在这样适度的行为控制下，儿童也会更愿意告诉父母内心的真实想法，父母对儿童情况的了解也更准确。如果父母采用强制性的方式进行行为监督，那么一方面，过多地盘问和关心会造成儿童的反感，反而会增加儿童的行为问题；另一方面，父母对儿童过多的行为干预，如打断儿童的活动、自作主张地帮儿童解决问题，可能会削弱儿童的自信心，使其怀疑自己的能力。

学习活动

公共交通中的"吵闹"小孩

近年来，"熊孩子"成为社交媒体中热度居高不下的话题。在高铁上吵闹，在飞机上哭闹……各种公共交通中的"吵闹"小孩，引发了不少人际矛盾，甚至使不少网民出现了"厌童心理"。不少家长颇感无奈，仿佛带孩子出行是给他人带来不便的"原罪"，但是孩子天性调皮，又不知道该如何处理。有的家长甚至试图通过严厉呵斥的方式制止孩子，反而适得其反。也有的家长会想办法让孩子安静下来，例如，一位妈妈带孩子坐高铁时引导孩子擦小桌板，孩子很感兴趣，专注地擦拭面前的小桌板，没有无端吵闹；还有一位独自带孩子坐飞机的妈妈主动为同行乘客准备了隔音耳塞和糖果，这些做法都获得了网友的点赞。

结合以上案例，思考以下问题：

1. 面对这些"吵闹"小孩，结合"行为控制"这一话题，谈一谈：父母还可以怎样帮助孩子学习公共场所的规则？

2. 假设你是在场的乘客，遇到"熊孩子"，你可以做些什么？

第三节 父母消极教养行为

除了父母积极教养行为，父母消极教养行为也是相关研究中的重要话题，其中受到人们较多关注的父母消极教养行为有心理控制、严厉管教、父母忽视和过度保护。

一、心理控制

心理控制（psychological control）是父母一种侵入式的教养行为，是指父母通过引发孩子的内疚感或焦虑感、撤回爱等方式操控儿童的情感、思想以及亲子之间的情感联结,限制儿童的自我发展和自我表达。比如,有的父母把孩子当作自己的一切,全权负责孩子的衣食住行,事无巨细,从不考虑孩子自己的意见,与此同时,不断地向孩子强调"我最爱你,你是我的一切"。尽管心理控制和行为控制同属于控制型教养行为,但不具有行为控制的积极作用,父母心理控制往往给儿童发展带来消极影响。

(一)心理控制的表现

心理控制是一种侵扰性的、占有性的、指令性的父母教养行为。父母通过表现出失望、不赞成或通过羞辱让孩子感到内疚,并且通过撤回自己的关爱、引发焦虑等方式控制孩子的心理,限制孩子表达自己的观点。

首先,心理控制水平高的父母不仅对儿童的情感和心理需求的反应性很差,还试图扼制儿童的自主性和独立表达观点、情绪的意愿。当儿童有个人观点要表达时,父母会毫不顾忌地打断儿童,让儿童没有表达的机会。

其次,有心理控制倾向的父母不仅限制、扼杀和操纵儿童的心理体验,同时还扼杀儿童体验情绪的能力,否认和压抑儿童真实的感受。他们通过引发内疚感的方式迫使儿童达到要求,可能会向儿童表达:如果你没有达到我的要求,我会对你很失望,你应该感到内疚。并且,他们会通过引发儿童的焦虑来使儿童服从自己,比如会告诉儿童"如果你再这样做,肯定会失败的"。

最后,有心理控制倾向的父母往往试图通过亲子关系来操纵儿童的情绪、感受或想法。他们对儿童的态度有赖于儿童的表现,即只有儿童达到既定的标准或完成既定的任务时,他们才会对儿童表现出应有的爱、关心和照顾。这类父母会说:"只有你表现得好,爸爸/妈妈才爱你。"此外,他们希望儿童在情感上长久依赖父母,因而会阻碍儿童的个性化发展。

(二)心理控制对儿童发展的影响

心理控制不仅会阻碍儿童的自我发展,还会给儿童的情绪和人际关系带来消极影响。

1. 对自我发展的影响

父母心理控制严重阻碍儿童自主性的发展。因为心理控制会限制儿童想法和感受的表达,并且父母通过操纵儿童情绪的方式要求儿童服从自己的要求。因此,儿童往往过分依赖父母,难以形成健康的自主性。由于未能在原生家庭中获得自主性,这些儿童在长大之后,也更容易在同伴关系、亲密关系中体验到较低的自主性。

父母心理控制还容易导致儿童形成非适应性的自我认知。儿童常常从有心理控制倾向的父母那里接收到这样一种信念:如果我不按照父母说的做或者我不能让父母满意,我就是令人讨厌的或需要自责的。因此,在父母心理控制下成长的孩子,很难获得自主性和健康的自我概念。这些孩子的自我认识依赖自己是否满足了父母的期待。例如,当孩子因走夜路而害怕大哭时,有心理控制倾向的父母可能会说"如果你再哭,你就不是乖小孩,我就不爱你了",孩子可能会为了获得父母的爱而强行压抑自己的感受,难以压抑时就会认为是自己不好。

2. 对情绪发展的影响

在父母高水平心理控制下成长的儿童会体验到更多的抑郁、焦虑和更低的自尊。有心理控制倾向的父母通过操纵儿童感受的方式要求儿童服从自己,这种教养行为会削弱儿童的控制感,即认为自己的感受需要服从父母的要求,而控制感缺失会进一步引发儿童的焦虑和抑郁问题。

有心理控制倾向的父母还会忽视儿童的情绪表达,否定儿童的真实感受。在日常互动中,当儿童有烦恼、困惑,希望得到父母的理解和支持时,有心理控制倾向的父母很难给予儿童温暖的回应和安抚,久而久之,儿童可能积累较多的负面情绪,从而出现情绪适应的问题。

3. 对人际关系发展的影响

父母心理控制也会影响儿童的人际关系质量。父母心理控制水平越高,亲子关系质量越差。因为有心理控制倾向的父母往往试图操纵孩子的情绪、感受或想法,未能将孩子看作一个独立的个体,孩子很难从父母那里获得信任和支持,因此这些孩子与父母沟通的意愿也较低,最终导致亲子关系不佳。

父母心理控制还会给儿童的友谊质量带来负面影响。首先,安全型亲子依恋关系可以为儿童提供一个"安全基地",支持儿童去探索新的社交环境,心理控制水平较高的父母对儿童需求的敏感性和反应性较低,与儿童形成不安全的依恋关系,这使得儿童在探索新的发展任务、建立新的人际关系时没有可以依靠的"安全基地",并且认为自己是不可信任、不被支持的,从而有较强的孤独感。其次,有心理控制倾向的父母采用操纵儿童情绪、感受的方式来达到调整儿童行为的目的,儿童很容易通过观察父母而习得这种操纵性手段,在同伴关系中采用一种隐秘的攻击性互动方式,很难正确地处理人际冲突,从而难以与他人建立健康的关系。最后,父母采用侵入心理的方式要求儿童顺从自己的主观期望,儿童可能因此形成服从式的交往模式,因而更容易在同伴群体中被欺负。

> **拓展阅读** >>>
>
> **心理控制的跨文化差异**
>
> 对于父母心理控制的影响,学术界有"文化普适观"和"文化特异观"两种观点。"文化普适观"认为,心理控制含有压力与强制的成分,无论是在个体主义还是在集体主义文化背景下,都会妨碍个体自主心理需要的满足,对个体发展产生不利影响。不少跨文化研究验证了这一点。例如,关于中、美两国的对比研究发现,随着时间的推移,两种文化中父母的心理控制均预测了儿童的情绪功能受损。[①]

---

① Wang, Q., Pomerantz, E. M., & Chen, H. C. (2007). The role of parents' control in early adolescents' psychological functioning: A longitudinal investigation in the United States and China. *Child development, 78* (5), 1592–1610.

"文化特异观"则认为在个体主义和集体主义文化背景下,父母心理控制的具体表现可能具有不同的含义,因而父母心理控制的水平及其对子女适应与发展的影响可能存在差异。受儒家传统教养文化的浸染,集体主义文化下父母的主要角色定位是管教子女,因而通常心理控制水平更高。此外,有研究者发现,相比于加拿大的孩子,中国孩子对爱的撤回和羞辱等部分心理控制方式给予更积极的评价和更友好的归因。[①] 在崇尚个体主义的西方国家,当父母通过强制、施压等方式操控孩子的想法、感受和行为时,孩子的心理更容易受到伤害。而在中国,当子女将父母的这种"管"解读为关心和支持时,父母心理控制的消极影响可能相对较小,但其危害仍然不可忽视,可能要到子女成年之后这种负面影响才会表现出来。

二、严厉管教

严厉管教(harsh discipline)是指父母针对儿童的不当行为而采取的强制性行为或消极的情绪表达,包括心理和身体上的攻击。父母严厉管教是引起儿童出现多种心理与行为问题的危险因素,值得我们重视。

(一)严厉管教的表现

严厉管教主要可分为两种形式:心理攻击和体罚。

心理攻击是指父母通过言语或象征性的攻击行为对儿童实施心理上和情感上的拒绝,可分为言语侵犯和非理性两种表现形式。前者如当孩子行为不符合规范时,父母对其进行大声呵斥;而后者则是指采用不讲道理或象征性的攻击方式要求孩子顺从自己的管教,如吓唬孩子要打他,但实际上并没有打,而且不解释或者很少解释原因。

体罚是指父母使用肢体暴力,用物理或武力的方式使孩子感到疼痛,以达到矫正或控制儿童行为的目的,如打屁股、扇巴掌。严重的体罚被界定为身体虐待(physical abuse),是指父母使用暴力行为对儿童的身体造成严重伤害,例如对儿童拳打脚踢、烧伤或烫伤儿童等。相比于体罚,身体虐待的严重性更高,普遍性和频率更低。

(二)严厉管教对儿童发展的影响

严厉管教对儿童的情绪、行为和认知发展均具有消极影响。

1. 对情绪发展的影响

被父母严厉管教的孩子更容易出现焦虑、抑郁等情绪问题。和心理控制类似,父母的心理攻击可能会让儿童产生更多的自我怀疑和失控感,从而陷入抑郁和焦虑。尽管父母体罚的目的是矫正儿童的行为,但这种粗暴伤害儿童身体的行为却可能导致儿童陷入再次出现错误行为的恐惧之中,进而产生焦虑感。此外,高频率的严厉管教使儿童大脑中的纹状体(纹状体能够被新奇的、意想不到的、强烈的事物所激活)体

---

① Helwig, C. C., To, S., Wang, Q., Liu, C. Q., & Yang, S. G. (2014). Judgments and reasoning about parental discipline involving induction and psychological control in China and Canada. *Child Development, 85*(3), 1150-1167.

积变小,而纹状体的体积又和儿童的抑郁症水平密切相关。[1]

2. 对行为发展的影响

父母严厉管教程度越高,儿童越可能出现行为问题,甚至在成年期出现暴力倾向。当父母采用体罚等严厉管教的方式时,儿童很容易观察学习这一模式,并认为暴力是解决问题的有效方法。在年幼的时候,儿童可能因为力量不足而不反抗父母,但随着年龄的增长,他们有可能将这种暴力手段运用到其他问题的解决中,从而发展出较高水平的攻击性,甚至产生反社会行为。

3. 对认知发展的影响

在父母严厉管教下成长的儿童的认知能力和学业表现通常较差。当父母频繁地使用体罚的方式管教儿童时,儿童更容易处于应激状态中,从而对威胁更敏感。有实证研究发现,父母采用体罚的管教频率越高,学前儿童的工作记忆水平越差。[2]

此外,对孩子进行严厉管教的"虎妈式"教养曾经一度被认为有助于提高儿童的学业成绩。然而,从长期来看,儿童并不能从父母的严厉管教中获益。相反,当父母不满儿童的学业表现,试图采取体罚等严厉管教方式来控制儿童的行为,而没有让儿童理解缘由时,儿童会体验到更大的学业压力和更多的负面学业情绪,从而学业表现不佳。

三、父母忽视

父母忽视(parental neglect)是指父母长期忽略儿童发展的基本需求(包括身体需求、情感需求、监督需求和认知需求)的行为,这种行为会对儿童多个方面的发展带来危害。

(一) 父母忽视的表现

父母忽视主要表现为情感忽视、教育忽视和监管忽视。其中情感忽视是指当孩子需要情感回馈和帮助时,父母未能安抚孩子和为孩子提供支持;教育忽视是指父母未能帮助孩子解决和应对学业及和学校相关的问题;监管忽视是指父母未能履行监管义务或是对孩子的行踪一无所知。例如,在有些家庭中,自从二孩出生以来,全家人便将关注点放在二孩的身上,以他的感受为第一要务,而忽视了第一个孩子的感受。当父母因为二胎孩子交到朋友而感到高兴时,却没有注意到一胎孩子那段时间正在和挚友闹矛盾,需要父母的关心和帮助。这就是非常典型的父母情感忽视的表现。

(二) 父母忽视对儿童发展的影响

父母忽视对儿童发展有负面影响。其中,父母监管忽视很容易造成儿童的人身伤害,甚至造成儿童死亡。此外,父母故意或无意的疏忽都会给儿童的自我、情绪和人际关系等多个方面带来消极影响。

---

[1] Merz, E. C., Maskus, E. A., Melvin, S. A., He, X. F., & Noble, K. G. (2019). Parental punitive discipline and children's depressive symptoms: Associations with striatal volume. *Developmental Psychobiology*, 61(6), 953−961.

[2] Xing, X. P., Wang, M. F., & Wang, Z. Y. (2018). Parental corporal punishment in relation to children's executive function and externalizing behavior problems in China. *Social Neuroscience*, 13(2), 184−189.

1. 对自我发展的影响

父母忽视会让儿童认为自己是不值得被爱和没有价值的。被看见和被关注是儿童基本的心理需要。当儿童不小心摔倒,遇到不会做的家庭作业,或是和同伴发生争执而不知所措,渴望从父母这里获得安抚和帮助时,如果父母总是态度冷漠或是告诉儿童自己很忙没时间帮助他,儿童就会感觉自己的需求是不重要的,久而久之,就会发展出消极的自我认知和低自尊,在日后的亲密关系中更可能存在贬低自我、讨好他人等不良适应行为。

2. 对情绪发展的影响

遭到父母忽视的儿童辨别情绪的能力较差,缺乏适应性的情绪调节技能,因而会体验到更多的抑郁、焦虑等消极情绪。当儿童出现情绪问题时,忽视型父母往往难以为儿童提供及时有效的帮助,所以儿童很难形成对自身情绪的正确认识,通常也会对他人的情绪表现感到困惑。由于被忽视的儿童长期得不到父母的关注,也没机会从父母那里学会有效地调整情绪的策略,所以只能抑制自己的负面情绪表达。长此以往,这些儿童更容易出现抑郁等情绪问题。

3. 对人际关系发展的影响

被忽视的儿童呈现出较高水平的不安全依恋,不喜欢与人交往。这是因为,忽视型父母未能给儿童提供一个安全、温暖的成长环境,儿童的需求难以得到满足,因此亲子之间难以建立健康的依恋关系。

被忽视的儿童未能在亲子关系中得到重视,他们也常常在同伴交往中遭遇问题。一方面,被忽视的儿童在和同伴自由玩耍时更为被动和退缩,更容易被孤立;另一方面,被忽视的儿童也可能表现出强烈的接近和取悦他人的意愿,试图在社交环境中使用补偿策略,例如,在课堂上扮演"小丑"或试图成为"强人"来吸引同学们的关注。但被忽视儿童惯用的讨好型策略也很容易让他们遭遇同伴的侵害,反而使他们拥有更差的同伴关系。

学习活动 >>>

被忽视的娜娜

某电影塑造了一个典型的在父母忽视下长大的孩子的形象——娜娜。娜娜从小父母离异,跟着父亲在海岛上长大,父亲将全部的精力都放在他的捕鱼事业上,从来没有认真了解过娜娜的内心想法。娜娜不想去妈妈家,自己坐车回来,他一边打着工作电话,一边把女儿塞进了大巴,丝毫没有注意到女儿失望的眼神;他经常一出海就是好几天,娜娜一个人在家害怕时只能躲在狭小的壁橱里;娜娜不想学游泳,他逼着女儿下海,导致娜娜产生了恐水症……这些他从来不知道,反而认为女儿"皮实得很"。娜娜成年后去日本留学,父母忽视的不良后果开始在她的亲密关系中体现出来:她为了避免被忽视,一次又一次陷入对亲密关系的不健康的渴求中,甚至不惜伤害自己来挽回爱人。她描述自己是"不正常的人",最终葬送了自己年轻的生命。直到娜娜去世后,父亲才在她的社交账号中真正了解女儿的情感需求,也才真正地对自己的行为有所悔悟。

结合这部电影的内容,思考以下问题:

1. 父亲的忽视给娜娜带来了哪些消极影响?
2. 在这样的家庭中成长的娜娜可以通过哪些方式获得治愈的力量?

四、过度保护

父母过度保护(overprotective parenting)是指父母害怕孩子受到潜在的伤害而对孩子表现出过度的、不恰当的保护行为。父母过度保护具有极端性和侵入性:极端性是指父母在关注和安慰儿童的情绪时,其行为远远超出了儿童的需要;侵入性是指父母在帮助儿童时,会限制儿童的自主性或是不恰当地控制儿童。过度保护严重影响儿童的发展,会导致儿童出现依赖性增强和适应能力变差等一系列问题。

(一) 过度保护的表现

父母过度保护主要有以下表现:

1. 过度的身体接触

即便儿童已经到了需要个人空间的年龄,父母仍然很难和儿童分开,仍和儿童保持过度的身体接触,例如,持续陪伴儿童,仍然长期保持陪儿童入睡的习惯等。这些行为虽然能够在一定程度上帮助父母与儿童建立亲密关系,但也会阻碍儿童自主性的发展。

2. 刻意延长儿童的婴幼儿期

父母刻意延长儿童婴幼儿期的行为,如:即便婴儿到了可以断奶的阶段,仍然持续进行母乳喂养或用奶瓶喂养;即便幼儿已经具有自主能力,仍然协助幼儿进食、更衣和上厕所;等等。

3. 防止儿童的独立行为和成熟

父母不允许儿童独立做自己的事情。例如,阻碍儿童的独立行动,不允许儿童在青春期发展有个性的行为,或阻止儿童与异性交往等。

4. 过度约束和控制

过度保护的父母会对儿童过度约束和控制。他们十分害怕儿童遭受潜在的危险,因而无时无刻不对儿童表现出安慰和关心,限制儿童对新环境的探索,不允许儿童自己做决定。当儿童在新环境中遇到困难时,他们会夸大事件的危险性和不良影响,从而限制儿童独立、自主的发展。

(二) 过度保护对儿童发展的影响

过度保护会给儿童自我、情绪、行为和人际关系的发展带来消极影响。

1. 对自我发展的影响

本该由儿童自己独立完成的事情,父母过度干预,包办替代,导致儿童自身的主体性缺失,从而抑制了儿童的自主发展,阻碍了儿童独立解决问题能力的发展。这样的父母倾向于将儿童幼稚化,与儿童有过多的社会和身体接触,高度控制和抑制儿童的自主行为,这些行为会导致儿童对父母的依赖性增强,不利于儿童自主性的发展。

此外,过度保护的父母通常在育儿方面过度焦虑,这常常导致他们过分警惕外界环境刺激、过度关注儿童,从而向儿童传递"世界是危险的"这样一种错误信息,因而强化了儿童的回避心理,限制了儿童的好奇心和对外探索的尝试,也使得儿童难以发展出应对潜在挑战的技能,缺少建立信心的机会。

2. 对情绪发展的影响

父母过度保护也会引发儿童的孤独感、焦虑感等情绪问题。父母的过度保护会加剧儿童对外界环境的恐惧,引发儿童的焦虑情绪。此外,父母总是为儿童提供远超出其需要的保护和关心,会使儿童更为依赖父母,变得更加脆弱。因此,当儿童在学习和生活中遇到困难时,往往第一时间向父母寻求帮助,这导致儿童自行应对挫折和解决困难的能力下降。而当父母不能及时提供帮助时,儿童就会感到手足无措,体验到强烈的孤独情绪。

3. 对行为发展的影响

父母过度保护会限制儿童探索外界环境的能力,从而引发儿童行为上的问题。由于父母过度约束儿童的行为,儿童对父母的依赖性增强,儿童的活动能力可能会因此降低,如缺少基本的自理能力。

4. 对人际关系发展的影响

父母过度保护也会引发儿童的人际关系问题。在父母过度保护下成长的儿童既缺乏人际交往技能,也缺少独立解决问题的主动性,难以主动参与学校的活动,甚至出现社会退缩等行为,在同伴交往中遇到问题和挫折时,也缺乏应对挑战的能力,从而同伴关系较差。

拓展阅读 >>>

直升机父母

皮克斯首位华裔女导演石之予,创作了两部展现亲子关系的作品,分别是《包宝宝》和《青春变形记》。两部作品中的母亲形象较为类似,都是非常典型的"直升机父母":他们就像一架直升机一样,永远悬停在孩子的头顶,时时刻刻监视着孩子的一举一动,随时准备帮助孩子解决可能遇到的问题,控制着孩子的生活。

在《包宝宝》中,一位空巢母亲的手工包子变成了一个有生命的"包宝宝",母亲对其疼爱有加,呵护备至,随时准备帮助"包宝宝"解决一切问题,但当"包宝宝"长大后寻求独立、反抗母亲"爱的束缚",甚至决定不顾母亲的反对搬离家庭的时候,控制欲极强的母亲一口吞下了"包宝宝"。而在《青春变形记》中,处于青春期的女孩的妈妈同样360°无死角地关注女儿的学习和生活,甚至闯到学校去偷窥女儿上课,不允许女儿追星,也禁止女儿和有同样爱好的同伴交往,最终导致了严重的母女冲突。

总体来说,"直升机父母"具有四个主要特征:(1)预期解决问题和规避风险;(2)对孩子提出过多的建议和参与孩子的情感;(3)控制孩子的自我导向;(4)提供大量切实的援助。

"直升机父母"过度介入孩子的生活,干涉孩子的决定和问题解决过程,限制孩子的自主权,因而给孩子的发展带来消极影响。

? 理解·分析·应用

1. 简要说明父母教养行为的重要作用。
2. 父母教养行为主要受到哪些因素的影响?
3. 父母积极教养行为有哪些?它们分别会给儿童的发展带来怎样的影响?
4. 父母消极教养行为有哪些?它们分别会给儿童的发展带来怎样的影响?
5. 结合你的成长经历和日常观察,谈一谈中国父母教养行为的特点,并分析产生这些特点的原因。
6. 张悦是一名初二的学生,最近学习成绩有所下滑,她的妈妈看到她的成绩单的第一反应是:"妈妈这么辛苦,起早贪黑地照顾你,你怎么才考这么点分数,对得起妈妈的付出吗?"张悦妈妈采取的是哪种父母教养行为?这种教养行为可能会带来哪些危害?

? 推荐阅读书目

1. 吴恩英.(2021).*最温柔的教养*.北京:中信出版集团.
2. 佩里.(2020).*真希望我父母读过这本书:你的孩子也会庆幸你读过*(洪慧芳 译).北京:中信出版集团.
3. 罗宾逊,阿罗尼卡.(2020).*什么是最好的教育*(钱志龙 译).杭州:浙江人民出版社.

第五章

协同教养

5

【学习目标】

1. 了解协同教养的基本内涵。
2. 了解协同教养研究的发展脉络。
3. 理解父母协同教养的影响因素及其对儿童发展的影响。
4. 理解亲隔代协同教养对儿童发展的影响。

【知识导图】

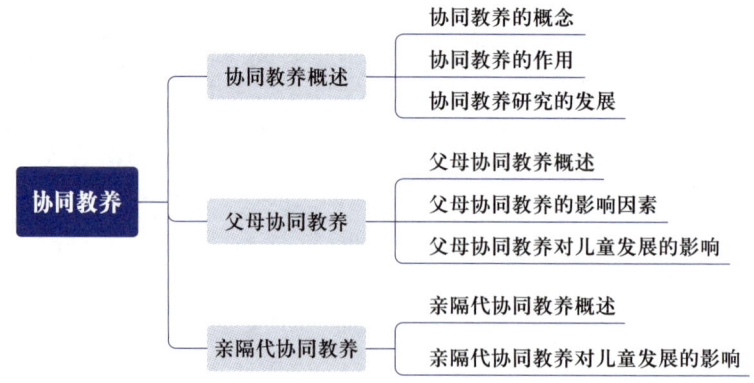

【内容导读】

小丽的孩子刚满三岁,正是贪玩的年纪。由于小丽和丈夫工作比较忙,小丽的婆婆和他们生活在一起,共同照顾孩子。但在日常生活中,三个人常常因教育孩子的问题发生冲突。例如,当孩子想要扒衣柜玩时,小丽的丈夫会立刻制止孩子,把孩子抱下来,怕衣柜倒了砸到孩子;小丽则认为在衣柜已经固定好的情况下,孩子可以扒着玩,自己在旁边保护好就可以。当孩子晚上因贪玩不肯按时睡觉而哭闹时,小丽和丈夫就会强行把孩子带回房间睡觉,而小丽的婆婆却不同意,觉得让孩子再玩一会儿也没什么。但是三个成年人谁也没法说服谁,于是围绕着孩子发生了大大小小的争吵。

在实际生活中,对孩子的家庭教育往往并非只由一位成年人来负责。父亲、母亲、祖辈可能共同参与对孩子的教养。因为参与教养的成人有不同的教养观念,对教养孩子过程中的各种事件持有不同的观点,所以难免发生冲突。小丽家因教养孩子而产生的矛盾,就体现了夫妻之间、祖辈与父辈之间的观念差异,这在生活中是很常见的。教养冲突产生的原因是什么?遇到这样的冲突,父母应该如何处理?教养观念不一致又会对孩子产生怎样的影响?这就是本章要探讨的协同教养问题。

本章首先介绍协同教养这一概念,探讨协同教养的作用及相关研究的发展,并对父母协同教养和亲隔代协同教养两种主要的协同教养方式重点展开讨论。

第一节 协同教养概述

在教养孩子的过程中,家庭中不同教养者之间的合作和冲突会对儿童的发展产生重要影响。在深入了解父母协同教养和亲隔代协同教养之前,我们需要先了解协同教养的概念和作用,并对协同教养研究的发展有所认识。

一、协同教养的概念

从狭义上讲,协同教养(coparenting)是指父亲和母亲在教养儿童过程中的相互协作活动。从广义上讲,参与抚养儿童的成人并不局限于父亲和母亲,祖辈也有可能参与其中。因此,当两个个体对某个儿童具有共同和相互重合的教养责任,需要在"家长"的角色上合作和互相支持时,协同教养就发生了。协同教养更多强调的是养育者角色之间的支持和合作关系,而非不同养育者角色与责任的平等性。

从"谁""何时""何地"的角度理解协同教养,我们需要澄清三个基本问题:协同教养涉及的人是谁,协同教养从何时开始,以及协同教养发生在什么场景中。

首先,协同教养涉及的人是对特定儿童的发展负有共同责任的成人,如父亲和母亲、母亲和祖母等。

其次,一般来说,协同教养在孩子出生之后才开始,晚于婚姻关系产生,在婚姻关系结束之后仍可继续存在。在产前,准父母对于教养的认知,或是有关孩子出生之后对教养的问题讨论都还不是真正意义上的协同教养。

最后,无论双方中的一方是否在场,协同教养都可能发生;即便一方不在场,另一方依然有可能通过语言和行为等方式影响协同教养的效果。

因此,协同教养既可以发生在一般的完整家庭中,也可以发生在特殊家庭中,如单亲家庭、重组家庭;协同教养既可以描述父母之间的关系,也可以用于任何两个对儿童有教养责任的个体,如母亲和祖母等。

在日常生活中,两种形式的协同教养较为常见:一种是父亲和母亲之间的协同教养,即父母协同教养;另一种是祖辈和父辈之间的协同教养,即亲隔代协同教养。在扩展型家庭①结构较为常见的亚洲,亲隔代协同教养现象较为普遍。

二、协同教养的作用

无论是父母之间的协同教养,还是父辈和祖辈之间的协同教养,都会给儿童的发展、教养者的社会适应及身心健康以及整个家庭的运转带来影响。

(一)协同教养影响儿童发展

协同教养可直接或间接地影响儿童的发展。一方面,协同教养能够直接影响儿童的社会适应性。支持型的协同教养行为、教养者之间相对和谐的关系,能够为儿童呈现一种一致性的互动过程,从而促进儿童的亲社会行为、学业发展,降低儿童出现临床心理症状的可能性。与之相反,教养者在教养观念和行为上的冲突和不一致,可能给儿童带来不安全感,从而给儿童的情绪和行为带来消极影响。另一方面,协同教养还可能通过影响教养行为及教养者与儿童之间的亲子关系间接地作用于儿童的发展。相互支持的协同教养关系,往往与教养者更多的积极教养行为、更少的消极教养行为,以及更高的教养投入有关,从而给儿童发展带来积极影响;反之,

---

① 扩展型家庭包括一组生活在一起的亲人,如父母、子女、祖父母、姑姑、伯伯以及堂兄弟姐妹等。

教养者之间的冲突与矛盾往往导致教养者较低的教养投入,从而给儿童发展带来消极影响。

(二)协同教养影响教养者的社会适应与身心健康

协同教养还会影响教养者本身的社会适应与身心健康。良好的协同教养对教养者双方的情绪适应均具有促进作用。例如,有研究者发现,父母开展团结性协同教养,即主动提升家庭成员之间的凝聚感,强调在教养过程中促进家庭成员的信任、和谐、温暖、融洽的关系,能够显著降低父母的教养压力。[①] 亲隔代协同教养可以增强祖辈在教养过程中的自我效能感和自我价值,给祖辈带来更多的满足感。不过亲隔代协同教养也可能在一定程度上加剧祖辈的健康风险,因为照顾孙辈毕竟是一项体力活,老年人的身体健康可能因此受损。

(三)协同教养影响家庭的运转

当家庭结构发生变化或家庭进入特定的阶段时,教养者之间的协同教养能够帮助家庭更好地应对变化。例如,当家庭中第一个孩子出生时,家庭从两口之家变成核心家庭,妻子和丈夫需要及时转换到母亲和父亲的角色,两者在教养中的一致性能够帮助家庭更好地适应新阶段的变化。此外,家庭中的母亲和父亲在孩子出生后重新投入工作,经常需要祖辈的帮忙、照顾才能有效地兼顾工作与家庭。因此,祖辈加入教养孩子的活动中,和父辈协同教养孩子,有助于家庭实现正常的运转。

学习活动 >>>

《家庭教育促进法》中的协同教养

2022年1月1日起正式实施的《家庭教育促进法》对家庭成员之间的协同教养进行了强调。例如,第十四条规定:"共同生活的具有完全民事行为能力的其他家庭成员应当协助和配合未成年人的父母或者其他监护人实施家庭教育。"第十七条规定:"未成年人的父母或者其他监护人实施家庭教育,应当关注未成年人的生理、心理、智力发展状况,尊重其参与相关家庭事务和发表意见的权利,合理运用以下方式方法:……(二)共同参与,发挥父母双方的作用;……"

结合《家庭教育促进法》中的相关条例,就以下问题展开小组讨论:

1. 以法律的形式要求协同教养意味着什么?

2. 在现实生活中,你能想到哪些与协同教养有关的案例?关于这些案例,你有哪些思考?

[①] 彭于珏,郭成,曾晋逸,陈帅.(2023).父母协同教养对其教养压力的影响:亲子亲密性和亲子冲突性的中介作用.心理与行为研究, 21(4), 488-495.

三、协同教养研究的发展

研究者对父母协同教养和亲隔代协同教养这两个重要话题的关注,都来源于社会现实的变化。

父母协同教养研究的发展主要与研究者对父亲教养角色的关注有关。在早期的精神分析理论和依恋关系的研究中,母子关系一直被认为是个体未来亲密关系的原型。直到1975年,兰姆(M. E. Lamb,1953—)提出父亲可能是儿童发展研究中被遗忘的贡献者,研究者才开始重视父亲对儿童发展的独特贡献。1985年,米纽庆(P. Minuchin,1921—2017)提出,父亲、母亲、孩子三角系统应该被当作整体进行分析,不能将其分离成多个二元系统,协同教养的研究才得以崭露头角。与此同时,从20世纪70年代末到80年代初,大量的美国家庭在夫妻离异的状态下抚养后代,亲子关系并没有因为夫妻关系的解体而结束,因而协同教养的研究最初也仅聚焦于离婚家庭中的父母协同教养,主要包括离婚后的父亲和母亲在履行父母职责时的合作与冲突。直到1996年,麦克海尔(J. P. McHale)等人提出关于《家庭水平的动力对儿童发展的影响:核心家庭的研究》的专题报告之后,越来越多的研究者才开始关注非离婚家庭中的协同教养。

亲隔代协同教养研究的发展主要与研究者对扩展型家庭、特殊家庭的关注有关。早期协同教养的研究主要集中于欧美国家中由父母和一个孩子构成的核心家庭,也就是关注父母协同教养。但儿童成长的环境并不只局限在核心家庭之中,祖辈也可能会参与儿童的教养。在西方国家,隔代抚养大多出现在父母缺失的特殊家庭中,如父母亡故或父母有药物滥用、犯罪服刑情况的家庭。而在我国,一方面,随着经济的快速发展及城镇化步伐的加快,双职工家庭日益增多,不论是在城市地区还是在农村地区,亲代与隔代共同抚养逐渐成为我国家庭抚养儿童的普遍形式;另一方面,受集体主义文化的影响,由祖辈、父辈和孙辈构成的扩展型家庭更为普遍,在扩展型家庭中,父母和祖父母共同承担教养责任,形成亲隔代协同教养的关系。不过直到近些年,亚洲文化中的亲隔代协同教养才引起研究者的重视。

第二节 父母协同教养

在由父亲、母亲和孩子三方组成的核心家庭中,父亲和母亲是家庭教养功能的执行者,构成协同教养关系。父母协同教养是承担父母角色的两个个体的相互协作,会对儿童发展产生影响,同时也受到诸多因素的影响。

一、父母协同教养概述

父母协同教养是指父亲和母亲之间相互协调、合作抚养孩子的活动。随着社会的变迁和家庭的演变,父亲和母亲在教养中扮演着不同的角色,父母协同教养的支持性与冲突性是评价父母协同教养两个最基本的方面。

(一) 父母教养角色的差异

尽管父亲和母亲都能为儿童提供各种类型的资源,对儿童的健康成长都能产生积极影响,但父亲和母亲在家庭中扮演着不同的角色,对儿童的心理发展也发挥着不同的作用。从教养的"量"上看,父亲普遍比母亲在教养孩子方面付出的时间更少;而从教养的"质"上看,父亲和母亲在抚养孩子方面发挥着独特但互补的作用。

母子关系主要建立在母亲的抚养和对儿童需要的高敏感性上,而父子关系则更多地建立在活跃的游戏中。母子互动与父子互动有本质区别,母亲主要履行照料的职能,而父亲与孩子玩耍的时间更多。因此,儿童在遇到困难时更多地到母亲那里去寻求安慰,而需要游戏、玩耍的时候更多地想到父亲,对父亲的身体接触反应更为积极。父亲与儿童的游戏并不能被母亲所代替。儿童与父亲之间的游戏能够帮助儿童逐渐摆脱对母亲的依恋,引发儿童对外部世界的好奇;而成功的探索经验又会使他们获得信心,增加面对陌生环境的勇气。

相比于父亲,母亲通常对孩子有更高的接纳度和回应性,更愿意和孩子在情感上进行交流,此外也会对孩子有更多的行为控制和要求。而相比于母亲,父亲一般在教养方面更为严厉,更强调挑战,更愿意让孩子冒险。甚至在亲子游戏方面,父亲更多地与孩子进行一些和运动相关的游戏(如追逐、打闹、体育竞技类游戏),而母亲则更多地和孩子进行扮演类游戏(如过家家、角色扮演)。此外,父亲更可能帮助孩子表达和思考,并且鼓励他们主动采取行动和表达内心的需求。

母亲在安抚孩子的过程中起着十分重要的作用;良好的父子关系能够帮助孩子克服外部障碍,满足冒险的需求,因而在其探索外部世界的过程中发挥着较为重要的作用。

(二) 父母协同教养的质量

支持性与冲突性是评价父母协同教养质量的两个重要维度。其中支持性是指协同教养者之间的相互帮助和补充,冲突性是指协同教养者在有关儿童教养问题上的对峙与争论。麦克海尔将协同教养划分为四个维度,分别是团结、一致、冲突与贬低。[1]

团结是指父母主动提高家庭成员之间的凝聚感,既包含父亲、母亲、孩子三方在一起的显性教养情境,也包括仅父子或母子双方在场的隐性教养情境。无论一方是否在场,父亲或母亲对另一方教养策略的赞同和支持,都能营造出团结的家庭氛围。

一致是指对儿童进行规则制订和纪律约束时父母的一致性。例如,当母亲要求孩子每天只能吃一颗糖时,即便母亲不在家,父亲也会按照母亲制订的规则要求孩子。

冲突是指父母在儿童面前的争论。在日常生活中,父母可能因为家庭教育、家务分工、家庭决策等观点差异而在儿童面前发生争执。需要注意的是,即便父母存在教养上的不一致,也可以通过有效的沟通和平解决冲突。

---

[1] McHale, J. P. (1997). Overt and covert coparenting process in the family. *Family Process, 36* (2), 183–201.

贬低是指父母一方主动贬低另一方,并破坏另一方的权威性和可靠性,主要表现在父亲或母亲与儿童单独在一起的隐性教养情境中。例如,当母亲不在场时,父亲在孩子面前表达对母亲的不满。

学习活动

"丧偶式"育儿与"诈尸式"育儿

近年来,"丧偶式"育儿与"诈尸式"育儿都是与家庭教育相关的网络热词。"丧偶式"育儿是指在育儿过程中由于父亲角色的显著缺失而由母亲承担主要养育责任的育儿方式,其意在突出虽然婚姻关系存续,但父亲却很少参与日常育儿工作。而"诈尸式"育儿则是指父亲在家庭教育中习惯性缺席,但是又会偶尔出来"诈尸",在妈妈教育孩子时横加干预,经常批评、指责母亲或者孩子。

针对这一现象,就以下问题展开小组讨论:

1. "丧偶式"育儿和"诈尸式"育儿分别反映了父母协同教养关系哪些方面的不足?
2. 可以从哪些方面提升父亲在家庭教育中的参与度及有效性?

二、父母协同教养的影响因素

根据协同教养的生态学模型(见图5-1),父母协同教养的影响因素主要可分为四类:父母个体因素、儿童个体因素、家庭关系因素和家庭外部因素。[①]

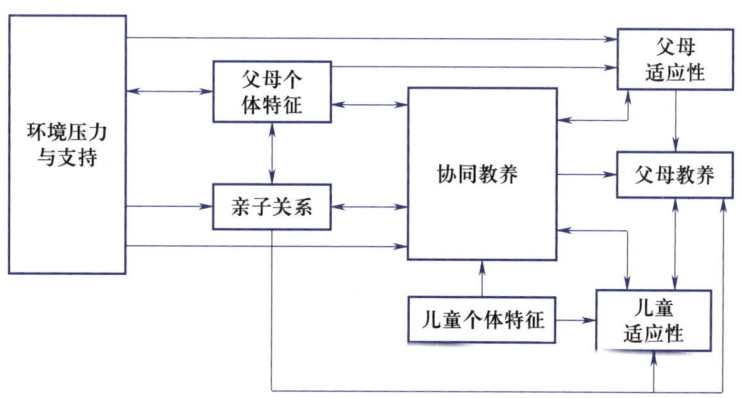

图 5-1 协同教养的生态学模型

---

① Feinberg, M. E. (2003). The internal structure and ecological context of coparenting: A framework for research and intervention. *Parenting-Science and Practice*, 3(2), 95-131.

(一) 父母个体因素

在父母个体层面,父母的情绪、人格、认知均有可能对父母协同教养产生影响。首先,个体的负面情绪越强,伴侣的支持性协同教养行为就越少。人格相似的父母更容易达成积极的协同教养关系,而当父母在外向性或人际情绪上差异越大时,损害型协同教养水平也越高。其次,对父母教养持有非传统的、发展性认知的父母有更多的积极协同教养行为,持有更少的传统性别认知的父母往往具有更高的协同教养质量。并且,育儿认知越一致的父母,协同教养关系也会越好。最后,更高自尊和更低抑郁水平的父母往往可以更好地进行协同教养。

(二) 儿童个体因素

在儿童个体层面,儿童是否独生以及儿童的年龄和气质类型也会影响父母的协同教养。相比于非独生子女,独生子女的父母往往对子女有更高的期望,更重视子女的教养问题,从而采取更多的积极协同教养行为。在儿童年龄较小或处于低幼阶段时,父母协同教养质量相对较高。再者,儿童的气质类型也会影响父母的协同教养行为。儿童的困难气质会导致父母选择互补的、合作的协同教养,而当儿童在陌生情境中表现出较多的负面情绪时,为了应对儿童出现的问题,父母会倾向于在接下来的家庭互动中表现出更多的支持性教养行为和更少的非支持性教养行为。

(三) 家庭关系因素

在家庭层面,婚姻质量是预测协同教养最有效的因素。高婚姻满意度能够迁移到父母的协同教养中,发生溢出效应,也就是说个体在夫妻子系统中的情绪感受,会影响其在父母子系统中的表现。[①] 不过,婚姻满意度与协同教养的关系存在父母差异,父亲的婚姻满意度影响其协同教养行为,而母亲的协同教养行为通常不受婚姻满意度的影响。

(四) 家庭外部因素

在家庭外部层面,环境中的压力(如工作压力、经济压力)和社会支持都会通过影响父母本身,进而影响教养关系的协同性。例如,相比于全职妈妈家庭,在双职工家庭中父亲对协同教养往往更为重视。在面临工作压力的情况下,相比于父亲,母亲的教养更容易受到影响。例如,当母亲感受到更多的工作与家庭的冲突时,会更难集中到每天的日常事务中,从而在家庭中出现更多的消极行为。

总体来说,尽管个体、家庭内部和家庭外部因素均有可能对父母协同教养产生影响,但一些影响因素是相对稳定的,如父母的人格特质,而另一些因素则是比较容易变化的,如家庭的经济压力等。

三、父母协同教养对儿童发展的影响

无论是在完整家庭中,还是在离异家庭中,父母协同教养均可通过直接或间接的

[①] 刘畅,伍新春,邹盛奇.(2016). 父母婚姻满意度及其相似性对协同教养的影响:基于成对数据的分析. 心理发展与教育, 32(1), 49-55.

方式影响儿童的发展。

支持性的、积极的协同教养与儿童更高的社会能力、学习能力和更多的亲社会行为有关,也有助于减少儿童的问题行为。但父母在教养上的冲突会导致儿童出现无助感和自责感,与儿童的压抑行为、问题行为、焦虑有关,从而阻碍儿童学业能力与社会能力的发展。

父母协同教养还可能通过影响父母教养行为和亲子关系,间接地影响儿童的发展。在积极、和谐的父母协同教养关系下,父母会更愿意采取自主支持等积极的教养行为,更多地投入到子女的教养中,也更容易与子女建立积极的亲子关系,从而促进儿童的发展。相反,当父母处于冲突的、相互指责的协同教养关系中时,父母更可能采取消极的教养行为,更不愿意投入到子女的教养中,也更可能和子女发生冲突,甚至把对另一方的不满发泄到无力反抗的儿童身上,给儿童的发展带来消极影响。

拓展阅读

母亲守门行为

母亲守门行为是指母亲对父亲与孩子之间直接或间接的互动所作的行为反应的统称。这一概念与一个有趣的"花园门"隐喻有关。在这个隐喻中,母亲被视为拥有绝对权力的"花园主",而父亲则被视为服从安排的"园艺工",与孩子教养相关的任务和活动则是花园里需要被照料和打理的"花草树木"。母亲守门的含义也就变为花园主(母亲)批准、监督和控制园艺工(父亲)修剪(执行、开展)花草树木(与孩子教养有关的任务和活动)。

"花园门"隐喻意味着母亲既有可能"开门",促进和鼓励父子互动,帮助父亲完成教养孩子的任务,从而提高父亲教养投入的水平;也有可能"关门",限制父亲与孩子相处的时间、贬低父亲和孩子的相处方式,从而降低父亲教养投入的水平。母亲"开门"和母亲"关门"是母亲守门的两种普遍形式。

第三节 亲隔代协同教养

除了父亲和母亲,孩子的祖父母也有可能参与孩子的教育。在我国,祖父母的行为和活动一直被视为家庭生活的重要组成部分,特别是在帮助抚养孙辈方面。因此,亲隔代协同教养越来越受到研究者的重视。

一、亲隔代协同教养概述

亲隔代协同教养也称为祖辈协同教养,是亲代教养和隔代教养的协同过程。其中亲代教养是指儿童的父母承担抚育孩子主要责任的抚养形式。隔代教养是指祖父母承担对孙辈主要照顾责任的抚养形式。亲隔代协同教养是一种介于隔代教养和亲代教养之间的教养模式,即祖辈和父辈以分工投入的形式共同养育第三代。

(一) 亲代教养与隔代教养的差异

由于生活时代的不同,祖辈和父辈受到的教育、接受的教育理念以及持有的文化价值观、消费观和所具有的教养认识等都可能存在巨大差异,从而在教养行为上有所不同。总体而言,父辈对儿童的爱趋于理性化,而祖辈对孙辈的爱趋于感性化。例如,父辈较注重儿童在某件事情上的专注力和毅力,教导儿童不能半途而废,要有坚持到底的毅力和决心,在面对害怕的事物时要勇敢面对;而祖辈可能比父辈更少地鼓励儿童独立和自由探索,而更多地表现出过度保护或放任不管等教养行为。[①]

此外,祖辈和父辈可能在关于儿童的决策上存在权力差异。在一些家庭中,祖辈在关于儿童的决策上拥有更大的权力,而在另一些家庭中,父辈拥有更大的权力,或祖辈和父辈有平等的权力。然而,从有利于儿童发展的角度来看,更重要的问题是祖辈和父辈对当前的教养安排是否满意或舒适,祖辈和父辈能否在儿童的教养方面达成共识。

(二) 亲隔代协同教养的质量

教养支持和冲突是评价亲隔代协同教养质量的两个重要方面。其中支持是指在对方教养儿童时所表现出的促进、鼓励、协助与加强;冲突是指在对方教养儿童时所表现出的反对、争辩、批评与不协助。

亲隔代协同教养中的支持,主要包括共同行动、重复表达、补充说明和协助成功。其中,共同行动是指教养者同时给孩子相似的信息;重复表达是指一方重复另一方对孩子说的话;补充说明是指一方按另一方说的话进行补充阐述;协助成功则是指当其中一方要求另一方从事有关照顾孩子的事时,另一方愿意配合。

亲隔代协同教养中的冲突,可细分为行为和理念两个维度,其中行为维度的两端是干预和不干预,理念维度的两端是认同和不认同,这四个方面共同组成四种亲隔代协同教养类型(图5-2):第一种是表面支持(不认同但也不干预),祖辈不认同父辈的教养理念,但对父辈的教养行为不进行干预;第二种是内在支持(认同且不干预),祖辈认同父辈的教养理念,并对父辈的教养行为不进行干预;第三种是内在冲突(不认同且干预),祖辈不认同父辈的教养理念,并对父辈的教养行为予以干预;第四种是外在冲突(认同但干预),祖辈认同父辈的教养理念,但对父辈的教养行为予以干预。

---

① 刘云,赵振国.(2013).隔代教养对学前儿童情绪调节策略的影响.学前教育研究,2,37-42.

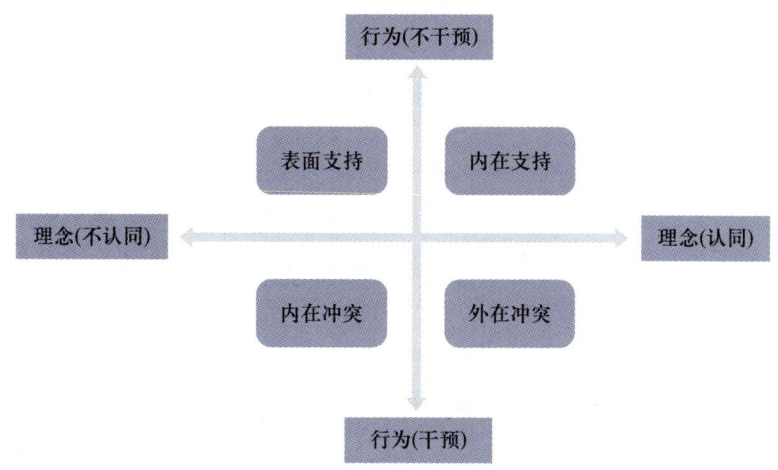

图 5-2 亲隔代协同教养的四种类型

学习活动 >>

关于教养问题的婆媳之争

小盈由于工作繁忙,不得不请婆婆从乡下过来照顾还没上幼儿园的孩子。刚开始两个人相敬如宾,但在孩子的教育问题上却因为观点不一而火药味渐浓。婆婆认为小盈没有经验,不懂怎么照顾孩子,坚持认为自己的方法是正确的,认为孩子要哄着养。可在小盈看来,婆婆一直惯着孩子,是在和她对着干,比如,孩子不吃饭的时候婆婆就给孩子零食吃,孩子一哭闹就抱起来哄,导致孩子出门都要抱着才行,不肯自己走路。小盈为此感到非常苦恼,于是向孩子的爸爸抱怨,但他却说自己也不懂怎么教孩子,让小盈多照顾老人的心情,这些都不是什么大事。

结合以上案例,思考以下问题:

1. 小盈和婆婆之间属于哪一种亲隔代协同教养类型?
2. 在这一案例中,你认为可以怎样缓解小盈和婆婆之间的冲突?

二、亲隔代协同教养对儿童发展的影响

作为共同教养者的祖辈给儿童发展带来积极的还是消极的影响,主要取决于祖辈和父辈在教养中是否达成一致。当祖辈和父辈对儿童的行为要求不一致时,儿童可能会陷入矛盾之中而不知所措。当祖辈和父辈的教养行为出现分歧时,亲隔代教养行为的差异越大,冲突越多,祖辈的一些干扰行为越有可能导致孙辈出现更多问题,如缺乏独立能力和情绪控制能力。

而相互支持水平较高的亲隔代协同教养则有益于儿童的社会适应。当祖辈与父母一同执行一致的规范并监督孩子的活动,为孙辈提供无条件的关怀、指导和支持时,祖辈的物质、文化和社会资源以及丰富的育儿经验能帮助父辈更好地照顾儿童,

促进儿童身心健康水平以及生活满意度的提高,减少儿童的抑郁、孤独感等情绪问题以及行为问题、同伴关系问题,从而促进儿童的社会性发展。

此外,亲隔代协同教养既可以通过直接的方式影响儿童的发展,也可以通过影响父辈教养的情况或亲子关系间接影响儿童的发展。例如,祖辈为儿童提供情感或工具支持,可以减轻父辈的教养压力,改善父辈的情绪健康,进而对儿童产生积极影响。也就是说,积极、合作的亲隔代协同教养有助于降低父辈的教养压力,从而促进儿童的社会适应。若祖辈在儿童面前当面指责父辈或表达不满,常在育儿问题上与父辈争执不休,儿童的亲子依恋质量就会降低,错误信念理解能力就会因此受到消极影响。[①] 与此同时,祖辈的经济、健康问题也可能额外消耗父辈的教养时间和经济资源,从而影响孩子的发展。

理解·分析·应用

1. 简述协同教养的概念及重要作用。
2. 如何理解父母协同教养?它会给儿童发展带来怎样的影响?
3. 如何理解亲隔代协同教养?它会给儿童发展带来怎样的影响?
4. 如果你组建家庭之后,面临养育孩子与个人工作的冲突,你会选择邀请祖辈参与家庭教育吗?为什么?
5. 柳英是一个新手妈妈,最近刚刚复工,但却因为同时带娃和工作忙得晕头转向,和孩子的爸爸也常常因为教养观点上的差异而爆发冲突。你认为柳英和她的丈夫应该如何进行调整?

推荐阅读书目

1. 梁启超.(2020).*我们今天怎样做父亲:梁启超谈家庭教育*(彭树欣 选评).上海:上海古籍出版社.
2. 威廉姆斯,格里格.(2023).*隔代养育*(夏健鑫 译).北京:北京联合出版公司.

[①] 陈传锋,葛国宏,卢丹凤,岳慧兰.(2023).祖辈协同教养与幼儿错误信念理解能力的关系:亲子依恋与祖辈同住的作用.*心理发展与教育*, 39(1), 21-30.

第三部分　家庭互动与儿童发展

导读

家庭是儿童认知和社会化发展的重要场所,这一发展过程是儿童通过家庭成员的互动来实现的。根据家庭系统理论,家庭是一个有等级结构的动态系统,包括亲子子系统、夫妻子系统和同胞子系统等,家庭互动就是这些子系统内部、子系统之间建立联系的主要方式,也是亲子关系、夫妻关系、同胞关系的重要体现。

家庭互动是指发生在家庭成员之间,包括心理、行为、情感、思想等各个层面的相互影响和相互作用。其中亲子互动、夫妻互动和同胞互动是家庭中最常见的互动。亲子互动发生在父母与子女之间,是儿童成长和发展过程中最早出现和最重要的人际互动;夫妻互动发生在夫妻之间,是影响婚姻质量最直接和最关键的因素,对维护平衡的家庭系统和构建和谐的家庭环境有重要意义;同胞互动发生在兄弟姐妹之间,是儿童一生中持续时间最长的社会互动之一。这三种互动形式均影响着儿童的认知、情绪、行为等各方面的发展,对儿童的成长具有重要意义。

亲子关系、夫妻关系、同胞关系分别对应着亲子互动、夫妻互动和同胞互动。良好的关系有助于家庭的正常运转以及儿童的健康成长,而不良的关系会影响家庭的平衡,对儿童的成长发展也存在即时与长期的影响。

沟通是一种重要的家庭互动形式,也是影响家庭关系质量的重要因素。家庭中的沟通是指发生在家庭中,亲子、夫妻、同胞等家庭成员之间的信息、观点等的交流与传递,能够直接影响家庭关系与家庭互动的质量。良好的沟通能促成健康的家庭运转模式,有助于儿童社会交往技能的发展以及良好人际关系的建立。

第三部分围绕"家庭互动与儿童发展"这一话题展开。第六、第七章和第八章将分别介绍亲子互动、夫妻互动和同胞互动。

第六章

亲子互动

【学习目标】

1. 了解亲子互动的概念,理解亲子互动对儿童发展的重要性。
2. 了解亲子依恋的概念与类型。
3. 理解亲子关系对儿童发展的影响。
4. 理解亲子沟通的模式与作用。
5. 知道常见的亲子活动类型,理解亲子活动的作用。

【知识导图】

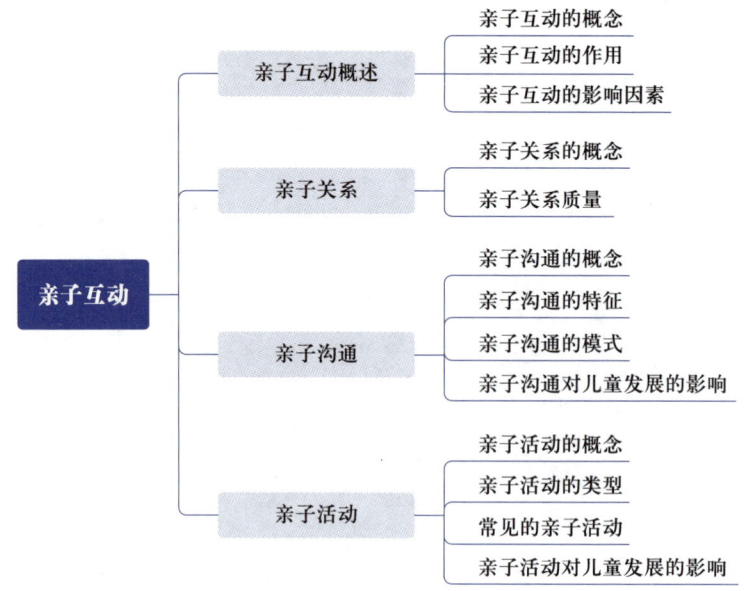

【内容导读】

以下父女之间的交流互动场景是很多传统家庭中父女沟通的缩影:养的狗丢失,父亲害怕女儿在伤痛中走不出来,选择了欺骗;父亲擅作主张帮女儿选择英语学习小组而不是女儿擅长的物理,因为学好英语有直升高中的机会……父亲根据自己的想法安排女儿的学习、生活,从来没有想过和女儿平等地沟通,理解女儿的想法。

许多家庭中都会出现父母与子女缺乏平等沟通与积极互动的情形。在亲子互动不良的家庭中,父母经常表达的是:"我是你爸/妈,你得听我的""我是为了你好,你应该按照我说的去做"。这些话语往往会阻断了亲子在语言、行为、情感上的进一步互动,甚至给孩子的成长带来了消极影响。

家庭互动是家庭教育的重要作用过程,亲子互动是父母教养认知的直接体现。本章围绕亲子互动这一主题,重点阐述与亲子互动相关的亲子关系、亲子沟通和亲子活动,以明晰亲子互动对家庭教育与儿童发展的重要影响。

第一节 亲子互动概述

亲子互动是亲子之间相互影响、相互作用的方式和过程,也是儿童成长和发展过程中最早出现和最重要的人际互动。父母与孩子之间在语言、行为、情感等多个方面的互动是孩子形成亲密的依恋关系、获得健康发展的重要途径,对儿童的认知、情绪和行为等均有重要作用。

一、亲子互动的概念

互动是指发生在人与人之间的交互作用,包括人与人之间在心理、情感、行为等各个方面的相互影响,是一个人的行为引起另一个人的行为或改变其行为和价值观的过程的总称。互动作用于产生互动行为的双方。亲子互动是指父母与子女之间通过直接或间接的接触,在心理、情感、行为等方面发生交互作用和相互影响的方式和过程。

亲子互动发生在特定的互动对象之间和特定环境中,具有互动的普遍特征。首先,亲子互动广泛存在于家庭中,是家庭内部一种最基本、最普遍的生活现象,如父母与孩子之间一句简单的对话、一次眼神的交流都属于亲子互动。其次,亲子互动是双向的、动态的,发生在父母与子女双方的来回交往间。再次,亲子互动的层次是丰富的,包括:亲子之间情绪上的互动,如子女因为完不成作业而伤心时,父母也会忧虑;理智上的互动,如父母和子女就学业计划进行一次正式的交谈;感官上的互动,如子女在和父母谈论自己的学业计划时,看到父母皱眉的表情时,会认为和父母的想法不一致而改变自己的措辞;等等。这些不同层次的互动可以同时发生,使得亲子之间的互动能够顺利进行。最后,亲子互动的表现形式是多样且多变的,如父母与子女一起吃饭、阅读、看电影,父母与子女因为看电视的时长问题发生争执等,都属于亲子互动。

此外,因为交互双方的特殊性,亲子互动还有其自身的特征。一是亲子互动具有亲情性和长期性。亲子关系是一种以亲缘关系为基础,以长期抚养与被抚养关系为载体而存在的关系,这种关系受到法律的确认和保护,不会因为外力而发生改变。这就说明亲子互动中的双方身份跟其他社会关系(如朋友关系、领导与下属的关系等)不一样,不会在互动中发生变化。二是亲子互动具有非对称性。固定的身份使得互动中的父母与子女常常处在不同的维度上思考和行动。尤其是在父母与年幼儿童的互动中,父母更多处于主导地位,指导孩子的生活,而孩子则更多地跟着父母学习,因而父母的言行一般具有控制互动方向和进程的意义;即使随着孩子年龄的增长,孩子的自我需求变高,父母也仍可能是互动中的主导力量。

拓展阅读 >>>

贝尔斯的互动过程分析

为了解析互动的具体过程与机制,捕捉面对面的直接互动,并将其分析为有用的信息,美国社会学家贝尔斯(R. F. Bales,1916—2004)于20世纪四五十年代提出了一种互动的小群体研究方法:互动过程分析。[1] 贝尔斯指出,互动可以分为

---

[1] Bales, R. F. (1950). *Interaction process analysis: A method for the study of small groups*. Addison-Wesley.

三个阶段。

第一阶段:定向。定向阶段主要解决情境辨识的问题。参与互动的成员在开始互动时首先要确认是何种情境。如在家庭中,当家庭成员们被召集在一起时,他们需要明确目的是什么,是讨论家庭中近期出现的一些争吵、冲突等严肃的问题,还是讨论即将到来的假期要在哪儿、怎样度过等轻松、愉悦的话题。

第二阶段:评价。评价阶段主要解决态度的问题。在明确了互动的情境后,成员们通常需要考虑对此时的情境持有什么态度。如在讨论彼此间争吵的问题时,自己是生气的、愤怒的,还是委屈的、难过的;自己要积极参与,还是消极应付。

第三阶段:控制。控制阶段主要解决行为选择的问题,即对此情境需要做些什么。如要积极参与,则可能在家庭会议中积极寻找出现问题的原因,提出解决问题的方案;而如果消极应付,则可能会埋头不理。

此外,这三个阶段并不是直线式发展的,某一阶段有可能会重复发生,如在控制阶段后可能会进行重新定向与评价。

总体而言,亲子互动既具有互动的普遍特征,也因为亲子关系而具有独特性。亲子互动影响着父母与子女间的关系,是家庭中影响儿童发展的重要一环。在亲子互动中,既强调亲子互动的动态性,注重父母与子女之间互动的动态过程,以及在动态过程中父母与子女间相互关系的整体运作状态;也强调亲子之间的个体影响性,注重父母与子女之间在心理、情感、行为等方面的相互影响。

二、亲子互动的作用

家庭是儿童早期生活的主要场所,家庭中亲子之间的交流与互动是促进孩子认知和心理社会能力发展的决定性因素。父母职业、受教育程度等自身因素,家庭社会经济地位、家庭环境等家庭因素,以及社区环境、社会经济发展、文化价值观等外界环境因素均是通过亲子互动作用于儿童发展的。这些影响既是即时的,也是长期的,不仅直接体现在儿童当前的适应结果上,也是儿童未来发展的预测指标。

(一)亲子互动对儿童发展产生直接的、即时的影响

亲子互动是父母与子女之间的交流和接触,尤其在儿童早期,亲子互动能够对儿童发展产生十分重要的影响。在家庭中,亲子互动能够产生即时影响。对于婴幼儿而言,亲子之间的交流保证其能获得生理需求上的满足,如当婴儿饿了时,"啊啊哦哦"的声音会吸引母亲的注意,使其及时得到母乳的喂养,婴儿的情绪也能得到及时的安抚;随着儿童年龄的增长,父母与儿童之间良好的互动有利于建立亲密的亲子关系,帮助儿童形成安全的依恋关系,减少儿童不安、焦虑的情绪。例如,当儿童遭遇情绪困扰时,良好的亲子互动能够帮助儿童及时调节情绪,避免消极情绪对学业、社交产生负面作用,而消极的、回避式的亲子互动则不利于孩子情绪问题

的解决。

除了生理、情绪等方面,亲子互动对儿童的直接影响还体现在儿童发展的其他方面。生命的最初几年是大脑快速发育的阶段,此时儿童对外界的影响非常敏感。亲子互动是影响其发展最直接和最重要的路径,父母与儿童之间积极、良好的互动是启动儿童大脑发育和终身学习的钥匙,也是促进孩子社会化和建立稳固亲子关系的重要前提,对儿童认知能力、社会性等的发展都有关键影响。

第一,良好的亲子互动能促进儿童认知能力的发展,尤其是语言能力的发展。在日常的亲子互动中,父母与儿童之间语言的、非语言的交流互动,能为儿童语言表达和语言理解的学习提供参照。尤其在 0—3 岁,儿童的大脑及神经系统发育很快,此时是语言学习的最佳时期,父母如果能根据儿童各个阶段的语言发展特点为儿童提供一个积极的且与孩子发展水平相适宜的语言环境,则会促进儿童语言能力的迅速发展。若此时父母与孩子之间没有充分的互动,儿童就可能错过语言学习的关键期,甚至出现语言发育迟缓、发音缺陷等问题。即使在低社会经济地位家庭中,只要父母与儿童能够进行积极的语言沟通,与儿童进行双向的、鼓励式的语言刺激传达,就能帮助儿童获得良好的语言发展。

第二,亲子互动可以帮助儿童习得社会生活必要的知识和技能,促进儿童社会化的发展。家庭作为个体发展历程中接受教育的第一个场所,是儿童习得人际交往能力的起点。儿童正是在与家庭成员,尤其是在与父母的互动中开始学习社会的知识与规范,学习合作、分享、遵守规则等多种交往策略和技能,并学习如何去做一个为社会所接纳的人的。具体而言,亲子互动通过两种方式直接影响儿童的社会交往能力:一种方式是,父母关心子女的社会交往,有意识地训练他们的社会交往能力,让他们参与家庭中某些事情的决策,为他们提供交往的机会;另一种方式是,因积极的亲子互动而形成的良好的亲子关系可以给子女提供安全感,这使得他们在对外交往时,能够从已有的亲密关系中获得力量,从而对社会交往更有安全感、持更积极的态度。

(二) 亲子互动对儿童发展产生长期的、深远的影响

亲子互动对儿童的影响不仅是直接的、即时的,也是长期的、深远的。例如,孩子喜欢通过哭闹表达诉求,父母为了制止孩子的哭闹,对孩子进行呵斥、责骂。从亲子互动的即时效果上看,父母达成了其互动目标。但是长远来看,孩子的情绪表达被一次次抑制,反而会使其出现社交退缩、缺乏情绪调节能力等问题。

生命早期是儿童认知、情绪和行为形成和发展的关键期,此时的亲子互动会影响其整个生命过程中的身心健康、情绪管理以及社会化目标的实现。

以儿童的社会适应为例。早期良好的亲子互动可以帮助儿童建立自尊,提升儿童的自我肯定水平,使儿童更自信、主动,更乐于分享与合作,有更高的自我效能感,同时习得与他人建立亲密关系的社会技能,使其在未来长期的人际交往中有更好的表现。

此外,儿童早期在与父母的互动中发展的认知语言能力、情绪管理和调节能

力、自我控制能力等也能有效减少儿童之后出现行为问题的可能。如一项针对英国早期父子互动与儿童发展的关系的研究结果显示,在孩子3个月大时,父亲与孩子的互动可以预测孩子1岁时的外化行为问题,父子之间疏离式的互动增加了孩子1岁时出现外化行为问题的风险。[①] 这说明,从儿童生命的早期开始,亲子间的互动就是儿童发展的一个关键影响因素,能够长期预测儿童未来的发展状况。早期针对亲子互动的干预也可以减轻低家庭社会经济地位等不良环境带来的负面影响,帮助儿童实现潜能的最佳发展,促进其语言、情感、社会性等的发展。

研究亲子互动影响儿童大脑发育的新技术：超扫描技术

总体而言,亲子互动是儿童成长经历中的重要组成部分,对儿童的发展起着重要的作用,且这种作用会持续到未来。

三、亲子互动的影响因素

亲子互动不是由父母或孩子单独塑造的,而是父母与子女动态、双向作用的过程。因此,在家庭中,儿童个体因素、父母个体因素以及家庭因素都是影响亲子互动的重要因素。

(一) 儿童个体因素

1. 儿童的性别

儿童的性别会对亲子互动产生影响。在日常生活中,受性别角色和传统文化的影响,父母与男孩和女孩的交往方式存在不同。传统观念要求男性更加独立、具有力量,而女性应更加温柔,且女性通常对建立良好人际关系的需求更高。因此,父母在与男孩和女孩交往时的语言、行为等存在差异。在语言上,父母在与女孩进行交流时,通常会以富有亲和力的、支持型的语言为主,而在与男孩进行交流时,则会使用更多鼓励自信、要求坚强的话语；在行为上,女孩的父母偏向通过一些社交性游戏来与孩子一起互动、玩耍,而男孩的父母偏向通过更活跃的、更具竞争性的竞技游戏(如跑步、打篮球)与孩子进行玩耍。

2. 儿童的气质类型

儿童的气质是表现在儿童身上的一类共同的或相似的心理活动特征的典型结合,具有相对稳定性。儿童的气质类型会通过两种方式影响亲子互动:一是儿童的气质类型塑造自己的互动行为模式,二是父母受到儿童气质类型的影响而选择互动行为。

由儿童"天生"气质带来的活动和行为模式会体现在儿童与父母的交往中,不同气质的婴儿对父母的早期教养有不同的要求和适应性,且由于互动的动态性,在亲子互动中儿童的行为与父母的行为通常是交互发生的。如困难型的婴儿,在与父母的互动

---

① Ramchandani, P. G., Domoney, J., Sethna, V., Psychogiou, L., Vlachos, H., Murray, L. (2013). Do early father-infant interactions predict the onset of externalising behaviours in young children? Findings from a longitudinal cohort study. *The Journal of Child Psychology Psychiatry, 54*(1), 56−64.

中容易表现出易烦躁、易哭闹、抵触等情绪特点,父母在面对这样的孩子时,需要处理更多棘手的问题,包括如何给儿童建立按时吃饭、睡觉的秩序,如何理解和应对儿童的哭闹等,在这个过程中,这些孩子的父母就更容易失去耐心,采取一些惩罚的、强制性的措施,而这些行为可能会促使儿童表现得更有挑衅性,父母和儿童因此被置于消极、冲突的亲子互动中。例如,有研究结果显示,婴儿时期儿童的困难气质会影响其两岁时与母亲在交往时的冲突情况。[①] 总体来说,儿童的气质作为影响其自身语言、行为等的一个"先天因素",会影响父母对其的行为表现,使其自身与父母被置于某些特定类型的亲子互动模式中。

(二) 父母个体因素

1. 父母的受教育水平

父母的受教育水平能够通过两种方式影响亲子互动:一是受教育水平高的父母更可能主动获得有关家庭教育方面的知识,在与子女的互动中,更可能以较为科学的态度与子女相处,对子女的需求也往往更敏感。

二是受教育水平高的父母更容易获得优质资源,包括经济资源、社会资源,以及各种知识和问题解决能力、言语表达技能等实用的技能资源,这些资源能帮助父母发展出更高的教养能力,从而与子女进行良好的、积极的互动。如在关于学业问题的讨论中,受教育水平高的父母因其自身丰富的学习经历,可能更了解子女当前的处境和存在的问题,在与子女沟通的过程中,会采取更加包容、接纳的方式,也能够帮助子女获得解决问题的办法,这种积极的沟通也能帮助父母将有关学业的价值观,如学业价值、教育效用等传递给子女,促进其取得良好的学业表现。

父母较高的受教育水平会使亲子互动内容更加多样,但父母受教育水平高并不绝对意味着亲子互动方式更积极。相反,有些受教育水平较高的父母会采取控制式的亲子互动方式,以要求子女服从为互动目标,这反而会对子女的发展产生不良影响。

2. 父母的人格和情绪

父母的人格和情绪会影响父母体验世界的方式,并在某种程度上影响父母的行为,包括父母与孩子的互动。在人格因素上,按照大五人格划分,外倾性的父母通常有较强的社交能力,这种能力使父母能够真正享受与儿童的互动过程,对儿童的需求和反应更敏感。宜人性的个体往往是乐于合作的、值得信任的、亲社会的,这样的父母在与儿童的互动中通常能作出灵敏的反应,表现出与儿童建立和维持亲密关系的意愿和能力。开放性的个体通常是富有想象力、创造力和探索精神的,这样的父母更愿意与儿童一起尝试新体验或探索新事物。尽责性的个体往往是负责任的、可靠的和遵守秩序的,这样的父母通常能够熟练地与儿童进行互动。这四类人格特质的父母通常能与孩子进行良好的互动。但是,需要注意的是,有时也会产生过犹不及的问题,如尽责性过高的父母可能会发现自己容易与精力充沛、充满好奇心的学步期儿童发生冲突,因

---

① Lee, C. L., & Bates, J. E. (1985). Mother-child interaction at age two years and perceived difficult temperament. *Child Development*, 56(5), 1314–1325.

为此时儿童的过多探索可能会冲击父母组织和控制的边界。与上述四类人格不同,神经质的个体往往焦虑、缺乏安全感、情绪不稳定,这样的父母通常过于关注自己的痛苦,以至于他们对孩子作出敏感反应的能力受损,无法与孩子进行良好的互动。

另一个值得关注的因素是父母的情绪。父母的积极情绪与高质量的亲子互动有关,而父母的消极情绪与低质量的亲子互动有关,如在与儿童交往的过程中,抑郁水平较高的母亲可能比抑郁水平低的母亲有更少的积极语调,在提问、解释和建议上更少,更可能忽视孩子的需求。此外,在与孩子的交流中,抑郁水平较高的母亲也更可能使用控制的手段,对孩子的暗示较少作出反应,整体呈现出更低质量的亲子互动,这可能是因为抑郁水平较高的母亲通常缺乏活力,缺少快乐的感觉,感觉生活没有希望,在与孩子的互动中也同样缺乏活力,因此没有过多的精力关注孩子的需求。

(三) 家庭因素

家庭社会经济地位是对亲子互动产生影响的重要家庭因素之一,它对亲子互动的影响表现在两个方面:

一是在亲子互动的量上。在社会经济地位较低的家庭中,父母拥有高收入、高稳定工作的可能性相对较小,父母通常忙于赚钱维持家庭生活,没有充足的时间陪伴孩子。陪伴时间不足在一定程度上会导致亲子互动的减少,父母与孩子无法进行充分的互动。

二是在亲子互动的质上。除了亲子互动的时间、频率等"量"上的缩减,在社会经济地位较低的家庭中,父母通常缺少关于教养孩子的知识与资源,在与孩子的交往中倾向于使用命令的、强制的语言或行为,无法积极回应孩子的需求。如一项针对美国中西部三年级孩子与父母互动的研究结果显示,父母的阶层不同,其与孩子互动的方式不同。[1]工人阶级的父母在社会中通常是被告知该做什么、如何做以及何时做的一方。因此,他们在与孩子的互动中倾向于认为孩子服从命令很重要,较多地采取专制的互动方式,并通过语言和行为促进孩子对自己权威的服从;而中产阶级的父母在社会生活中通常可以自己做决定,更多地进行创造性的工作,因此他们认为教育孩子成为独立思考者很重要,在与孩子的互动中倾向于使用民主的方式,鼓励孩子表达自己的想法,积极回应孩子的意见,通常与孩子有平等的、积极的互动。

第二节 亲子关系

亲子关系是父母与子女通过直接或间接的接触,相互影响、相互作用形成的一种人际关系。亲子关系是亲子互动的起点,也是亲子互动的重要体现,亲子互动的频率、内容、方式等最终都会体现在亲子关系上。因此,亲子关系是评估亲子互动的指标,有助于我们整体了解亲子互动的质量和结果。

---

[1] Shinn, L. K., & O'Brien, M. (2008). Parent-child conversational styles in middle childhood: Gender and social class differences. *Sex Roles, 59*, 61–67.

一、亲子关系的概念

亲子关系是个体一生中最重要的关系之一。有关亲子关系的定义主要有两种：一种是遗传学的定义，指亲代和子代之间的血缘关系，具体可分为父母与婚生子女的关系和父母与非婚生子女的关系；另一种是社会学的定义，主要是指通过法律、制度、地位等形成的父母子女关系，包括父母与形成抚育关系的继子女关系和养父母子女关系。这两种定义分别偏向关系的亲缘性和法律归属。

在心理学中，研究者更关注亲子关系的人际交往属性。国内外心理学研究者在探究亲子关系时，主要关注亲子依恋、亲子亲密性、亲子冲突等方面的内容，虽然目前理论界对亲子关系的定义没有统一，但研究者均强调亲子关系是父母与子女通过互动建立起的相互关系。本书中的亲子关系，主要是指建立在血缘或抚育关系及共同生活的基础之上，父母与子女之间通过相互影响、相互作用，所形成的一种自然关系和社会关系统一的人际关系。

亲子关系反映了父母与子女之间相互作用的过程和关系状态。一方面，亲子关系是亲子互动的起点，每一次亲子互动都建立在已有亲子关系的基础上，亲子关系会影响亲子双方采用的互动方式；另一方面，亲子关系也是亲子互动的终点，每一次亲子互动的结果都体现在亲子关系的改变或不改变上，例如，良好的亲子互动能够解除亲子危机，促成更积极、亲密的亲子关系，而消极的亲子互动则可能深化危机，造成亲子矛盾加深，从而使亲子关系恶化。

二、亲子关系质量

亲子关系质量是对亲子关系状态的综合评估。亲子关系质量可以从亲子依恋、亲子亲合和亲子冲突三个方面来评估。其中，亲子依恋和亲子亲合代表亲子关系和谐、积极的一面，而亲子冲突代表亲子关系不和谐、消极的一面。

(一) 亲子依恋

亲子依恋是亲子关系的一个重要指标。亲子依恋建立于儿童早期与父母的互动中，是亲子之间温暖的、亲密的、相互支持的关系表征。

1. 亲子依恋的概念

依恋行为始于婴儿期，婴儿主要通过吮吸、拥抱、抚摸、对视、微笑、哭叫等一系列行为逐渐与看护者建立起依恋关系，以满足自身的生存和成长需求。因此，依恋是指儿童与特定个体之间建立起来的持久的、强烈的和亲密的情感联结。在家庭中，父母通常是孩子最亲密的照顾者，因此亲子依恋一般是指在亲子互动过程中，儿童与父母之间建立起来的温暖和支持的关系。

弗洛伊德是最早关注依恋的心理学家，随后鲍尔比(J. Bowlby,1907—1990)于20世纪60年代开始对亲子依恋进行深入研究，并逐步建立起了依恋理论。在他的研究基础上，安斯沃斯(M. D. S. Ainsworth,1913—1999)、谢弗、哈赞等研究者也进入该领域，推动了亲子依恋测量工具的发展以及对亲子依恋本身的研究，并将亲子依恋拓展到亲密关系、压力情景、情绪调节等多个领域,深化了对依恋心理机制的研究。

> **拓展阅读** >>>

亲子依恋发展的四个阶段

作为依恋理论之父,鲍尔比指出,依恋从个体出生到死亡都起着重要作用。依恋的发生与建立有其特定的标志,其前后相继的阶段性发展过程也是儿童心理逐渐趋于成熟的过程。鲍尔比将依恋的发展划分为四个阶段,分别是:

阶段1:无差别的社会反应阶段(从出生到8—12周)。在这个阶段,婴儿掌握了一系列的信号,有人出现在婴儿的感知范围内时,婴儿出现的反应包括转向这个人、用眼神追踪、抓握和伸手、微笑和咿咿呀呀。此时的婴儿常用哭声或微笑作为影响成年人行为的信号,他们会不加区分地使用接近对方的信号,对任何对他们的信号有反应的人都很满意,且没有对特定的人表现出偏好。在这一阶段结束时,婴儿相关的认知能力得到发展,他们开始识别不同环境中的人,且更喜欢那些和他们互动一致的人。

阶段2:选择性的社会反应阶段(3—6个月)。在此阶段,婴儿会用友好的方式回应人们,但已经能够分辨与他们接触的成人,对母亲的反应会比其他人更明显。

阶段3:特定依恋阶段(6个月至两三岁)。在这个阶段,婴幼儿对待人们的方式的差异越来越大,而且反应方式有所增多,包括母亲离开时跟随她、母亲回来时迎接她,以及将母亲作为基地,从母亲那出发去探索周围世界等。与此同时,对其他人的友好、无差别的反应会减弱,对待陌生人越来越谨慎,陌生人的出现也开始激起婴幼儿的警觉和退缩。

阶段4:目标调整的参与阶段(从两三岁起)。在此阶段,幼儿越来越有能力进行有目的的行动、语言的交往和作出适宜的反应,已经拥有根据目标进行校正的行为系统。随着幼儿年龄的增长和社交能力的提高,他们越来越主动地进行各种接触,开始理解依恋对象的目的、情感和特点,并据此调整自己的行为。他们也能容忍与依恋对象之间距离的变大,并越来越善于与同伴进行交往。

2. 亲子依恋的内部工作模式

为了研究亲子依恋内部的机制,鲍尔比最早提出了亲子依恋的内部工作模式,并用其来阐释亲子依恋的形成机制及其对人们认知、情感、行为的影响。

内部工作模式产生于儿童早期与父母的互动过程中,是指儿童通过观察父母对自己的反应与互动特征,评估自己的被接纳程度,并形成一种关于自我、父母及亲子关系的心理表征或内在运作模式。内部工作模式取决于儿童在寻求帮助时父母的可及性、敏感性和反应性,如果父母能够在儿童求助时作出快速的、适当的反应,在反复的依恋互动过程中儿童会逐渐形成相对稳定的、积极的心理表征,反之则可能形成消极的心理表征。这些心理表征包括个体对依恋对象反应和倾向的表征判断(即关于他人的工作模型)和对自身价值与能力的表征判断(即关于自我的工作模型)两部分,并分别包括积极和消极两个维度,这二者共同构成了个体看待外界和自己的方式,帮助个体组织信息或过滤信息,从而解释事件并对人类关系的特征有了期望。

内部工作模式代表个体对自身是否值得被爱以及他人是否值得信赖的基本观点,反映个体稳定的认知与情感结构,影响个体的社会适应和情绪调节能力,指导个体在日常人际情境中的行为,以及对未来人际关系的加工与处理,从而对个体的发展产生持续的影响。

3. 亲子依恋的类型

在日常的亲子互动中,由于父母与孩子有各自的内部工作模式,他们在互动情境中的行为也存在特定的模式,长此以往,父母与孩子之间会形成一些特有的、固定的互动方式,从而建立起不同类型的亲子依恋。

安斯沃斯是最早评估亲子依恋类型的学者。1969 年,安斯沃斯和其同事通过陌生情境法将亲子依恋分为安全型、不安全型依恋 – 回避型和不安全型依恋 – 矛盾型三种。其中安全型依恋的儿童在人际交往中表现出舒适、安全的总体特征,在陌生情境中,他们能在母亲附近愉快地游戏,自信地探索环境,在母亲离开时虽然会显得忧伤,但在母亲回来后能主动寻求母亲的亲近、安慰和接触,然后又慢慢地放松、愉快地游戏。回避型依恋的儿童的人际关系倾向于冷淡、疏远,他们相对忽视母亲的在场,对母亲的暂时离开表现得漠不关心,在母亲返回后会主动躲开或忽视母亲。矛盾型依恋的儿童表现出相互矛盾的依恋行为,他们在陌生情境中显得困惑和谨慎,不能很好地适应陌生情境,在母亲离开时会变得极为不安和焦虑,在母亲返回后也不能安静下来,对母亲表现出生气和拒绝,但同时又表现出想要与母亲接触的需要。

建立在陌生情境实验基础上的依恋类型,能有效预测儿童在未来许多情境中的行为。例如,15 个月时在陌生情境实验中表现出不同依恋行为的儿童,到 8—9 岁时在学校的行为有很大差异;在 15 个月时表现出安全型依恋的儿童比不安全型依恋的儿童在学校里更受欢迎,更少经历社会性焦虑。[①]

此后,有研究者在上述划分的基础上提出了一种新的依恋类型,即混乱型依恋,这种依恋类型的儿童缺乏对待陌生情境的一致策略,行为的组织性很差,过于任性,同时也表现出对父母和非陌生人的谨慎。仅有少数儿童属于这种依恋类型。需要注意的是,虽然依恋类型可以有效预测儿童在许多情境中的行为,但依恋的分类不能绝对化。首先,我们必须从儿童行为的系统特征而非以单一的测量标准判断依恋的类型,同一个儿童可能同时表现出抗拒分离与回避亲近两种反应,因而依恋的划分并

---

① 谢弗,基普.(2009).发展心理学:儿童与青少年(第 8 版)(邹泓 等译).北京:中国轻工业出版社.

是绝对的,各类型间存在"混合型"或"过渡型"依恋。其次,外在行为的影响因素多种多样,且外在行为因特定情境变化而有所不同,因此仅从外在行为特征确定依恋类型不够科学。最后,依恋类型也会随儿童生活环境的变化而变化。

拓展阅读

亲子依恋的经典测量方法——陌生情境法

陌生情境法是安斯沃斯与她的合作者设计的一项用来评估12—18个月婴儿的亲子依恋的标准化实验室程序,在过去几十年中被不同国家的研究者广泛应用。

陌生情境测验在一个实验室中进行,一共有三位参与者,分别是母亲、陌生人和婴儿,研究者可以通过单向镜观察实验室内的情况。陌生情境测验共包含8个有顺序的场景:母亲与婴儿自由游戏(场景1、2),陌生人与婴儿自由游戏(场景3、7),婴儿与母亲分离(场景4、6),婴儿与母亲重聚(场景5、8)(如表6-1所示)。研究者对整个场景进行录像,并使用四个7点量表评价婴儿的寻求亲近和接触行为(proximity and contact-seeking behavior)、维持接触行为(contact-maintaining behavior)、反抗行为(resistant behavior)和回避行为(avoidant behavior)。根据婴儿在两个重聚场景中指向母亲的行为模式,安斯沃斯等人将依恋划分为安全型、回避型和矛盾型三种。

表6-1 陌生情境测验中的8个场景

场景序号	场景持续时间	场景事件
1	30秒	主试带领母亲和婴儿进入实验室,然后离开
2	3分钟	母亲在一旁看着婴儿玩耍
3	3分钟	陌生人进入实验室,第一分钟,保持沉默;第二分钟,和母亲交流;第三分钟,尝试接近婴儿
4	3分钟	母亲离开实验室,此时如果婴儿感到不安,陌生人会给予婴儿一些安慰
5	3分钟	母亲返回实验室,和婴儿打招呼,如果婴儿感到不安,母亲给予安慰,使婴儿能够再次安心玩耍;陌生人离开实验室
6	3分钟	母亲再次离开实验室
7	3分钟	陌生人进入实验室并给予婴儿安慰
8	3分钟	母亲返回实验室,和婴儿打招呼,如果婴儿感到不安,母亲给予安慰;陌生人离开实验室

(注:若婴儿在实验中极度不安,分离场景和重聚场景的时间相应缩短和延长。)

4. 亲子依恋对儿童发展的影响

根据依恋的内部工作模式理论,儿童在与父母的交往过程中形成的工作模式会影响儿童看待世界的方式,决定儿童自我概念发展的性质,并影响其情绪调节能力、人际关系及心理健康等。

首先,亲子依恋会影响儿童情绪调节能力的发展。依恋理论认为,当儿童向父母发出信号时,父母对信号的反应会决定儿童的情绪状态,因此儿童的情绪调节反映在依恋模式中;儿童会将在亲子依恋中习得的情绪调节方式固化进自身的内部工作模式,这会对其未来的情绪调节能力产生持续且久远的影响。具体而言,安全型依恋的儿童通常对自身和他人都有积极的评价,焦虑感和回避性比较低,能够与他人形成亲密和相互依恋的关系,此类儿童会认为自己在需要帮助时能够得到外界的积极回应,这有助于其发展出有效的情绪调节策略,并学会灵活地使用这些策略来调节自己的情绪。相比之下,不安全型依恋的儿童通常对自身或外界的评价更消极,他们会认为自己缺乏依恋对象的支持,在出现情绪问题时,可能会放大负面情绪,依赖抑制性的策略来调节情绪,而这不利于儿童情绪调节能力的发展。

其次,亲子依恋会影响儿童的人际关系发展,包括儿童的同伴关系、师生关系以及其他亲密关系。儿童早期是个体社会性发展的敏感期,在这一时期,儿童最主要的社交来自与父母的互动,在这些亲子互动中形成的亲子依恋关系及其内部工作模式会影响儿童的社会性模式,从而影响儿童与他人交往的方式。具体而言,安全型依恋的儿童在社交情境中积极的、利他的行为比较多,有更强的人际吸引力,能够较为轻松地与他人建立健康的、良好的关系;而不安全型依恋的儿童更可能对同伴做出消极的、攻击的行为,这可能会导致其出现人际交往障碍。

最后,亲子依恋会影响儿童的心理健康。鲍尔比认为,儿童心理健康的关键是与母亲建立一种温暖、亲密、稳定的关系,在这种关系中儿童既获得了满足,也感到愉悦。安全型依恋的儿童与父母建立了温暖、亲密、稳定的关系,心理需求得到了满足,自身感到愉悦,更少出现焦虑、抑郁等症状;而不安全型依恋的儿童自我肯定水平低,出现焦虑、抑郁、自杀行为、药物滥用和犯罪等不良适应问题的可能性更高。

此外,需要注意的是,亲子依恋对儿童的影响深远且持久,童年形成的依恋关系不仅影响儿童早期的社会性发展,还会影响其青少年期、成年期等各个阶段良好人际关系的建立以及身心健康发展。

学习活动 >>>

留守儿童是指父母双方外出务工或一方外出务工且另一方无监护能力、不满十六周岁的未成年人。这些孩子的父母双方均无法正常履行陪伴、教养孩子的职责。很多父母为生活所迫,在孩子还十分年幼时便离家务工,尚在牙牙学语中的孩子只能与祖辈一起生活。由于长期的亲子分离,留守儿童无法得到父母及时的关心、教育和监管,这对儿童的身心发展极为不利。

针对这一现实情况,就以下问题展开小组讨论:

1. 亲子之间的分离对留守儿童的亲子依恋存在哪些影响？
2. 结合亲子依恋对儿童发展的影响，谈一谈留守儿童成长中可能出现的问题。
3. 搜索相关资料，从亲子依恋的角度讨论如何促进留守儿童安全型亲子依恋的形成。

（二）亲子亲合

亲子亲合是体现亲子关系亲密性的另一个重要指标，对儿童的发展起着稳定的保护作用。

1. 亲子亲合的概念

亲子亲合主要指父母与子女间亲密的、温暖的情感联结，这种亲密的情感联结既表现在父母与子女积极的、良性的互动行为中，又表现在父母与子女在心理上对彼此依赖的亲密感受中。亲子亲合通常被看作衡量亲子关系的关键指标，也是儿童发展的保护性因素。亲子亲合水平越高，亲子关系质量越好。

2. 亲子亲合对儿童发展的影响

亲子亲合不仅是儿童发展的基础条件，也是儿童适应行为的重要保护因子。亲子亲合对儿童的影响主要包括几个方面：

首先，亲子亲合能影响儿童同伴关系、师生关系以及其他亲密关系等多种人际关系的建立与维护。亲子亲合表现在父母与儿童日常积极主动的互动中，在这些互动中，一方面，儿童会学习父母的行为，并逐渐将其内化为自身的人际交往技能；另一方面，父母也会对儿童的人际交往技能、行为进行指导和示范。高亲子亲合的儿童一般具有良好的情绪控制和调节能力，能做出更符合社会要求的行为，从而能与他人建立良好的人际关系。而低亲子亲合的儿童本身不能建立和父母之间的亲密关系，也无法从父母那里习得良好的交往技能，通常在人际交往中容易出现各种问题。

其次，亲子亲合会影响儿童的心理健康。良好的亲子亲合能够对儿童的心理健康起到保护作用。一方面，亲子亲合能够直接促进儿童的心理健康。如高亲子亲合说明父母与子女之间形成了亲密、温暖的情感联结，儿童能够感受到父母对自己的爱和关注，能够接受父母的教育和指导，并进行内化，这些为儿童提供了充足的应对资源，儿童的心理需求得到满足，这样的儿童有更高的心理健康水平；另一方面，亲子亲合也能够缓冲儿童成长过程中风险因素的负面作用。如一项对学前流动儿童问题行为的研究发现，高亲子亲合能够缓解班级中师生冲突对流动儿童内向问题行为（如容易哭）的消极作用。[①]

最后，亲子亲合会影响儿童的社会适应。社会适应是个体在与社会环境（如学校环境）相互作用的过程中对外调节和对内控制的能力。影响儿童社会适应性发展的

---

① 李燕芳，刘丽君，吕莹，骆方，王耘.(2015). 人际关系状况与学龄前流动儿童的问题行为. 心理学报，47(7), 914–927.

最重要的家庭因素是亲子关系的质量。亲子亲合是亲子关系质量的重要衡量指标，良好的亲子亲合可以促进个体形成良好的适应行为，提高个体的社会适应能力。亲子亲合作为影响儿童发展的家庭微系统的重要组成部分，会通过儿童的内部自我系统影响自身的行为系统，高亲子亲合的儿童在亲子互动中能够体会到父母的爱和支持，爱和关系的需求能够得到满足，这可以帮助儿童更好地适应社会生活，保持情绪上的稳定，减少问题行为发生的可能性，获得良好的情感体验和社会适应。[①]

（三）亲子冲突

亲子之间既存在积极的、支持性的互动，也存在消极的、对抗性的互动，亲子依恋和亲子亲合体现的是亲子关系的亲密性和依赖性，是亲子之间积极、友好的互动。亲子冲突则是亲子关系中冲突性的体现，是亲子关系的消极方面。但亲子冲突并不完全意味着亲子关系的恶化或不良，对亲子冲突的管理也是促进亲子关系积极发展的契机。

1. 亲子冲突的概念

亲子冲突是家庭中的一种常见现象。心理学界对亲子冲突的研究源于20世纪60年代，最初有研究者从人际冲突的角度提出亲子冲突，认为亲子冲突是亲子双方目标的对立和不一致。此界定是从理论上对冲突进行描述，过于宽泛，无法作为衡量亲子冲突的具体指标。20世纪70年代，研究者从社会化的角度进一步界定亲子冲突，认为亲子冲突是指孩子对父母干涉行为的反抗和不顺从，该概念注意到了父母的教养作用，简化了对亲子冲突的操作性定义，但忽略了孩子在冲突中受到的影响。20世纪80年代，研究者从关系的角度出发，认为亲子冲突是亲子双方对立性的互动，是一个双向的过程，此概念强调了亲子双方在亲子冲突中的相互作用，当前关于亲子冲突的研究也多从此概念发展而来。因此，本书中的亲子冲突延续了亲子双方在互动中的双向作用这一内涵，是指父母与子女在交往过程中因认知、行为、情感、态度等方面不一致，而产生的心理上或行为上的对抗状态。

2. 亲子冲突的特征

亲子冲突的特征可以从量和质两个方面来分析。

亲子冲突量的特征主要是指亲子冲突的内容、频率、强度以及亲子冲突的形式、发起者等。首先，由于文化背景和儿童所处发展阶段不同，亲子冲突的内容存在差异。如在我国当前的社会背景下，对于孩子面临中高考的家庭而言，冲突发生的领域更可能集中在诸如考学、求职等重大选择等方面，而对于孩子正处于儿童期的家庭来说，冲突可能集中在家务、日常学习、吃饭、穿衣等生活琐事上。其次，亲子冲突的频率和强度存在差异。亲子冲突的频率和强度在一定程度上反映了亲子关系的质量。亲子冲突发生的频率大，程度激烈，亲子之间就很难形成亲密的关系。再次，亲子冲突主要包括言语冲突、情绪冲突和身体冲突三种形式，在家庭中，通常言语冲突和情绪冲

[①] 曾练平，姚良莎，陈思洁，佘爱，兰文杰，赵守盈.(2021).亲子亲合对青少年学校适应的影响：一个有调节的中介模型.*西南大学学报(自然科学版)*，43(6)，153-161.

突发生得较多,身体冲突发生得较少。最后,亲子冲突的发起者也有所不同。在一个家庭中,母亲因为更多地参与子女的日常生活管理,所以往往是与日常生活管理相关的亲子冲突的发起者;而父亲往往更愿意参与子女的重大选择,因此在这些方面,父亲更有可能是冲突的发起者。

亲子冲突质的特征主要是指亲子冲突发生的内在机制、过程以及亲子冲突的发展趋势等。[1]

首先,关于亲子冲突发生的内在机制。家庭功能系统说认为亲子冲突是亲子间由生活中特定事件促发导致家庭功能系统紊乱的表现。亲子冲突产生的一个重要方面是父母和儿童在互动中表现出不同情绪,并在这些情绪之间灵活转换,亲子之间不同情绪的转换通常会通过冲突的方式进行。因此,亲子冲突作为亲子之间互动的一种方式,会导致家庭功能系统的紊乱,尤其是破坏性的亲子冲突会阻碍亲子之间的正常交往,但建设性的亲子冲突能够重塑亲子间的关系,使家庭功能得到修复。

其次,关于亲子冲突发生的过程。有研究者提出亲子冲突的五阶段理论,认为一个完整的冲突可以划分为以下五个阶段:阶段 0 是争吵事件,主要表现为由事件引起的行为、要求以及争吵;阶段 1 是对立的开始,这意味着冲突的开始,通常表现为单方对立开始出现;阶段 2 是相互对立,主要表现为以行为反抗对方,此时对立是相互的,可能会出现单方行为的妥协以使冲突消失,或者双方持续对立;阶段 3 是使用不同的对立策略,此时双方会继续尝试其他对立策略,这也将决定冲突最终的发展方向;阶段 4 是冲突结束,此时冲突终止,这可能是因为冲突问题的解决,也可能是因为单方退出了冲突。[2]

最后,关于亲子冲突的发展趋势,大多数研究者倾向于使用倒 U 型曲线来描述。随着子女的成长,家庭中的亲子冲突可能在子女青春期早期时开始增加,并逐渐到达顶峰,在青春期晚期开始下降。

3. 亲子冲突对儿童发展的影响

亲子冲突作为亲子间不一致的一种表达方式,对儿童的发展存在明显的消极作用,但在特定情况下也发挥积极作用。

(1) 亲子冲突的消极作用

根据弗雷德里克森(B. Fredrickson,1964—)的观点,当个体体验到情境威胁时,消极情绪会窄化个体的认知加工与行为反应能力。亲子冲突可以看作家庭中的一个压力源,长期暴露在亲子冲突中的儿童可能会形成消极认知-消极情绪的联结,从而出现低自我认知和高消极情绪,心理健康水平和幸福感降低。此外,在亲子冲突中,儿童既难以满足父母的要求,自身的心理需求也难以得到满足,因此,亲子冲突是阻

---

[1] 宋广文,何文广.(2011).青少年亲子冲突研究的现状与展望.南京师大学报(社会科学版), 4, 105–110.

[2] Shantz, C. U. (1987). Conflicts between children. *Child development, 58*(2), 283–305.

碍儿童发展的一个重要原因。

第一,亲子冲突损害儿童的心理健康。这可能是因为,生活意义感和希望是个体行为最基础的情感动力,而频繁的、激烈的亲子冲突会破坏儿童的生活意义感和希望,影响其对家庭功能的期望。因此,在紧张的亲子关系中,儿童与父母间的亲密感降低,儿童对家庭功能形成消极的感知觉,如感到父母对自己缺少关爱和支持,家庭成员之间不能互相帮助、互相体谅,自己与父母无法进行沟通等,这些会使儿童产生无助感,从而出现焦虑、抑郁等心理健康问题。此外,以往研究结果显示,频繁而强烈的亲子冲突往往伴随着儿童问题行为的出现。因此,亲子冲突常常被看作儿童心理健康发展的不良影响因素。

第二,亲子冲突影响儿童的社会适应。社会适应是个体生存和发展的核心问题。频繁的、激烈的亲子冲突可以看作一种持续的应激源,这种长期的、持续的压力会使儿童产生消极情绪,从而对学习、人际交往等缺乏兴趣。另外,儿童在亲子冲突中学习的交往策略通常会被迁移到其他人际交往的情境中,而这些交往技能往往是无效的,这一方面会干扰儿童习得健康的、积极的交往能力和技能,另一方面也会使儿童更易与他人发生冲突,获得消极的人际交往体验,从而影响儿童的社会适应。高水平的亲子冲突一般与儿童较低水平的亲社会行为以及较高水平的反社会行为相关。亲子冲突因父母与儿童在意愿、想法、行为等方面的不一致而产生,这种不一致会影响儿童对父母要求的适应或父母对儿童要求的适应,不管是哪一种情况,持续的不一致都会影响儿童社会适应能力的发展。

(2) 亲子冲突的积极作用

虽然亲子冲突对儿童的发展具有一定的阻碍作用,但在某些情况下,亲子冲突具有一定的积极作用。

儿童社会化过程的冲突理论认为,儿童从一出生就不是被动地接受外界影响,而是有自己的欲望和需求,并在这种欲望和需求的推动下,选择自己特定的行为方式。这就导致儿童的原始愿望常常与父母和社会的期望不一致,或存在冲突。因此,父母的任务就是帮助孩子发展抑制原始冲动的能力,培养孩子符合社会规范的行为。从这个角度看,亲子之间的矛盾不断被解决的过程就是儿童不断发展的过程。这种建设性的发展过程最有可能发生在以温暖、亲密为特征的亲子关系下的冲突中,在这种亲子冲突中,儿童可能会提出一些重要的发展性问题(如需要更多的自主权等),如果这些问题能够很好地解决,反而会加强亲子之间的联系,推动儿童的发展。

此外,有研究者提出了一种关于亲子冲突的适应性意义的解释[1]:冲突通过个体内部心理活动过程及个体间的互动过程促进个体对发展变化的适应。在个体心理水平上,冲突可以增强个体的自主性。如频繁的争吵及坚实的情感依恋基础

---

[1] Holmbeck, G. N., & Hill, J. P. (1991). Conflictive engagement, positive affect, and menarche in families with seventh-grade girls. *Child Development, 62*(5), 1030–1048.

促使儿童与父母通过协商的方式来解决问题;其间,儿童会逐渐放弃对父母的依赖,自主性会得到发展。此外,亲子冲突有着重要的信号功能,提示父母、儿童对自我概念的期望开始发生变化,儿童需要更多的探索行为和自主行为,此时,父母若能够意识到儿童的需求,并与儿童使用协商的方法处理冲突,则会促进儿童自主性的发展。

总体而言,亲子冲突会给儿童发展带来一定的影响,然而亲子冲突并不是必然会破坏亲子关系,也可能促进儿童自主性的发展,给家庭带来一定的积极影响。这需要父母在面对亲子冲突时选择恰当的应对策略。

4. 亲子冲突的应对方式

亲子冲突是对亲子关系健康程度的检测,既有可能削弱也有可能增强冲突双方之间的关系。在家庭中,冲突一旦被公开表达,并作为一种自然现象被接受和处理,其对孩子的影响就远没有大多数父母想象的那么糟糕。在这些家庭中,孩子至少有机会经历冲突,学会如何应对,为以后解决生活中遇到的冲突做好准备。但前提是家庭中的亲子冲突能够得到积极的解决。

如何解决冲突,是亲子冲突研究的核心,它决定了亲子冲突是破坏性的还是建设性的。亲子冲突的管理是对冲突从发起到结束的解决过程的管理,冲突双方在冲突过程中使用的策略为冲突管理策略。

冲突管理策略一般分为以下五种类型:(1)问题解决型,即亲子之间在面对冲突时会积极寻求解决方案,并采取一些双方都能接受的解决策略;(2)对抗、攻击型,这一冲突处理策略指在面对亲子冲突时,父母与子女会直接进行对抗,攻击对方,希望对方能够屈服或妥协;(3)退缩、逃避、屈服型,这种策略是指父母或子女迫于对方的压力,同意对方的要求,或通过逃避的办法解决冲突;(4)搁置、不理会型,在这种策略下,父母与子女双方会选择坚持自己的观点,我行我素,不理会对方,好像冲突没有发生过;(5)第三方介入,这种策略一般涉及与亲子冲突双方无关的第三人的介入,通过第三人的调节解决冲突。

从结果上进行区分,有利于冲突的解决、对于良好亲子关系的建立以及儿童个性发展有利的冲突管理策略为积极冲突管理策略;而不利于冲突解决、可能带来更多冲突行为,对父母与子女双方都有消极影响的冲突管理策略为消极冲突管理策略。

不同的冲突管理策略适用于不同的场合,也可能带来不同的结果。如何更好地干预和处理亲子冲突需要更多理论与实证研究,也需要亲子双方的不断磨合。总而言之,亲子冲突的解决对儿童的发展有重要意义。如果亲子冲突能够顺利解决,儿童对自主权的需求就不仅可以得到满足,家庭成员之间的联系也会更加紧密;如果亲子冲突不能妥善解决,冲突就会升级并且一直持续下去,形成恶性循环,从而破坏家庭关系,不利于儿童身心健康发展。

拓展阅读

亲子冲突的解决——"没有输家"的方法

在日常生活中,在父母与孩子发生冲突时,专制的父母会强势介入,获得对事情的控制权,对孩子施加权威,这种方法通常是以牺牲孩子的利益为代价的;宽容的父母通常会退让,让孩子获得胜利。不管是哪种方法,最终都会出现一种"输-赢"的博弈结果。是否有更好的方式能让父母与子女双赢呢?

戈登(T. Gordon,1918—2002)针对亲子冲突提出了一种"没有输家"的冲突解决方法。这种方法是指,当父母与孩子面临一个需求冲突的情况时,父母请孩子一起来寻找某种能令双方都接受的解决方案。在这个过程中,亲子关系的双方都可以提供方案,双方会对这些方案进行仔细的评价,并最终确定一个双方都可以接受的解决方案。在选定解决方案后,一方不需要再去说服另一方接受,也没有人对这个决定持有异议,这种方法不需要使用任何权力来迫使对方服从。

"没有输家"的方法包含六个步骤。

步骤1:描述问题。

步骤2:产生可能的解决方案。

步骤3:评估可能的解决方案。

步骤4:决定最佳的解决方案。

步骤5:执行最佳的解决方案。

步骤6:对执行结果进行后续评估。

我们以在家庭中经常出现的"做作业"问题为例,进行如下具体解释:

晚上放学回来后,然然第一时间打开了电视,妈妈看到后有些生气,但还是选择心平气和地和然然进行沟通。

妈妈:然然,为什么放学后先看电视,不写作业?

然然:妈妈,我就是不想写作业。

妈妈:为什么不想写作业呢? 能和我说说吗?

然然:嗯……我觉得作业很难,而且自己坐在那儿写作业很无趣。

妈妈:你看这样好不好,我们现在先去写作业,我和你一起,我们在一小时内完成它。

然然:真的可以完成吗? 我想看一会电视再去写。

妈妈:我们先试一试,我陪你一起写。如果可以达成目标,写完作业后,妈妈奖励你看电视,而且写完作业再玩也会更开心。

然然:那……好吧,我们一起去吧。

最后,妈妈陪然然一起写作业,然然不到一小时就完成了作业。

在看到孩子没有写作业而是在看电视时,妈妈没有直接指责孩子,而是询问孩子为什么没有写作业。通过沟通，妈妈了解了然然的想法，二人又通过商量的方式确定了解决办法，最后然然高效地完成了作业。

亲子冲突是家庭中经常出现的情形，"没有输家"的方法可以使争执的问题得到很好的解决，这不仅有利于解决父母与子女当前的冲突，也为孩子与他人建立良好的人际关系，处理人际关系中的问题提供了一个很好的参照。

第三节　亲子沟通

个体要实现互动、建立关系，首先必须进行信息、观点等的传达与交换，这就是沟通。沟通是社会关系的引擎，是互动的起点、前提与必要条件。亲子沟通是亲子互动的重要渠道，也是亲子互动的内在运行机制。

一、亲子沟通的概念

沟通有狭义和广义之分。狭义的沟通是指以符号、记号为媒介实现的社会行为的交互作用，是人们在互动过程中通过某种途径或方式将信息传递给接受信息的人。广义的沟通则是指人类的整体社会互动过程，在这一过程中人们不仅交换观念、思想、知识、情绪等信息，也交换相互作用的个体的全部社会行为。本书沿用广义的沟通概念，将亲子沟通定义为：父母与孩子通过信息、观点、情感或态度的交流，以实现情感联系或解决问题等目的的过程。

二、亲子沟通的特征

亲子沟通的特征体现在沟通的量和质两个方面。

亲子沟通量的特征主要体现在沟通的内容、频率、主动性等维度上。沟通内容是指父母与子女沟通中涉及的话题，如学习情况、与朋友相处的情况、课外活动等。在我国，父母与孩子的沟通多集中于学业、生活技能、行为规范、兴趣爱好等话题，而较少涉及生理发育、性等较为隐私的话题。沟通频率体现为一段时间内，父母与子女沟通的次数。沟通的发起者反映了哪一方在沟通中更主动，即沟通的主动性。在亲子沟通的主动性上，家庭中的女性成员比男性成员更主动，母亲通常更多地成为交谈的发起者。这些不同的维度能帮助我们了解家庭中亲子沟通的状况，从而深入探究亲子沟通的相关问题。

亲子沟通也存在质上的差异。具体而言，亲子沟通作为亲子互动过程的重要组成部分，其质量存在高低之分。在高质量的亲子沟通中，父母和孩子有良好的倾听习惯，能够自由表达，相互支持和信任，父母信任孩子，尊重孩子的观点，理解孩子的情绪，孩子也能理解父母的观点，二者协商，参与决策过程，并为对方提供及时的反馈。而在低质量的亲子沟通中，父母与孩子互相不信任，缺乏情感支持，沟通中可能包含着指责、埋怨等,双方对沟通的接受度和满意度都比较低,在极端的情况下,在沟通中还可能出现争吵。

三、亲子沟通的模式

在家庭中,父母与儿童双方的沟通行为可能表现出稳定的特征,从而形成特有的亲子沟通的模式。

不同的研究者从不同角度对亲子沟通模式进行了研究。比如,在西方,麦克劳德(J. M. Mcleod,1962—)等人从关系定向和概念定向两个维度,对家庭内的沟通行为进行分类;里奇(L. D. Ritchie)等人对上述两个维度进行修订,用对话定向和服从定向来描述亲子沟通的模式,其中对话定向指父母是否鼓励儿童自由表达观点,而服从定向则强调是否要求儿童对父母服从;奥尔森(D. H. Olson,1949—)以其家庭功能理论为基础,从亲子沟通的开放程度出发,提出从"开放的沟通"和"有问题的沟通"两个维度描述亲子沟通的模式。开放的沟通是指父母与孩子开放、坦诚地交流自己的想法和感受,并倾听彼此的观点;有问题的沟通是指父母与孩子不会坦诚地向对方表露自己的真实想法和感受,不愿意与对方交流,当对方试图与自己沟通时,以沉默的方式对待对方。

在我国,池丽萍以系统论为基础,从元素、关系和系统三个层面出发,提出亲子沟通的三层次模型。[①]元素层面主要关注父母和子女的沟通能力,涉及表达能力和倾听能力两类;关系层面考察不同沟通关系中亲子沟通的质量,可以区分为解决具体问题和增进亲子关系两类不同的沟通主题;系统层面主要关注父子沟通和母子沟通的平衡性或一致性,包括平衡性和一致性两个维度,平衡性指在亲子沟通中父亲和母亲各自所处地位或重要程度是否相近,一致性指在和儿童沟通过程中父母观点、要求、期望等的一致程度。

亲子沟通的三层次模型假定亲子沟通是一个系统,强调了沟通双向性的本质,既同时考察了父母和儿童两个沟通主体的沟通能力,也关注了各主体沟通能力中主动表达和倾听、理解的双向性,且同时考虑了元素、关系和系统三个层面上亲子沟通的状态,这有利于我们对亲子沟通的模式进行详细探究。

总的来说,亲子沟通的模式从沟通的过程、目的以及结果等多个角度对家庭中的沟通进行了划分,这有利于亲子沟通模式量表的编制,能帮助我们从量化的角度探究家庭中亲子沟通的质量,从而促进对亲子互动的考察。

四、亲子沟通对儿童发展的影响

亲子沟通是家庭系统中成员间相互交换信息的过程,可以说每时每刻都在发生,具有高度的日常化特征。高质量的亲子沟通有利于儿童的成长与发展,主要表现在影响儿童的学业成就、情绪发展、行为发展和社会适应等方面。

[①] 池丽萍.(2011).亲子沟通的三层次模型:理论、工具及在小学生中的应用.心理发展与教育,27(2),140-150.

(一)亲子沟通影响儿童的学业成绩

在我国,学业一直是亲子沟通的中心话题。在家庭中,父母和儿童之间就学习成绩、学习习惯、学习方法、学习态度等的高质量沟通通常能够提升儿童的学业成就,也可以有效改善儿童的学业不良。因为良好的亲子沟通有助于儿童减少消极学业情绪,增加积极学业情绪。此外,亲子沟通越好,儿童在校迟到早退的现象越少,师生关系也越好,儿童对未来的预期和信心也越高,这些都有利于其取得良好的学业成就。以往有研究者发现,学优生的亲子学业沟通更加积极,而学困生的亲子沟通、模式通常比较僵化、简单。[1]

(二)亲子沟通影响儿童的情绪发展

良好的亲子沟通能帮助亲子双方了解彼此的需求,理解、接纳、支持彼此,这能够有效促进儿童基本心理需要的满足,提升儿童的主观幸福感。而不良的亲子沟通阻碍儿童对父母的爱和支持的感知,易给儿童带来孤独感,造成儿童的社交回避,甚至引发儿童的焦虑、抑郁等心理健康问题。

(三)亲子沟通影响儿童的行为发展

儿童的行为问题与不良亲子沟通密切相关。资源交换论认为,沟通类似于资源的交换。如果父母采取不当的沟通方式,如大吼大叫、滥用惩罚,就会导致儿童以消极方式应对父母的沟通,从而形成不良的亲子关系,导致儿童产生行为问题。而良好的亲子沟通,尤其是母子沟通能减少儿童的行为问题,如网络成瘾问题等。

(四)亲子沟通影响儿童的社会适应

亲子沟通还可能影响儿童人际交往能力的发展,进而影响其社会适应。良好的亲子沟通可以增强家庭成员之间的凝聚力和适应性,帮助儿童学习良好的沟通技能,体察家庭其他成员的思想和情感,从而提升其沟通、观点采择和共情等多种能力。当儿童离开家庭建立其他人际关系时,从亲子沟通中获得的沟通能力、观点采择能力和共情能力能够帮助其在建立关系中对他人展现出更多的关心,做出更多积极友好的行为,从而建立良好的人际关系和获得更多的社会支持。

总体来说,高质量的亲子沟通是家庭亲密度和适应性的重要促进和维持因素,能使亲子之间形成高质量的互动,帮助儿童更好地成长与发展。

父母与孩子有效沟通的要素

> 学习活动

丽丽是一名初中二年级的学生,学习成绩一直比较优异,是亲戚眼中"别人家的孩子"。然而,最近丽丽的妈妈有些苦恼,觉得女儿和自己"不亲"了。以前

---

[1] 池丽萍,俞国良.(2012).不同学业成绩儿童的亲子沟通比较.心理科学, 5, 1091–1095.

放学后,妈妈都会和丽丽聊一聊当天的学习情况,比如上课状态、小测验成绩、学习收获等,有时候丽丽还会主动跟妈妈聊一聊在学校的生活,但是丽丽妈妈并不是很感兴趣,所以回应得也不多。但在丽丽升初中后,这种母女聊天的情况越来越少。升初二后,丽丽妈妈更是觉得女儿有些避着自己,出于对孩子日常学习情况的担心,她问了几次,但丽丽说两句就不想说了。上周五,丽丽回家直接进了自己的房间并关上了房门,妈妈为此还和丽丽吵了一架。

结合案例,分析以下问题:
1. 丽丽避着妈妈的原因可能有哪些?
2. 在这种情况下,丽丽妈妈可以怎样与丽丽沟通?
3. 结合本节的学习内容,谈一谈父母与青春期孩子沟通的有效方法。

第四节　亲子活动

亲子活动是家庭中父母与子女共同参与的活动。在亲子活动中,家庭成员之间会就一个共同的目标进行频繁且密切的言语沟通、情感交流、表情动作交互。亲子活动是家庭互动中较为普遍的一种形式,也是亲子互动的重要载体。亲子活动能够增加亲子间的互动,增进亲子间的亲密关系,促进家庭功能的完善和儿童早期的全面发展。

一、亲子活动的概念

活动意指个体或集体为达到某种目的而采取的行动。亲子活动是指以亲缘关系为基础,以亲子共育、促进儿童发展为目的,以亲子互动为核心,儿童和照料人共同参与的活动。父母应充分关注儿童发展的需要,为儿童提供各类社会化运动、探索和游戏的机会,帮助儿童在活动中获得适宜的、充分的发展。

需要注意的是,并非所有自发产生的亲子互动都叫亲子活动。例如,孩子放学后与父母就是否加入校园社团进行交流,是一次亲子沟通,但不能称为亲子活动。亲子活动相比于日常化的亲子沟通,是一种更具有组织性、目的性和教育性的亲子互动,发生频率比亲子沟通更低,且随着孩子的成长,亲子活动的类型和内容也会发生变化。另外,与儿童自发玩耍的游戏不同,在亲子活动中父母有一定的教育目标,能有计划地预设并组织游戏,虽然不需要对儿童的具体行为进行规划,但亲子活动具有简单的结构,父母通过特定的流程达成某些教育目标。因此,亲子活动更需要父母有意识地、积极主动地设计、发起并引导孩子一起参与。

二、亲子活动的类型

从不同的角度,亲子活动可以划分为不同的类型。从亲子互动的程度来看,亲子活动可以划分为联合活动和平行活动两种,其中联合活动需要父母与子女双方高度配合和投入才能完成,如一起玩桌游、完成一幅拼图;而平行活动则对双方互动的要求程度较低,如亲子一起看电视或电影等。

从亲子活动的家庭功能来看,亲子活动可以划分为核心型和平衡型两种。其中核心型亲子活动是指在家庭中相对容易开展、低成本的父母与子女间的互动,如一起散步、一起吃晚饭等,这些亲子活动一般不需要计划,是发生在比较熟悉的环境中的、父母与子女间自发形成的一些活动,这些活动会增强亲子之间的默契度和亲密度。平衡型亲子活动是指父母与子女参与的那些对于家庭而言不太寻常的活动,如户外冒险活动、亲子露营等,在这些活动中,父母与子女共同处于陌生的、刺激的环境中,他们都需要接受新挑战,并从这些挑战中学习和进步。

综合考虑亲子互动的程度以及亲子活动的家庭功能,我们还可以将亲子活动分为核心联合、平衡联合、核心平行、平衡平行四类。其中,核心联合亲子活动是指亲子在熟悉的环境中进行的、双方互动程度高的活动,如父亲和孩子在晚饭后一起下象棋,该亲子活动发生在家庭中,父亲和孩子都需要十分投入,一来一往,完成下象棋这项活动。平衡联合亲子活动是指处在不熟悉的环境中的、需要双方有亲密互动的活动,如在一次旅行中,家庭成员第一次去体验划船,这项活动需要家庭成员间默契配合。核心平行亲子活动是指亲子处在熟悉的环境中,且不需要投入太多时间和精力的活动,如每天晚饭后,父母与孩子一起看半小时电视,此时并不需要父母与孩子之间有过多的交流或沟通,仅需要打开电视机,一家人坐在一起即可。平衡平行亲子活动是指亲子处于一个新的环境中,但双方之间不需要过多交流的活动,如妈妈与女儿一起去参加瑜伽课,在这个活动中虽然母女在一起,但是并不需要过多的沟通,他们仅需要在教练的指导下投入练习。

总而言之,不同的亲子活动有不同的特点和功能,在不同的亲子活动中,父母与孩子之间的互动程度也有所不同,但是父母与子女有目的地计划、实施或参与一些亲子活动可以促进亲子之间的互动,增强亲子间的亲密度。

三、常见的亲子活动

在家庭中,两种最常见的亲子活动是亲子游戏和亲子阅读,尤其对于年龄较小的儿童来说,与父母一起玩游戏或一起读书对其语言表达能力、情绪控制和调节能力等多方面的发展都有积极作用。

(一) 亲子游戏

游戏是一种主体自愿且积极参与的消遣或娱乐活动。亲子游戏则是指父母与儿童以语言、动作、表情、声音等为媒介开展的消遣或娱乐活动,是发生在家庭中的一种常见的亲子活动。从出生开始,儿童就与父母进行游戏互动。父母是儿童游戏的主要陪伴者和参与者,尤其在儿童早期,亲子间的很多互动都是通过游戏的方式进行的。

亲子游戏结合了游戏和亲子互动的特点。具体而言,亲子游戏通常发生在亲子熟悉的场所,在游戏中,孩子是主体,父母和孩子交流、配合,双方均处于一种动态的相互作用过程中,并通过语言、表情或动作等来接受、表达信息。亲子游戏可以发生在母子间,也可以发生在父子间,相比于母子之间温馨的、注重情感交流的游戏,父亲与孩子更倾向于进行体力上的、好玩的、有挑战性的游戏。

亲子游戏有多种类型,常见的有如下几种:一是创造性游戏,指有助于儿童创造力、想象力、幽默感和好奇心发展的游戏,如画一幅画并通过故事讲述出来;二是运动游戏,如球类运动,在操场或公园玩耍等;三是益智游戏,这类游戏通常有一些难度,有些需要父母的指导,如七巧板、立方体拼图等;四是结构化和半结构化游戏,这类游戏通常需要亲子双方设定一个关于如何游戏的全部规则(结构化)或部分规则(半结构化),如捉迷藏、木头人等。此外,随着社会的发展,当前家庭中可能还存在一些新兴游戏,如电子游戏、AR 体验游戏等,以及两种或多种游戏组合在一起的组合游戏。

不管是哪种类型的亲子游戏,其总是以亲子情感作为基本要义,强调父母与孩子之间的亲密互动,对儿童的认知、情感、社交和行为技能发展有重要作用。首先,在这些游戏中,父母通过言语、肢体等多种形式与孩子进行大量的交流与互动,这一方面能拉近父母与孩子之间的距离,增强亲子关系,另一方面能促进儿童语言和认知技能的发展,提升儿童的交往能力与技巧,使其在家庭外的环境中也能实现良好的人际互动。其次,亲子游戏提供给儿童一个情境,在这个情境中,儿童拥有自主权,可以通过自己的方式巩固以往的经验,转化内心的想法,体验各种可能性,模拟在现实生活中可能出现的各种情况,从而增强在现实中实现愿望的可能性。最后,亲子游戏有助于发展儿童的情绪调节能力、创造力以及解决问题的能力,增强其心理弹性。

亲子游戏治疗

(二) 亲子阅读

亲子阅读也是家庭中一种常见的亲子活动。亲子阅读指在轻松愉快的气氛中,父母和儿童共同阅读一本书或者进行一次主题阅读等类似活动。

亲子阅读一般发生在幼儿期。在阅读过程中,父母与孩子通过图书这一媒介,进行积极的言语互动,这一方面可以帮助孩子学习知识,另一方面可以提升孩子的语言表达能力,培养孩子良好的阅读习惯,激发孩子对书籍和文字的兴趣。同时,在亲子阅读过程中,父母能够借助书籍内容,对孩子的价值观进行引导,并及时觉察孩子的真实想法,对其真善美的思想进行强化,从而促进孩子道德品质的发展。除此之外,亲子阅读还可以培养幼儿的观察、想象、理解、表达等能力。

首先,亲子阅读能培养幼儿的观察能力。由于幼儿没有大量的文字识记积累,所以一般适合幼儿的图书都是图文并茂型的,以图为主,以文为辅,这种编排能够引导幼儿观察书中的图,借助图理解文字所要表述的内容,带动文字的学习,这既能培养幼儿的观察能力,也能培养他们的思维能力,为他们将来的学习奠定良好的基础。其次,亲子阅读能促进幼儿想象力的发展。在亲子阅读中,在一般情况下,父母先让幼儿观察书中的内容,当幼儿对图书有了一个初步的认识后,父母与幼儿围绕图书的内容进行对话交流,在这个过程中,幼儿借助家长的提问展开丰富的想象,讲述自己的观点和想法,这种方式能够逐渐培养幼儿的想象力。再次,亲子阅读能提升幼儿的理解能力。在阅读的过程中,家长通常会带领幼儿朗读图书的内容,这不仅促使幼儿根据故事情节有感情地朗读,也帮助幼儿慢慢品味书中的内容和情感。这样读一读、品一品的过程能帮助幼儿有意或无意地走进图书所描述的情境,使其真正成为阅读的主角,提高其对图书的理解、欣赏能力。最后,亲子阅读能提高幼儿的表达能力。适合幼儿阅读的图书是多种多样的,有的侧重文字内容,有的侧重艺术表现形式。在富有艺术性的亲子阅读中,家长可以引导幼儿演一演、说一说,通过改编故事、续说故事以及"如果我是主人公"等想象表达,加深幼儿对故事情节的理解,从而培养幼儿的表达能力。

总体来说,亲子阅读有利于促进儿童的身心健康,对儿童的情感、道德、语言等方面的发展有重要作用。2023年,北京师范大学中国儿童青少年中文分级阅读标准研制及应用研究项目组、中国书刊发行业协会少年儿童分级阅读标准研制与应用实验室、北京师范大学出版集团京师分级阅读研究中心联合发布的《中国儿童青少年阅读现状与需求调研报告》显示,超七成的家庭开展过亲子阅读。此外,随着社会的发展和科技的进步,当前亲子阅读的产品越来越多样化,除了传统的纸质书籍,各种形式的有声书、儿童阅读APP等也为父母和儿童提供了更丰富的阅读资源。

四、亲子活动对儿童发展的影响

相比于日常的亲子沟通,亲子活动往往具有更强的组织性和目的性,能够增强亲子互动的效果,促进亲子关系的积极发展。尤其是在儿童早期阶段,在亲子活动中,儿童与父母进行言语、情绪与情感、行为等多方面的交流,这一方面增强了父母与子女之间的亲密度,另一方面,有助于儿童习得父母的一些行为习惯和处事方法,对儿童的认知能力和社会适应能力发展有益。

(一)亲子活动影响儿童的认知能力

亲子活动能够促进儿童认知能力的发展,尤其是儿童语言理解、语言表达能力的发展。在亲子活动中,父母与孩子有大量的互动,父母通过言语、肢体等多种形式与孩子进行交流、互动,儿童的语言和认知能力因此能够得到发展。如在亲子阅读活动中,儿童是主角,父母是配角,在一般情况下父母先让儿童观察书中图画的内容,或者带领儿童一起朗读文字内容,然后双方对书中的内容进行探讨,在这个过程中,儿童逐渐发展、形成对各种人、事、物的认识与理解。此外,这种充满乐趣的对话能够帮助儿童理解书中所表达的意思,提升儿童的语言理解能力,同时也能锻炼儿童的语言表达能力。

(二)亲子活动影响儿童的社会适应能力

良好的亲子活动能够提升儿童的社会适应能力,这主要通过三种途径实现。首先,不同类型的亲子活动发生的场所不同,对亲子间互动程度的要求不同,这些不同的亲子活动帮助儿童适应多变的环境,提升儿童在不同环境中的问题解决能力和协商讨论能力,儿童对这些能力的学习和内化能够帮助其更好地适应社会。其次,亲子活动是父母与子女共同开展的活动,在这些活动中,儿童能感受到父母对自己的关心和关注,从而产生积极的情绪,并且在这些活动中,儿童能够获得更多的自主权,体验各种可能性,减少对外界不确定性的担忧,在现实中更好地适应各种可能出现的结果。最后,在亲子活动中,父母与儿童的交流能够帮助儿童习得各种社会交往技能,比如如何与他人合作,这些内化的能力能够泛化到儿童与其他人的交往中,如与同伴的交往、与老师的交往,帮助儿童搭建良好的人际关系网,从而更好地适应社会要求。

总之,亲子活动作为亲子互动的一种重要形式,能够取得寓学于乐的效果,促进儿童的健康成长,同时也能促成更加亲密、稳固的亲子关系,增强父母与儿童之间的默契度,推动家庭的和谐运转。

理解·分析·应用

1. 简述亲子互动的概念和作用。
2. 简述各种亲子依恋类型的特点,并举例说明其在生活中的具体体现。
3. 查找资料,对亲子依恋的主要测量方法进行阐述。
4. 简要分析你与父母的沟通属于哪一种模式,并举例说明。
5. 简述亲子活动的类型,并举例说明。
6. 以下是一些学生描述的与父母之间出现学业冲突的具体情景[①],结合本章学习内容,谈一谈如何化解这些亲子冲突。

情景1:(考完试)我已经跟他们说考得不好了,成绩出来之后我爸妈就觉得物理和化学分太低了,也没有责备我的意思,就是埋怨。责备和埋怨不一样。"我知道你很努力,但是你这也考得太低了。这怎么办?"我特别讨厌那种瞎担心,就和我爸妈吵,就闹小脾气。

情景2:我写的字比较丑,有的时候看不清,但是我写对了。就因为我妈妈感觉不对,她就让我重新写,于是我就感到很愤怒。心情不太好的时候,尤其作业太多的时候,我就会站起来,反驳妈妈:"作业这么多,我字丑一点又怎么了?"然后我们就会继续吵下去。

情景3:上学期比较累,有时候写着写着作业就睡着了,有一次我妈突然进来,要我拿出我写的东西。我慌了,跟我妈说我睡着了,我妈就因为作业跟我吵。

---

① 曹格,谭肖芸.(2021).青少年的学业亲子冲突过程研究.青年研究,3,82-93.

尤其有一次,作业还有很多,我妈就给了半小时让我完成,我当时就崩溃了,说半小时不可能写这么多。然后我妈就说:"谁让你之前不好好写?"我边生闷气边写作业,还把门给锁上了。我妈特别讨厌这样,说:"你再锁,我就把这锁撬开,我看你还怎么锁。"

推荐阅读书目

1. 法伯,玛兹丽施.(2013).如何说孩子才会听 怎么听孩子才肯说(安燕玲 译).北京:中央编译出版社.
2. 伊卡德.(2022).青春期关键对话(薛玮 译).上海:上海社会科学院出版社.

第七章 夫妻互动

【学习目标】

1. 理解夫妻互动的类型和作用。
2. 了解夫妻关系质量的评估指标。
3. 理解夫妻关系对儿童发展的影响。
4. 了解夫妻沟通的模式,理解夫妻沟通对儿童发展的影响。

【知识导图】

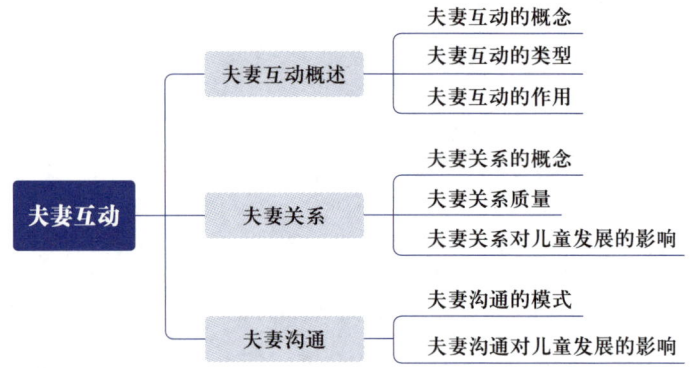

【内容导读】

有一个网络热词叫作"考离潮",用来描述高考结束之后出现离婚小高潮这一社会现象。这些父母早已认定夫妻关系破裂,但是为了不让家庭变故影响孩子的情绪和学业,他们选择在孩子面前扮演"幸福夫妻",直到孩子顺利完成高考之后才正式结束婚姻关系。面对父母这种处理婚姻问题的方式,有的孩子表示不理解,认为父母在欺瞒自己,还在把自己当孩子,觉得高考之前一家人和睦、美满都是假象,从而对亲密关系和婚姻丧失信心;也有的孩子认为父母用心良苦,反而为自己没有感受到父母关系的变化而内疚、自责。选择"考离"的父母其实非常清楚地知道夫妻关系对孩子的影响。尤其是在孩子即将参加高考的人生关键期,如果他们在孩子面前频繁发生冲突、表达离婚意愿,孩子的情绪和学习会受到负面影响,进而影响高考发挥。

丈夫、妻子是家庭系统中父亲、母亲角色的承担者。与亲子关系不同的是,夫妻关系是基于法律和个人意愿产生的社会关系,能够结成,也能够解除。夫妻系统是家庭系统运作的核心。夫妻互动良好、关系和睦,会促进亲子系统、同胞系统的良性运转,有利于营造良好的家庭氛围;夫妻互动欠佳、冲突频繁,会破坏家庭氛围,进而引发孩子的心理与行为问题。当夫妻关系解除,原有的家庭系统会破裂、消失或重组,亲子关系仍旧存续,但亲子系统的运作方式会发生很大变化,子女就必须应对和处理这一重大变化。实际上,子女如何解释父母离婚这一事件与夫妻日常的互动有关。

因此,夫妻互动是家庭教育与儿童发展的重要议题。本章对夫妻互动的概念、类型和作用进行阐述,并对夫妻互动的外在表现——夫妻关系,以及夫妻互动的重要渠道——夫妻沟通进行详细介绍。

第一节 夫妻互动概述

在家庭互动中,夫妻互动是核心,是影响婚姻质量最关键的因素,对维护婚姻关系、维持家庭系统的正常运转具有重要作用,对儿童的健康发展也有重要影响。

一、夫妻互动的概念

夫妻是指男女双方通过合法婚姻组成的配偶。现代家庭基本都是因夫妻关系,也就是婚姻关系的结成而产生的,从而成为社会的"细胞"。夫妻互动是指夫妻之间通过直接或间接的接触,在心理、情感、行为等方面发生交互作用和相互影响的方式和过程。

家庭教育心理学主要关注夫妻互动的静态表现——夫妻关系,以及夫妻互动的重要渠道——夫妻沟通。

二、夫妻互动的类型

对夫妻互动类型进行划分可以帮助我们深入了解夫妻互动。

从行为的性质来看,夫妻互动可以分为积极夫妻互动和消极夫妻互动两类。其中,积极夫妻互动是指夫妻双方能够以积极的方式进行互动,真诚表达自己的观点,倾听和理解对方的观点,在需要时为对方提供情绪价值,并能用协商、接纳等方式促进问题解决;消极夫妻互动则是夫妻双方在互动过程中出现敌意、阻碍、回避或者攻击等消极行为。

从互动行为发生的情境来看,夫妻互动可以分为一般情境中的互动和特定情境中的互动两类。一般情境中的互动是指夫妻日常生活中的沟通、互动行为,而特定情境中的互动则是指夫妻在一个特定的情境下的互动行为,如夫妻面临婚姻中迫切需要解决的一个问题时的互动。

> **拓展阅读** >>>
>
> **我国夫妻互动的类型**[①]
>
> 为了了解我国夫妻常见的互动类型,有研究者开展了一项针对我国夫妻互动行为模式的研究,该研究将我国夫妻的互动分为五种常见的模式:
>
> (1) 友好主导—友好服从型:这一模式包括两种情形,一种是当夫妻中一方以友好的方式主动发起或引导互动时,另一方能以友好的方式协同、配合对方的互动节奏;另一种是当夫妻中一方以友好的方式进行回应或配合对方时,另一方会主动做出友好行为。在这一模式下双方的行为都是友好的,其中一方是主导者,

---

[①] Fang, X. Y., Chen, Z. Y., Tong, W., Gao, C. X., Zhang, H. Y., & Li, Q. Y. (2024). Development and psychometric properties of the couple interaction pattern scale. *Journal of Marital and Family Therapy*, 50(1), 175–201.

另一方是回应／协调者。

（2）敌意主导－友好服从型：当夫妻中一方以攻击性的、自我中心的、自私的、傲慢的消极方式发起互动时，另一方仍能够以友好的方式进行回应和协调。

（3）敌意主导－敌意服从型：这一模式包括两种情形，一种是当夫妻中一方以攻击性的、自我中心的、自私的、傲慢的消极方式发起互动时，另一方以充满埋怨的或是无助的、不信任的消极方式回应；另一种是当夫妻中一方以埋怨的、回避的、冷漠的方式发起互动时，另一方表现充满攻击性的、强硬的负面行为。在这一模式下双方的行为都是敌意的，其中一方是主导者，另一方是回应者。

（4）敌意主导－敌意主导型：当夫妻中一方以充满攻击性的、自私的、傲慢的方式发起互动时，另一方同样以具有敌意的方式进行回应。

（5）友好主导－敌意服从型：当夫妻中一方以友好的方式主动发起或引导互动时，另一方以冷漠的、回避的方式消极地回应。

三、夫妻互动的作用

从系统的视角出发考察家庭成员的互动对儿童心理和行为发展的影响，是近年来家庭教育心理学研究的重要趋势。作为家庭互动的重要组成部分，夫妻之间的互动对儿童的发展有着重要的影响。

（一）夫妻互动直接影响儿童的发展

根据社会学习理论，在家庭中，夫妻互动行为会直接影响儿童社会交往技能的学习。在夫妻双方有良性的互动、面对问题时能采取积极有效互动方式的家庭中，夫妻间的交往给儿童做了良好的示范，这会帮助儿童习得一些社会交往技能。拥有良好人际交往能力的儿童在与他人交往时更积极主动，展现出更大的人格魅力，有更好的问题解决方法，从而能够获得良好的人际关系和社会支持，在学校适应、社会适应中表现得更好。

伴随夫妻之间不良的互动而发生的争吵、冷漠等可以看作家庭环境中存在的一个重要压力源，长期处于压力环境下的儿童容易产生心理健康问题。尤其对于年龄较小的儿童而言，父母之间的不和会给儿童带来心理上的压力，同时还可能引发儿童的自责、自我怀疑等，这些均不利于儿童的自我发展。

（二）夫妻互动通过影响自身的教养间接影响儿童的发展

除了直接影响儿童的身心健康外，夫妻互动还会通过影响丈夫和妻子自身的教养行为、教养感受间接影响儿童的发展。根据家庭系统理论的溢出假设，夫妻关系中的情绪、情感能够"溢出"到亲子互动中。当夫妻的婚姻关系健康、和谐时，夫妻双方能从与对方的互动中感知到积极情绪，他们通常能更好地觉察孩子的需求，给予孩子适时的指导与鼓励，采取更有效的教养行为；反之，当夫妻之间存在许多冲突，不能有效交流时，夫妻双方从与对方的互动中感知到的消极情绪易带入自身作为父母的角色中,从而对孩子的需求不敏感,不能及时给予孩子温暖的回应,且更容易采取消极的教养方式。

夫妻互动的测量——系统观察法

第二节 夫妻关系

夫妻关系是夫妻互动的静态表现,本节探讨夫妻关系的概念、质量,以及夫妻关系对儿童的影响。

一、夫妻关系的概念

《中国大百科全书》从法学角度对夫妻关系的定义是:男女双方基于婚姻而形成的人身、财产权利义务关系。在心理学中,夫妻关系一直以来都是婚姻研究领域中的核心议题。但是,由于夫妻关系是一个内涵相当丰富的概念,且研究者认识夫妻关系的角度不一,理解程度不等,至今还没有形成一个能被理论界普遍认可的定义。

当前,对夫妻关系的定义主要存在三种取向:一是婚姻调适学派,主张从关系的客观特征对夫妻关系进行定义,强调夫妻关系的客观调适质量,婚姻稳定性通常被作为客观调适质量的指标用来评估夫妻关系;二是个人主观学派,从个人主观视角对夫妻关系进行定义,强调已婚者对婚姻的主观感知,使用夫妻感知到的婚姻满意度或幸福感来评估夫妻关系;三是折中派,既考虑主观感知,也考虑客观适应,从婚姻满意度、婚姻稳定性等主客观不同层面来评估夫妻关系。

考虑到夫妻关系对家庭系统和儿童发展的影响,我们认为夫妻关系既包括对关系的主观感知,也包括关系的客观适应特征。因此,我们认为在基于婚姻而形成的夫妻关系中,对婚姻的主观感知及客观适应,可以从婚姻满意度、婚姻稳定性上来评估。婚姻满意度指夫妻对自己婚姻的幸福感和满意程度,是婚姻当事人对婚姻的主观感知,也是衡量夫妻关系的一个关键指标。婚姻稳定性即婚姻是否稳固安定,婚姻稳定性的一个直接判断指标是婚姻的完整性,以及夫妻间的婚姻关系确实存在。稳定的婚姻指的是夫妻在一起,不稳定的婚姻则是指夫妻因关系破裂而分居或离婚。稳定的关系是对夫妻关系描述的前提。

夫妻关系通常包含夫妻对婚姻和家庭关系的满意程度,是夫妻子系统的重要指标,它与亲子子系统相互依存、相互影响,共同构成儿童接触的家庭环境,对儿童的成长与发展起重要作用。

二、夫妻关系质量

婚姻满意度和夫妻冲突可以用来评估夫妻关系的质量。

(一)婚姻满意度

1. 婚姻满意度的概念

婚姻满意度是指在婚姻中夫妻双方对婚姻关系的个人情感和主观评价,能够反映夫妻双方在婚姻关系中的体验和对婚姻关系的态度。

美国学者汉密尔顿(G. Hamilton,1877—1943)第一次提出"婚姻满意度"的概念,后续研究者在其基础上进行研究和讨论,不断深化对婚姻满意度的研究,强调婚姻满意度的重要意义。

2. 婚姻满意度的影响因素

对婚姻满意度影响因素的研究有利于改善夫妻关系,营造更好的夫妻间相处的氛围。

(1) 婚龄

婚龄会影响夫妻双方的婚姻满意度。婚龄反映了夫妻双方生活在一起的时间,在双方结婚后,伴随着家庭结构的变化以及夫妻共同生活经历的积累,夫妻间的婚姻满意度会不断变化。婚姻满意度在婚姻中呈 U 型的发展趋势。在孩子未出生前,夫妻的婚姻满意度通常处于一个较高的水平;随着孩子的出生,夫妻的婚姻满意度开始下降,在孩子处于青春期时,夫妻的婚姻满意度可能处于最低点;之后,随着子女的长大以及离家,夫妻的婚姻满意度又呈上升趋势。

(2) 夫妻互动

夫妻互动是影响婚姻满意度的最近端因素。夫妻之间的互动程度和方式与婚姻满意度密切相关,夫妻间积极的互动能给双方带来更多积极的体验以及更高的婚姻满意度;而夫妻之间消极的互动,如吵架、冷战等,会严重破坏婚姻关系。当然,夫妻之间或多或少存在着一些不一致,争吵难以避免,但是要警惕夫妻之间过度的、激烈的、持续的争吵。

(3) 家庭-工作冲突

互联网使用对婚姻满意度的影响

随着社会的发展,女性越来越多地走向社会,双职工家庭逐渐成为家庭的一种常态,这意味着夫妻双方都同时承担着多种角色,家庭-工作冲突越来越多地出现在现代家庭中。当夫妻在家庭和工作中的角色发生冲突时,或者当其工作中的角色压力过大、任务过多时,其家庭角色可能会受到影响,这不可避免地会影响夫妻之间的相处以及夫妻双方的婚姻满意度。

(二) 夫妻冲突

夫妻冲突也是衡量夫妻关系质量的一个重要指标。夫妻冲突不仅影响夫妻双方的身心健康,也影响夫妻两个人间的亲密关系以及与孩子的互动。

1. 夫妻冲突的概念

夫妻冲突是家庭冲突的表现形式之一。在家庭系统中,夫妻冲突主要是指夫妻之间由于意见不一致或其他原因而产生的言语或身体方面的对抗与争执。

与亲子冲突类似,夫妻冲突也可以从冲突内容、频率、强度等方面进行描述。总的来说,在内容上,夫妻冲突主要集中在家务劳动、工作、金钱、感情、教育孩子、生活习惯等方面;在频率上,婚龄与夫妻冲突频率的关系呈倒U型,通常婚后3—7年夫妻冲突最频繁,而婚龄30年以上的夫妻较少发生冲突;在强度上,无论冲突本质是积极的还是消极的,高强度的夫妻冲突都会降低婚姻满意度,且会缩小夫妻双方冲突行为上的差异,双方会用类似的行为去对抗对方,如言语暴力、冷暴力、肢体暴力等。

2. 夫妻冲突的类型

夫妻冲突可以分为建设性冲突和破坏性冲突两类。建设性冲突是指夫妻双方为了处理分歧,找到恰当的解决方法并做出努力的冲突状态,包括成功的冲突解决,对冲突如何解决的解释,以及对未解决的冲突的乐观解释等行为。破坏性冲突是指夫妻双方为了保障各自的利益,采取敌对的行为而导致的冲突状态,通常包括暴力、非语言冲突、冲突中退缩、言语攻击或敌意、对家庭完整性予以威胁等行为。

3. 夫妻冲突的应对方式

并非所有的夫妻冲突都会产生不良影响,只有未解决的夫妻冲突才会在夫妻之间产生消极作用,如果夫妻双方有良好的夫妻冲突应对方式,共同面对夫妻之间的分歧,相互协商解决问题,冲突就将作为一种特殊的方式促进双方成长,维护夫妻关系。

夫妻冲突应对方式是指夫妻双方在冲突发生的各个阶段采取的应对方法,包括情绪的方法、认知的方法、行为的方法等。综合以往研究,夫妻冲突的应对方式主要有两分法、三分法和四分法。

两分法是指将应对方式分为两类,如积极－消极、主动－被动、建设性－破坏性等对立的两类。例如,冲突应对方式从对夫妻关系的影响来看,可以分为建设性的应对方式和破坏性的应对方式。建设性的应对方式对夫妻关系有促进作用,包括讲道理、摆立场、积极沟通等积极主动的应对行为;破坏性的应对方式对夫妻关系有破坏作用,包括压迫、指责、控制、暴力等消极的应对行为。建设性的应对方式有利于夫妻关系的良好发展,而破坏性的应对方式会阻碍夫妻间的互动,破坏夫妻关系。

三分法是将应对方式分为三类,如建设性、破坏性、回避三种。回避包括夫妻双方在冲突中采取如逃避、冷漠、心不在焉等应对行为。回避的应对方式对夫妻关系的影响尚无定论,主要是因为夫妻冲突的情境、夫妻双方的个体特征等有很大的差异,在具体的夫妻冲突中,到底是直面冲突较好还是暂时回避冲突较好不能一概而论,有时回避冲突可能能使双方冷静下来,但回避冲突也可能因为最终没有解决问题而造成夫妻双方的愤怒,甚至怨恨,为婚姻关系埋下隐患。

四分法主要有两种。一种从主动－被动和建设性－破坏性两个维度出发,将夫妻冲突应对方式分为主动建设、主动破坏、被动建设、被动破坏四类。"主动"是指夫妻会主动做一些有助于问题解决的事情,而"被动"是指不主动面对问题;"建设性"是指夫妻双方试图恢复或维持关系,而"破坏性"是指夫妻试图忽视问题。具体来看,主动建设包括讨论问题、向朋友或咨询师寻求帮助,以及提出解决方案等主动的、积极的应对行为;主动破坏包括分居、身心上虐待伴侣、离婚等消极的、带有破坏性的应对行为;被动建设包括等待、希望事情会有好转、祈求关系改善等应对行为;被动破坏包括忽视伴侣、拒绝讨论问题、对伴侣态度不好、在与根源问题无关的事情上批评伴侣等消极的、破坏性的应对行为。另一种从直接－间接和反对－合作两个维度综合考虑,将夫妻冲突应对方式分为直接反对、间接反对、直接合作和间接合作四类。直接和间接指的是夫妻发生冲突时,夫妻双方采取的沟通与交流是明确的、公开的(直接)还是被动的、隐蔽的(间接);反对和合作指的是在冲突中夫妻双方的处理方式是反对一致的目标(消极)还是合作或达成一致的目标(积极)。直接反对包括批评、贬低和责备伴侣,表达愤怒和恼怒,要求或命令伴侣改变,采取霸道和不容商量的立场等行为方式;间接反对包括试图通过诉诸伴侣的爱和关系义务来诱导对方的内疚和同情,强调对方对自己的伤害和自身的悲伤,表达依赖与无力感等行为方式;直接合作包括采用分析和协商的方式,讨论问题的原因和后果,提供解决方案或探索替代方案等应对方式;间接合作包括采取缓和冲突,表达爱和情感,最小化问题,强调夫妻关系的积极方面,传达乐观的情绪,抑制消极反应等应对方式。

夫妻冲突的解决策略

夫妻双方在冲突中具体采取何种应对方式需要根据具体情况而定。夫妻双方积极地解决问题,努力达成一致,有利于维护夫妻关系;而夫妻双方对彼此感到愤怒、采取攻击对方等应对方式不利于良好夫妻关系的建立。

三、夫妻关系对儿童发展的影响

夫妻关系作为夫妻互动的外在表现和重要结果,能够直接或间接地影响儿童情绪、行为等多方面的发展。

(一)夫妻关系影响儿童的情绪发展

不良的夫妻关系会影响儿童情绪的发展,这主要通过三个途径实现:

首先,根据认知－情境理论,儿童会对父母的婚姻质量有一个认知评估,这个评估包含儿童感知到的威胁程度、儿童对冲突的归因以及儿童的应对效能感。父母的婚姻关系越差,父母之间的冲突越多,儿童的认知评估就越消极,他们会感受到更大程度的威胁,并表现出高水平的自我责备和低水平的应对效能感,这会引发儿童的焦虑、抑郁,尤其是当儿童感知到父母之间的冲突所带来的威胁自身无法应对的时候,他们的负面情绪会更加严重。

其次,根据情绪安全假说,不良的夫妻关系会给儿童带来许多情绪压力。儿童感知到的父母关系的不稳定以及其对自身和家庭幸福带来的威胁,会造成儿童的情绪不安全感,这更易引起儿童的焦虑、抑郁或不安情绪。

最后,不良的夫妻关系可以看作儿童成长过程中的一个压力性事件。在这种关系下的夫妻经常发生冲突,而这会耗费夫妻双方大量的精力,减少其与儿童相处的时间,在这种情况下,儿童的基本心理需要可能难以得到满足,尤其是当儿童体验到较少的来自父母的爱、理解和支持以及家的归属感时,会感到很多事情不受自己控制或自己无法解决。这可能引发儿童焦虑、抑郁等消极情绪,也会对儿童日后亲密关系、婚姻关系的建立产生负面影响。

(二)夫妻关系影响儿童的行为发展

不稳定的夫妻关系会引起儿童的行为问题。在不稳定的夫妻关系中,夫妻双方可能存在埋怨、冷漠等行为。在这种家庭环境下成长的儿童,会认为攻击、逃避是被认可的、能够解决问题的策略,而儿童习得和内化的这些消极策略,会泛化到其与他人的交往中,从而导致其在人际交往中出现相似的冷漠、逃避行为或者攻击行为、违规违纪行为。

拓展阅读 >>>

离婚对儿童发展的影响

根据国家统计局的数据,2000年我国的粗离婚率为0.96‰,而2022年全国粗离婚率攀升至2.04‰。离婚率攀升引起了国内外研究者的关注,也引发了社会整体的担忧,其中一个最常被提及的话题是:离婚对子女的影响如何?

关于离婚对子女发展的影响,当前有两种主流观点:一是离婚的"严重影响说",二是离婚的"有限影响说"。

1. 严重影响说

这一观点流行于20世纪50至80年代。这一阶段的研究者关注家庭结构对子女的影响,主要采用横断研究的方法,对来自离异和完整家庭的子女的各项心理发展和适应性指标进行对比分析。他们的研究结果表明:离婚对子女造成的影响是负面且持久的,即使子女长大成人,这种负面影响也依然存在。只是在子女不同的发展阶段,离婚造成的负面影响不同:在童年期,儿童会普遍感到孤独、迷惑、恐惧,并且对父母感到愤怒;到青少年期,他们普遍比正常家庭的子女更缺乏原则,存在更多外化问题;到成人初显期,他们接受高等教育的可能性更小;到成年后,他们对亲密关系更没有信心,与正常家庭的子女相比,一来他们更不愿意结婚,二来即使结婚了也更不愿意生孩子。

2. 有限影响说

随着研究的发展,从20世纪90年代开始,越来越多的研究者支持离婚对子女的"有限影响说"。这一观点关注家庭互动过程对子女的影响,研究者主要通过追踪研究的方式,探讨离婚给子女带来的持久影响,并发现虽然离婚会给子女带来一些消极影响,但这种影响具有时限性,大部分子女能够从父母离婚的阴影中走出来,甚至比一些完整家庭的子女发展得更好。

因此,离婚对子女的影响到底如何,不能仅从子女发展的结果去判断,更应该关注离婚影响子女心理发展的机制。父母离婚不是一个简单的事件,而是一个复杂的动态过程,这一过程其实在离婚之前就已开始,并持续到离婚数年之后。子女在父母离婚前、离婚过程中以及离婚后的经历都会对其心理发展和适应造成影响。为了尽量减少离婚带来的消极影响,最重要的是父母如何采取建设性的方式解决夫妻矛盾和冲突,处理好夫妻关系,满足子女的发展需求。父母应尽量不将子女牵扯进夫妻之间的冲突中,切忌将子女作为夫妻冲突的"润滑剂"或"出气筒"。此外,已经结束夫妻关系的父母双方应重新找到以子女为中心的有效沟通和交流方式,避免在子女面前发生冲突和表现出敌意,尽量尊重对方作为长辈在子女心目中的权威地位。无论是监护方还是非监护方,父母都需要与子女有积极的互动,让子女感受到来自父母充分的关爱与支持。

第三节 夫妻沟通

夫妻沟通是指夫妻之间通过言语或非言语(肢体行为、眼神等)的方式相互交换信息、观点和表达感受、态度等的过程。夫妻沟通是夫妻互动的重要渠道,是影响夫妻关系的关键因素。良好的夫妻沟通可以使夫妻关系更加和谐,也可以减少夫妻冲突发生的频率,维持夫妻系统的稳定。因为夫妻系统是家庭系统的核心,夫妻沟通还能为亲子沟通和同胞沟通树立行为榜样。

一、夫妻沟通的模式

夫妻之间在交换信息和感受等的过程中会形成夫妻惯用的言语表达和行为方式,即夫妻沟通的模式。在夫妻沟通的研究中,研究者一般将夫妻沟通模式分为三类:建设型沟通、要求-退缩型沟通和相互回避型沟通。

建设型沟通属于积极的夫妻沟通模式,指夫妻在沟通过程中会相互表达情感、讨论问题、互相理解,作出让步并解决问题。要求-退缩型沟通是指一方(要求者)抱怨、批评、指责另一方,要求对方改变或试图与对方讨论婚姻中存在的问题,但另一方(退缩者)则沉默、回避冲突、试图终止讨论或转移话题,甚至离开冲突现场。相互回避型沟通是指双方都回避讨论问题甚至回避对方。要求-退缩型沟通和相互回避型沟通都属于消极的夫妻沟通模式。

沟通模式是夫妻关系质量的有效预测因素。建设型沟通有利于夫妻间亲密关系的维持;而要求-退缩型沟通和相互回避型沟通通常与较低的婚姻满意度相关,并且更易导致夫妻离婚。

二、夫妻沟通对儿童发展的影响

夫妻沟通是影响婚姻关系的关键因素,也是影响儿童发展的重要一环。夫妻沟通对儿童发展的影响可以从以下两个方面探讨。

（一）夫妻沟通影响儿童的人际适应

夫妻沟通会直接影响儿童的人际交往能力。充满信任和尊重的夫妻沟通有助于儿童习得良好的沟通技能和有效的人际交往策略，提升儿童的人际交往能力，为他们在今后建立良好的人际关系奠定基础；而破坏性的夫妻沟通会使儿童学到不良的人际交往技能，包括抱怨、批评、沉默等，这些会阻碍儿童与他人建立良好的关系。

（二）夫妻沟通影响儿童的心理健康

夫妻沟通可以通过影响婚姻关系的质量影响儿童心理健康。积极的、高质量的夫妻沟通与婚姻满意度和婚姻稳定性通常有很强的正相关，在建设型沟通方式下，夫妻双方会主动表达自己的感受，努力解决出现的问题，这有利于夫妻关系的良好发展。这种良性的沟通以及稳定的、积极的婚姻关系会给儿童带来积极的感受，使儿童能够在健康的、充满爱的环境中成长，从而获得更好的发展。反之，如果父母经常采用消极的沟通方式，如互相埋怨、逃避问题，那么，处于这种家庭环境中的儿童更可能出现焦虑、抑郁等心理健康问题。

理解·分析·应用

1. 结合本章内容，阐述夫妻互动如何影响亲子互动。
2. 在你的印象中，父母的哪些互动行为对你产生了深刻影响？这些影响是积极的还是消极的？你是如何解释他们的互动行为的？
3. 选取描述夫妻沟通的影视片段，谈一谈影视片中夫妻沟通的积极策略和消极策略有哪些，如何改善其中不良的夫妻沟通方式。
4. 结合本章内容导读中的案例，尝试回答：同样是面对高考后离婚的父母，不同的孩子为什么会有不同的反应？
5. 人们常说在一个幸福的家庭里，夫妻关系一定大于亲子关系。根据本章内容，谈一谈你对这句话的理解。

推荐阅读书目

1. 卢森堡.(2018).非暴力沟通(阮胤华 译).北京:华夏出版社.
2. 郑立峰.(2017).家庭系统排列:重建家庭秩序,让爱自然流动.北京:化学工业出版社.

第八章

同胞互动

【学习目标】

1. 理解同胞互动的概念、类型和作用。
2. 了解同胞关系的概念及影响因素。
3. 理解同胞关系质量的概念和反映同胞关系质量的几种典型同胞互动行为。
4. 理解同胞关系对儿童发展的影响。

【知识导图】

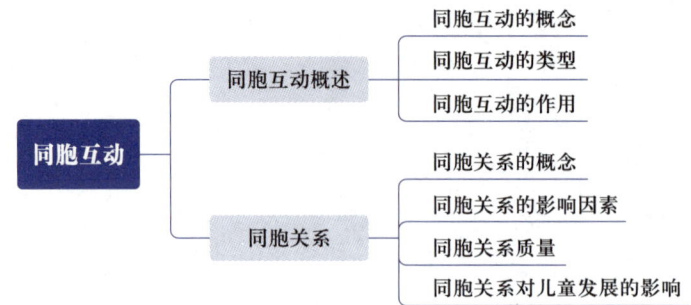

【内容导读】

随着生育政策的调整,近年来,"二孩""三孩"等词越来越多地进入人们的视野,随之而来的一个热点话题即家庭中同胞间的相处。同胞关系是一种特殊的人际关系,个体与兄弟姐妹间相处的时间可能比与父母、后代或大多数朋友相处的时间更长,同胞关系也可能是一个人一生中经历时间最长的一段关系。此外,同胞关系通常是由血缘决定的,即使分开的兄弟姐妹之间也存在一种潜在的联系,而这在同伴等社会关系中基本是不可能的。因此,同胞关系是家庭系统的重要组成部分,同胞互动是家庭互动的一个重要方面,对儿童的成长有重要的影响。本章主要讨论同胞互动的概念、类型和作用,同胞关系的概念及影响因素,以及同胞关系的质量和同胞关系对儿童发展的影响。

第一节 同胞互动概述

随着"全面两孩"等政策的实施,我国多子女家庭越来越多,同胞系统逐渐成为家庭中不可忽视的子系统。在多子女家庭中,同胞之间必然进行各种交流与互动,同胞互动成为影响儿童发展的一个重要因素。因此了解多子女家庭中的同胞互动,揭示其对家庭教育的影响路径,是探究家庭教育与儿童发展必不可少的一部分。

一、同胞互动的概念

同胞,也称"兄弟姐妹""手足""同胞手足",一般是指家庭中具有相同生身父母的人。同胞互动是指兄弟姐妹之间通过直接或间接的接触,在心理、情感、行为等方面发生交互作用和相互影响的方式和过程。

在多子女家庭中,同胞互动随时发生在日常生活中,成为家庭环境的一部分。虽然同胞间可能因为存

同胞概念的扩展

在年龄、性别、智力水平、兴趣等方面的不一致发生争吵,但在大多数情况下,由于血缘关系,同胞对彼此的接纳通常是对等的,彼此能够较为和谐地相处。这种特殊的亲密性使同胞互动对儿童的发展有独特且重要的影响。

二、同胞互动的类型

同胞互动具有生活性、长期性、情境性和动态性等特点,是一种复杂的、多维的互动过程。虽然研究者对同胞互动有不同的分类,但总体来看,分类方式大体相同,即温暖的积极互动和冲突的消极互动。

同胞间温暖的积极互动表现为同胞能够和谐相处,以相互帮助、合作、陪伴的方式进行互动,很少出现如争吵、打架等冲突性的行为。这种以友爱为情感基础的同胞互动能够让儿童感受到来自家庭的关爱、温暖。同胞间冲突的消极互动主要表现为同胞间以敌对、控制、竞争的方式互动,而较少出现相互关心、分享等亲密性的互动。

三、同胞互动的作用

同胞互动产生的影响独立于父母和其他家庭成员对儿童的影响,对儿童的自我认知和社会性发展等方面起着重要的作用。

(一)同胞互动影响儿童自我认知的发展

同胞互动会影响儿童的自我认知,包括自尊、自我概念等的发展。根据社会比较理论,个体有通过对比他人来评价自己的基本社会心理。这种对比包括上行和下行两个方向。上行比较是指个体通过与比自己优秀的人进行比较来激励自己,实现自我进步。但是,上行比较也可能给个体带来挫折、沮丧、嫉妒、怨恨等负面的感受和不良的心理体验。下行比较是指个体与不如自己的人进行比较,以此进行自我强化,加强对自己正面或积极的感受。在家庭中,同胞是个体最直接接触到的比较对象,与同胞进行比较,儿童既可能获得成长技能,也可能对自身产生消极的认知与评价,进而产生一系列行为问题,这些行为问题进而对家庭的正常运行产生负面影响。

在多子女家庭中,儿童除了与父母建立依恋关系之外,与长期生活在一起的同胞也会建立起依恋关系或情感纽带。儿童与同胞之间安全的依恋关系会让他们形成安全的内部加工模式。在此心理机制的作用下,他们会对自己及外部世界形成积极、正向的看法,更加自信。相反,如果同胞之间无法建立起安全的依恋关系,儿童就可能形成不安全的内部加工模式,对自己及外部世界持有消极的、负面的看法,比如觉得自己不值得被爱,外部世界是不值得信任的、冷漠的,这会使其产生焦虑、抑郁等负面情绪,阻碍其自我发展。

(二)同胞互动影响儿童的社会性发展

个体会通过观察、模仿他人学习大量的社会行为、态度和信念,尤其是当个体观察模仿的对象是与自己相近的人时,这种社会学习的作用会更强烈。基于这一理论,在同胞互动过程中,社会学习作用机制会影响同胞各自的心理发展。具体而言,积极的同胞互动有利于儿童的社会性发展。儿童可以通过与同胞之间的相互支持和互惠利他行为习得情绪理解能力、表达能力和移情能力,或者通过观察同胞的积极行为来习得社会适应性行为。反之,消极的同胞互动不利于儿童社会适应的发展。同胞之间的冲突、矛盾会直接影响儿童的情绪发展,使儿童产生焦虑、抑郁等负面情绪。儿童在与同胞之间的冲突和争斗中,通过观察习得不良的交往行为,从而在与他人交往时出现更多的问题行为,如攻击他人。

此外,社会学习作用机制中的强制理论进一步解释了消极同胞互动与个体问题行为之间的联系,该理论指出同胞会通过相互强化,教会对方不良行为,尤其是较年长的同胞会促进年幼同胞的某种行为,造成不良行为发展的恶性循环,若不及时干预,这种恶性循环就很难停止并进一步导致不良问题的出现。例如,两个孩子常常合作偷妈妈钱包里的钱,且年长的孩子是这一不良行为的主导者,年幼的孩子最初是质疑者、旁观者,后来加入、跟随。随着不良行为的顺利进行,两个孩子从中得到了乐趣,并互相强化彼此的行为,这一行为最终变成了两个人共同的不良行为。

第二节　同胞关系

同胞互动不管是温暖的还是冲突的,又或者是"爱恨交织"的,最终都会反映在同胞之间形成的关系上。因此,理解同胞关系对整体了解同胞互动有重要意义。

一、同胞关系的概念

同胞关系(sibling relationship)是指两个或两个以上的兄弟姐妹从意识到对方存在的那一刻起,通过言语的和非言语的互动而形成的一种稳定的关系。

同胞之间的关系是独特的。一方面,同胞关系具有相对平等性,同胞之间通常会分享彼此的兴趣爱好、真实感受,甚至是不为父母所知的隐私秘密,因此,同胞之间的关系有"互惠性",即同胞之间在模仿学习和互动过程中会产生友谊和情感共鸣,这也被视为同伴关系的关键特征。另一方面,兄弟姐妹之间存在的年龄差异也意味着,同胞之间存在类似亲子关系的"互补性",即相互作用,他们之间的行为有所不同,但互为补充。

> **拓展阅读** >>>

家庭中同胞关系的形成与发展

同胞关系对儿童的发展有独特而持久的影响。那么,在家庭中,同胞关系是如何形成与发展的呢?

在家庭中,当兄弟姐妹中的一个第一次意识到另一个的存在时,同胞关系就开始了。以往这个时刻通常发生在弟弟/妹妹出生,哥哥/姐姐与弟弟/妹妹的第一次接触时。如今,越来越多的父母愿意在怀孕期间就告知孩子"你将有一个弟弟/妹妹",从而唤醒孩子对同胞的期待,但此时,同胞关系是单向的,即年长的孩子虽然对弟弟/妹妹有幻想和期待,但尚不构成互动关系。直到弟弟/妹妹出生,同胞关系才正式建立。

自第一次接触开始,同胞之间每天都会发生各种形式的互动,它们能促进同胞间亲密关系的建立。这可以用依恋理论来解释。婴儿会对对自己有反应和给予自己支持的人(如父母、年长同胞)产生依恋,并在依恋的人身上体验到舒适感和安全感,从而形成一种安全的依恋和内部工作模型。虽然同胞之间的依恋关系是相互的,但早期哥哥/姐姐作为比弟弟/妹妹更有自主权的个体,能够给弟弟/妹妹提供更多的支持,使弟弟/妹妹对哥哥/姐姐产生依恋;随着哥哥/姐姐与弟弟/妹妹的不断接触,同胞之间的关系也在不断稳固、深化。

从童年早期到童年中期是同胞关系的过渡时期。这一时期,哥哥/姐姐比弟弟/妹妹更早进入学校、参与同伴交往,因此,同胞之间相互交流的机会减少。与此同时,哥哥/姐姐往往也会起到榜样作用,当弟弟/妹妹准备入学时,哥哥/姐姐能帮助弟弟/妹妹解决学校的相关问题。弟弟/妹妹遇到学业问题时,可能会首先向哥哥/姐姐寻求建议。在这种情况下,同胞之间可能会发展出更亲密的关系。

随着儿童身心的发展,青春期同胞关系相对复杂。一方面,从儿童期到青少年期,同胞之间的关系会表现出一定的稳定性;另一方面,随着年龄的增长,青少年逐渐离开家庭,融入同伴群体,他们与同胞之间的互动减少,关系趋于平等。同时,由于同胞所处的外在环境不同,形成的观点不同,所以可能出现之前未曾发生过的冲突,且同胞之间年龄相差越小,冲突可能越大。因为在儿童早期,哥哥/姐姐在相互关系中拥有比弟弟/妹妹更大的权力,但在11、12岁时(不管是哥哥/姐姐还是弟弟/妹妹),哥哥/姐姐对弟弟/妹妹的权力作用明显减弱,且青春期的生理发育也使冲突更容易发生。

最后,需要说明的是,对于某些孩子来说,弟弟/妹妹的出生是一个"冲击",他们需要经历一段艰难的调适期。然而,如果父母把他们当作一个"成熟的人"来对待,并与其认真探讨弟弟/妹妹的存在,那么这些孩子与年幼同胞的关系会比那些没有被父母告知的孩子更积极。

二、同胞关系的影响因素

家庭是同胞关系形成的主要环境,因此家庭结构变量是影响同胞关系的重要因素。所谓家庭结构变量,包括儿童的出生顺序、年龄、性别以及父母的婚姻质量、父母的教养方式、父母的比较行为,还有家庭规模和家庭的性别倾向等。具体来看,这些因素可以划分为同胞结构因素、父母因素以及家庭因素三类。

(一)同胞结构因素

1. 出生顺序

在影响同胞关系的因素中,一个较早被研究者关注的重要因素为出生顺序。不同出生顺序的兄弟姐妹可能拥有不同的机会和资源,如获得家庭资源的数量和质量不同,获得父母时间、精力上的投入不同等。

通常来说,头胎和二胎的冲突比头胎和三胎之间的冲突更激烈。这种出生顺序效应在青少年时期尤为明显。这可能是由青少年建立自我认同和去认同化[①]导致的。然而,家里的第三个孩子比第二个孩子更有可能尊敬他们最大的哥哥/姐姐,并将他们的哥哥/姐姐视为榜样。

2. 年龄

处于不同年龄段的儿童在认知、行为等方面均存在差异,所以儿童自身的年龄以及同胞间的年龄差距对同胞关系存在一定的影响。一方面,同胞年龄会影响同胞关系,尤其是当同胞中有人处于青少年期时。一是,青少年开始发展更亲密的同伴关系,这使得他们与同胞的接触变少,同胞关系可能变得疏远和冷漠。二是,青少年自我认同的发展可能会引发同胞间的疏远,因为他们试图发展出一种不受同胞影响的独特身份认同。

另一方面,客观的年龄差距会直接影响同胞关系。一般来说,较小的同胞年龄差距容易导致同胞冲突。当同胞年龄差距大时,同胞中年长的孩子更懂得谦让年龄较小的孩子。然而需要注意的是,当同胞间年龄差距过大时,同胞中年长的孩子或多或少肩负着帮助父母养育年幼的孩子的责任,由此可能产生同胞间的等级差异,形成不对等的同胞关系。

3. 性别

不同于年龄在儿童期到青春期的过渡中发挥的不同作用,性别是一个相对稳定的因素,在儿童整个发展阶段的影响是相对一致的。同性别的同胞间亲密度通常更高;与男孩相比,女孩的同胞亲密度更高,女孩在同胞关系中更有同情心,能够给对方提供更多的支持,女孩同胞间的同胞温暖在青春期后期尤其明显。相反,男孩同胞之间的冲突比女孩同胞之间的冲突更多。

(二)父母因素

1. 父母的婚姻质量

夫妻关系会间接影响同胞互动和同胞关系。根据社会学习理论,儿童会将父母之间的互动视为自己社会参与的参照。父母间的冲突会使儿童习得通过冲突的方式解决问题这一模式,这会增加同胞间敌对、冲突的概率;而良好的夫妻关系能为儿童解决同胞间的冲突提供榜样,使同胞之间有更多的理解、妥协,这能够有效减少同胞冲突的出现。

2. 父母的教养方式

父母的教养方式也会间接影响同胞关系。如果父母为孩子提供积极、温暖的教养,让孩子感受到他们是被接纳的、被理解的,孩子之间就更容易建立和谐的关系;而

---

① 去认同化是指个体通过移除自己在某一领域的认同感而重新对"自我"概念或价值观念进行界定的过程。

如果父母经常拒绝、忽视、打骂孩子,则会使孩子产生不安全的依恋关系,形成消极的内部工作模式,对自己和对他人产生消极的看法,在同胞互动中也可能存在消极的行为,这会阻碍同胞关系的正向发展,并导致孩子产生心理健康问题。

3. 父母的比较行为

在多子女家庭中,父母经常出现比较行为。相比于将自己的孩子与别人家的孩子进行比较,当家庭中有两个或更多孩子时,父母更可能不自觉地进行同胞间的比较。

如果父母将在某方面弱一些的孩子与表现更好的孩子进行批判性的比较,虽然出发点是为了帮助孩子建立目标,但极有可能会激起孩子的不良情绪。当孩子发现自己不如同胞时,如果产生同化效应,则可能奋起直追,这与父母的初衷一致;而如果产生对比效应,则可能出现回避、退缩等行为,这可能引发同胞间的竞争与冲突,不利于同胞间良好关系的建立。

父母差别对待对同胞关系的影响

(三) 家庭因素

1. 家庭规模

同胞关系质量会随着家庭规模的变化而变化。家庭规模可以理解为家庭成员的数量和家庭关系的复杂程度。一方面,一些研究者发现,大家庭中的同胞关系更紧密。因为在大家庭中,兄弟姐妹多,家庭成员的权力更均衡,这减少了同胞之间的冲突。而且,大家庭的一个积极特征是家庭凝聚力,尤其在我国社会文化中,大家庭的观念比较强烈,大家庭中成员的向心力进一步增强了同胞间的温暖、支持和相互依靠。

另一方面,大家庭中的孩子可能需要竞争更为有限的父母资源。同胞之间可能会因为父母的关注和偏爱而产生竞争。此外,需要注意的是,相比于多个孩子的家庭,只有两个孩子的家庭在发生同胞冲突时,其中一个孩子可能更容易处于不利的地位。因为在两个孩子的家庭中,同胞间所有的负面情绪都会由一个孩子直接指向另一个孩子,而无其他兄弟姐妹帮助分担。此外,在这样的家庭中,哥哥/姐姐的权力角色是永久性的,第二个孩子没有机会对弟弟/妹妹施展权力,这可能会进一步加剧年幼孩子的不满,破坏同胞间的关系。

2. 家庭的性别倾向

家庭的性别倾向,即子女中哪种性别的孩子更多,也是影响同胞关系的一个重要家庭因素。通常,女孩较多的家庭可能会在整个同胞网络中产生更多的温暖和支持,而男孩较多的家庭可能导致家庭中充满更多竞争、敌意的互动。因此,家庭的性别倾向会影响良好同胞关系的建立和维持。

三、同胞关系质量

同胞关系质量是对同胞互动状况的描述。根据同胞间的互动行为,同胞关系既包含积极的、温暖的一面,也包含消极的、冲突的一面。我们可以从同胞照料、同胞温暖、同胞冲突和同胞竞争这四种典型的同胞互动行为来描述同胞关系质量。

(一) 同胞照料

在家庭中,年长的孩子经常会主动照顾或被委托照顾年幼的孩子。这种委托往往以非正式的形式由父母进行,主要是为了使父母有时间和精力从事其他活动,父母很少需要对年长的孩子进行这方面技能的培训。这种照料可能成为同胞之间相处的一种主要形式,会对子女认知、情感和社会发展方面产生影响。

1. 同胞照料的概念

基于文化、种族、性别角色、家庭结构和社会经济地位等因素,一直以来研究者对哪些任务和责任属于同胞照料的看法差异很大。有研究者认为同胞照料(sibling caregiving)是父母的权力或监督责任暂时转移到年长的兄弟姐妹身上,比如父母让孩子在自己不在的时候照顾弟弟 / 妹妹。因此典型的同胞照料责任包括看护弟弟 / 妹妹以免其受到伤害,给弟弟 / 妹妹喂食或帮助父母给弟弟 / 妹妹喂食,为弟弟 / 妹妹上学做准备,帮助弟弟 / 妹妹洗澡、穿衣或做作业等。有研究者从更全面的角度,将同胞照料定义为:大一点的孩子从在成人或其他孩子的监督下照顾孩子到完全独立地全职照顾孩子,包括对被照顾孩子进行口头或其他明确的训练以及对其进行行为的指导。

基于以上对同胞照料的理解,有研究者进一步扩大了同胞照料的定义,指出同胞照料还包括同胞互相寻求建议和情感支持的情况。[1]尤其是在青少年时期,同胞照料可能包括倾诉、自我表露、提供建议、调解父母的冲突,或者在解决问题或规划未来时充当对方的顾问。随后,有研究者提出,同胞照料应该包含一系列旨在满足兄弟姐妹身体和安全需求的行动和过程,以及那些可能促进孩子及其家庭的社会、认知和情感发展和幸福的行动和过程。[2]这个定义更加具体。

结合上述观点,我们认为同胞照料是指同胞之间各种形式的帮助、指导,以及提供的安慰、陪伴等情感支持。

2. 不同年龄段的同胞照料行为

在儿童早期,蹒跚学步的儿童通常会在感到痛苦或与父母分离时寻求兄弟姐妹的帮助,特别是当哥哥 / 姐姐能够给予安慰时。幼儿期的照料活动在性质上相对简单,如当父母不在房间时,哥哥 / 姐姐帮助喂养弟弟 / 妹妹、和弟弟 / 妹妹一起玩耍,牵着弟弟 / 妹妹一起散步,等等。这些行为可能是哥哥 / 姐姐通过观察成人照料者的行为而进行的模仿,但随着哥哥 / 姐姐逐渐熟悉与满足他人需求相关的更复杂的任务,他们的照料行为也由简单模仿变得更有目的性。

---

[1] Bryant, B. K. (1989). The child's perspective of sibling caretaking and its relevance to understanding social-emotional functioning and development. In P. G. Zukow, *Sibling interaction across cultures: Theoretical and methodological issues* (pp. 143-164). Springer.

[2] Cicirelli, V. G. (1995). A measure of caregiving daughters' attachment to elderly mothers. *Journal of Family Psychology, 9*, 89-94.

到了儿童中期,同胞照料行为会比儿童早期有所增加。尤其是哥哥/姐姐5岁左右时,同胞照料行为会大幅增加,在7岁到13岁(或14岁)之间达到顶峰。这可能有两方面的原因。第一,儿童中期是个体在自我认同、社会理解、社会技能和人际问题解决等方面迅速发展的时期,此时也是同胞关系发展的重要时期。这个时期,同胞们可能第一次正式把彼此视为知识、技能和策略的重要来源,如,进入学校的共同经历可以实现同胞间的经验共享,即更有经验的哥哥/姐姐可能会利用自己掌握的知识来指导弟弟/妹妹。第二,当孩子进入儿童中期,父母会让他们承担更多的家务和家庭责任,其中包括照顾兄弟姐妹,这为哥哥/姐姐提供了充足的机会来照顾他们的弟弟/妹妹,并指导弟弟/妹妹完成一些家庭任务。

到了青春期,在身体照顾和相互监督等方面,同胞间的照料趋于减少,但同胞间的情感照料经常贯穿整个青春期。特别是在青春期后期,哥哥/姐姐分享的建议和提供的情感支持被认为是弟弟/妹妹获得的重要资源。青少年通常认为同胞对他们的经历(无论发生在家庭内还是在家庭外)比父母或其他成年人更有感触,也更能相互理解。尤其是青少年可能会发现,他们的同胞能够在处理与父母的关系(例如,如何避免让父母生气)上提供很多帮助,因为他们比同龄人或非家庭的同伴对父母有更多的了解。

(二) 同胞温暖

同胞之间独特的关系使得同胞之间的相处往往存在温馨、亲密的一面。温暖的、亲密的同胞关系为儿童提供了良好的成长氛围,提供关爱与支持的同胞也是儿童成长过程中重要的依恋对象,有助于儿童的健康成长。

1. 同胞温暖的概念

同胞温暖是同胞关系质量的一个重要维度,反映了同胞关系积极的方面,表现为同胞之间的友爱、亲密、支持、陪伴等。亲密的同胞之间存在深厚的情感联系,他们相互依赖、相互关心、相互支持,这有助于儿童的社会性发展。

2. 同胞温暖的表现

同胞温暖的一个重要特征即同胞之间的亲密程度。结合已有研究,我们认为同胞之间的亲密程度体现在同胞之间在心理与行为上的诸多表现,如同胞之间的支持性行为、积极互动、情感表达、合作与分享等。具体而言,同胞之间的支持性行为如,当儿童遇到困难时,兄弟姐妹能够帮助其解决问题,能够为其提供安慰并予以鼓励,这种支持性行为能够增强同胞之间的情感联系,促进儿童的心理健康;积极互动是指同胞能够共同参与活动,分享快乐,在日常生活中彼此之间能够产生积极的情绪情感和亲社会行为,如在参与家庭活动中相互帮助和照顾,这种积极互动能够增进同胞之间的感情;除了积极的互动行为之外,温暖的同胞之间还存在积极的情感表达,如兄弟姐妹间能够互相称赞,及时表达爱意和感激,增强彼此之间的情感认同和亲密度,帮助同胞减少情绪上的困扰;此外,温暖的同胞之间还存在高度的合作与分享,如在共同完成任务或活动中,同胞之间能够展现出合作与分享的精神,展现出高度的默契和团队精神,并在此过程中提高自身的社会技能,减少彼此的冲突和竞争行为,增强彼此的情感联系。

同胞温暖是同胞关系的一个重要方面,随着儿童的发展,同胞温暖也会发生一定的变化。在儿童早期,家庭是儿童成长的主要环境,同胞之间相处的时间较长,时间和空间的重叠使得同胞之间有较多的互动,年长同胞能够给予年幼同胞更多的支持与关心;从儿童中晚期开始,随着生活空间的拓宽,儿童会逐渐参与到同伴互动中,同胞关系的卷入程度和作用强度呈现下降趋势,同胞间的积极互动可能会减少;随着青春期个体对外部世界的兴趣和探索的增强,青少年逐渐更多地融入同伴中,这个时期,同胞之间的温暖和冲突均会减少。①

总体而言,同胞温暖反映了同胞间相互支持、帮助与爱护所形成的一种良好的同胞关系质量,同胞之间积极、良好的互动有利于儿童社会性的发展以及减轻儿童出现心理健康问题的风险,有助于儿童的健康成长。

(三) 同胞冲突

同胞之间并不总是和睦的、温馨的,也可能出现"剑拔弩张"的时刻,即产生同胞冲突。

1. 同胞冲突的概念

同胞冲突是指在一个家庭中,两个或多个孩子在行为、目标或活动上所表现出的对立,通常表现为争吵和敌对情绪以及相互间的攻击行为。

同胞间的冲突可以成为个体所拥有的一种宝贵的童年经历。因为相对亲子关系而言,同胞关系是儿童在家庭系统中相对平等的关系,出现同胞冲突说明儿童开始学习为自己争取权利,也开始学习站在对方的角度考虑问题,通过谈判、协商解决分歧等。这一过程跟亲子冲突有本质区别。但当同胞间的冲突升级为暴力行为,或者较弱的孩子受到较强的孩子的身体或精神虐待时,同胞关系就会对儿童造成严重的伤害。

为了更好地理解同胞冲突,我们可以从表现形式和冲突的结果两个方面进一步对其进行阐释。从表现形式来看,同胞冲突可以分为言语冲突、身体冲突和心理虐待等形式,其中言语冲突包括争吵、斗嘴、辱骂等;身体冲突包括挑逗、打架、身体攻击等;心理虐待包括恐吓、威胁、排挤等。而从同胞冲突的结果来看,同胞冲突包括建设性冲突和破坏性冲突,建设性冲突是指同胞在冲突中能够控制情绪进行互动,并通过协商、谈判等方式公平地解决问题;破坏性冲突则包括关系恶化、互动中断,以及通过不公平的方式解决问题等。

2. 同胞冲突的应对策略

在家庭中,父母通常是管理、应对同胞冲突的人。一般来说,父母会采取以下三

---

① 赵凤青,俞国良. (2017). 同胞关系及其与儿童青少年社会性发展的关系. *心理科学进展, 25*(5), 825—836.

种策略来应对同胞冲突[①],并且这三种策略会导致不同的结果。

一是孩子中心策略,是指父母帮助孩子相互交流,表达他们各自的立场,并通过协商、推理、和解的方式去解决问题,从而消除冲突。在孩子中心策略中,四步调解法(表8-1)是干预同胞冲突的效果较好的方式之一。父母的调解能使儿童更好地理解同胞的立场,鼓励他们使用更具建设性的解决策略,包括冷静地说话、分享他们的观点、倾听同胞的声音、解释他们的行为、道歉并提出解决方案。父母运用孩子中心策略去干预同胞冲突,可以使儿童学习沟通与交流的技巧,建设性地解决冲突,减少同胞冲突的再次发生,这些技巧也有助于儿童解决日后遇到的同伴冲突。

表8-1 四步调解法

步骤	内容
第一步	调解人制订基本规则和行为准则,以减少冲突升级和敌对的可能性
第二步	调解人在调解过程中发现冲突的问题。只有明确问题、集中讨论,才能让冲突双方在解决问题上取得进展
第三步	调解人试图促进冲突双方的相互理解并在他们之间建立移情
第四步	调解人鼓励冲突的双方提出可能的解决方案,并从中选择双方都能接受和实现的解决方案

二是控制策略,是指父母不是从理解孩子的角度出发,而是通过惩罚、威胁、取消特权或其他控制行为来消除冲突。这种策略是父母在生活中应当谨慎使用的。对于年幼儿童来说,父母的权威控制其实并没有解决同胞冲突,反而会导致更严重的同胞敌对和冲突。这是因为年幼儿童不能从父母的控制策略中学到有效的冲突解决策略,今后与同胞发生冲突时,他们依然不知道如何解决。

三是不干预策略,是指父母不干预同胞间的冲突,或者让孩子们自己解决冲突。一方面,根据阿德勒的个体心理学理论,同胞之间的冲突大都源于嫉妒和争夺父母的注意和关爱。持这一观点的研究者和实践者提倡父母采取不干预策略,这样,父母的行为就不会被视为偏爱某一个孩子,从而避免了同胞因争夺父母关爱和注意而引起的冲突。但另一方面,父母的不干预使儿童丧失了在冲突中学习冲突管理策略的机会,不利于儿童在冲突中学习沟通与交流的技巧,因此当同胞冲突再次发生时,儿童缺乏恰当的冲突解决策略,这可能会使同胞冲突加剧。

总的来说,针对同胞冲突,父母需要根据冲突的动机、儿童的年龄以及儿童的认知发展水平等相关因素,综合考虑是否应该干预、如何干预。例如,对于年幼儿童来说,同胞冲突需要父母介入,父母处理同胞冲突的过程,也是儿童学习社会交往技能

---

① 屈国梁, 曹晓君. (2021). 同胞冲突及其解决:家庭子系统的影响. 心理科学进展, 29(2), 286-295.

的过程；如果父母采取不干预策略，可能会强化儿童的非理性解决行为，比如哭闹、打架、向父母撒谎、推卸责任等。而对于年龄稍大的儿童来说，父母应该更多地提出建设性意见，支持同胞自主解决冲突，让儿童学会为冲突的结果负责，从而引导他们更加理性地处理冲突。

> **学习活动** >>

小张家有三个孩子，姐姐14岁，哥哥12岁，妹妹10岁。平时三个孩子感情很好，因为年龄相近，又都上过同一所小学，共同话题也不少。但他们也会不可避免地发生一些争执，尤其是周末使用家里唯一一台台式电脑的时候。虽然小张夫妇给三个孩子都制订了严格的电脑使用时间表，但他们还是因为姐姐多用了十分钟、弟弟总是用来打游戏等问题吵个不停。

每到这时，夫妻二人都会假装看不见，躲进卧室，等到三个人停下争吵，达成一致，夫妻二人才再次回到客厅，向姐弟三个人打探此次"战况"以及"停战"的原因，并且一起对刚刚三个人的言行进行评价。吵了几次之后，三个孩子发现争吵只会浪费彼此用电脑的时间，于是主动跟父母协商制订了一张新的周末电脑使用时间表。跟以往不同的是，时间表留出了"弹性时间"，允许有人在有较多学习任务或者近期表现较好的时候延长电脑使用时间。在三个孩子都同意之后，他们再也没有在这件事上发生过冲突。

也许是父母始终对他们持平等的态度，姐弟三个人即使有时发生争执，也会协商解决。

结合以上情境，分组研讨并交流以下问题：
1. 小张夫妇对同胞冲突的应对策略有哪些？
2. 谈一谈为什么即使偶有争执，姐弟三个人的关系仍很好。
3. 谈一谈二孩和三孩家庭中的同胞冲突可能有哪些异同。

（四）同胞竞争

虽然都是同胞关系消极一面的反映，但不同于同胞冲突，同胞竞争更多产生于同胞对父母关注的竞争上。

同胞暴力和虐待的整合理论模型

1. 同胞竞争的概念

同胞竞争是兄弟姐妹之间为了获得父母一方或双方的爱和关注，或者为了获得他人认可或各种资源而进行的竞争。同胞竞争的现象是普遍存在的，如果处理不当，可能会导致儿童出现心理健康问题。

2. 同胞竞争的特征

同胞竞争存在于大多数多子女家庭中。具体而言，我们可以从以下几个角度理解同胞竞争的特征。

首先,在出生顺序上,同胞竞争在第一个出生的孩子中更常见,因为第一个孩子在一段时间里独享父母的爱和关注。随着弟弟/妹妹的出生,年长的孩子通常会感到"流离失所",因为父母专注于新生儿,不自觉地减少了对年长孩子的关注。例如,当亲戚和朋友来访时,他们通常会更多地关注新生儿,年长的孩子可能会因此感到被忽视。与此同时,年纪较小的孩子可能会嫉妒年长的孩子,因为年长的孩子似乎拥有更多的"特权",比如晚上可以睡得晚一点,有新书和新衣服。而年幼的孩子可能会被要求更早睡,被迫使用二手书或穿二手衣服。此外,一般来说,竞争的激烈程度与孩子和父母之间的亲密程度成正比。孩子和父母之间的关系越亲密,对"闯入者"的敌意通常就越大。

其次,在家庭构成上,随着家庭的壮大,同胞之间竞争的激烈程度往往会降低。因为大家庭中的孩子会更早也更容易接受这一事实:父母对每个孩子的爱和感情的投入是不一样的,无法做到绝对平等。孩子们可能会更加依赖彼此,有更深厚的友谊和情感。

再次,在年龄上,同胞竞争在同性孩子中更常见,并且一般在女孩中比在男孩中更常见。在年龄上,同胞竞争在2到4岁的孩子中较为普遍。孩子之间的年龄差距越小,就越有可能发生同胞竞争。同胞竞争在8岁以上的孩子中不太常见,因为他们对自己在家庭里的位置有更好的理解,且开始有朋友、学校和兴趣爱好作为支撑,对新成员的到来可能没那么担忧。

最后,同胞竞争在被父母拒绝的孩子中更为常见。如当父母表现出偏袒时,不受宠爱的孩子会感到更受伤,并可能与受宠爱的同胞对抗。即使父母没有明显的偏袒,父母对孩子间的比较也会造成孩子的不良感觉。如果一个孩子比另一个孩子更有天赋、表现得更优秀、更被父母认可,他们之间就可能发生同胞竞争,但是对声望和成就的竞争通常比对父母的爱和关注的竞争发生得更晚。对于年龄大一点的儿童来说,学业经常成为其与同胞比较和竞争的内容。

3. 同胞竞争的应对策略

同胞竞争通常会破坏同胞关系,给儿童的发展带来消极影响,父母通过干预可以将兄弟姐妹间的竞争最小化。

具体来说,年长的孩子应尽早知道母亲怀孕的消息,并且父母应引导他们期待新成员的到来。当弟弟/妹妹出生时,父母应邀请年长的孩子参与一些准备工作,比如递尿布和拿东西,而不是让他们成为旁观者,这会让年长的孩子感到自己作为哥哥/姐姐很重要。如果年长的孩子需要从一个房间里搬出来给年幼的孩子腾出地方,应该在年幼的孩子出生前很久就搬,而不是孩子出生了才搬,这样可以避免这件事情成为竞争的直接来源。由于同胞竞争在过度保护的孩子中更加明显,所以父母应该尽早教年长的孩子自己吃饭和穿衣,培养他们的自主性和独立性。同时,父母需要经常强调每个家庭成员的重要性,告诉年长的孩子他们会继续被爱。

父母应该做到平等地爱每一个孩子。如果家庭经济条件允许,每个孩子都应该有新玩具和新衣服,父母不应该强迫孩子玩旧玩具或穿旧衣服。父母不应该在智力、外貌或成就方面对孩子进行比较,不应该在所有孩子面前过分表扬其中一个孩子。父母的耐心、关爱、理解和幽默是阻断同胞竞争的重要因素。

四、同胞关系对儿童发展的影响

同胞关系在个体的整个生命历程中都具有重要影响,尤其对于儿童来说,同胞关系的影响不可小觑。我们可以从三个方面了解同胞关系对儿童发展的影响。

（一）同胞关系影响儿童的自我认知发展

积极的同胞关系可以促进儿童自我的发展,包括提升儿童的自尊水平,促进儿童自我概念的发展等。同胞影响儿童自我认知发展的路径主要有两条:一方面,当他们试图摆脱父母影响,自主探索个人身份的定位时,同胞往往起着重要的参照作用。例如,哥哥/姐姐会成为弟弟/妹妹塑造自己独特身份的榜样,也就是"我要像哥哥/姐姐一样"。另一方面,同胞关系的独特作用可以在儿童去认同化中显现。为发展独特的身份并减少同胞之间的竞争,弟弟/妹妹在这一阶段可能会选择与哥哥/姐姐不同的道路,也就是"我不要像哥哥/姐姐那样"。

（二）同胞关系影响儿童的情绪社会性发展

良好的同胞关系有利于儿童的情绪社会性发展。同胞间相处的时间通常比与父母、同伴相处的时间长,相处的空间也更私密,因此同胞之间会讨论很多与情感有关的经历、想法和感受,这些沟通与交流可以提高儿童的移情能力,使同胞之间更加理解彼此的心理状态。其次,同胞互动既包含温暖的、积极的互动,也包含冲突的、消极的互动,这使得同胞间的相处常常伴随着双方情绪上的变化,如生气、沮丧、嫉妒、快乐等,这些由双方互动引起的情绪反应为儿童的情绪发展提供了重要的环境,有利于儿童识别、表达和调节情绪,对儿童的情绪社会性发展有积极意义。

（三）同胞关系影响儿童的行为发展

良好的同胞关系有利于减少儿童内外化行为问题出现的可能性。首先,同胞作为儿童成长中除父母外的重要他人,通常可以成为其分享情绪、情感的对象,这有利于减缓儿童的焦虑、抑郁、愤怒等负面情绪,减轻儿童的压力和孤独感,减少犯罪行为、物质使用和其他外化行为问题;其次,良好的同胞关系能够弥补父母或朋友支持的缺失。那些没有父母或朋友支持,但同胞关系较好的儿童在心理状态上比那些既没有父母或朋友支持又没有同胞支持的儿童表现得更好。

相反,消极的同胞关系可能是儿童内外化行为问题发展的重要预测因素。首先,同胞之间频繁的、剧烈的冲突以及同胞的敌意会直接损害同胞关系的质量,儿童可能会因此出现更多的如抑郁、焦虑、低自尊等内化行为问题。其次,同胞间可能会存在欺负和攻击的行为,这些消极同胞互动行为易使儿童误认为攻击的、敌意的方式是人际交往中的一种正常方式,在与他人交往时他们更易出现攻击行为或遭受他人的攻击。最后,同胞长时间生活在一起,同胞之间的界限侵犯也会对儿童的内外化行为问题产生消极影响。同胞界限不清、同胞关系过分亲密的儿童会严重依赖同胞关系,这会削弱儿童的自主性、个性以及对外界的探索欲和好奇心,增加其内化行为问题的风险;而同胞间过分疏离的儿童更易发展出人际忽视、拒绝、疏远等行为处理模式,进而更易出现外化行为问题。

理解·分析·应用

1. 简述同胞互动对儿童发展的影响,并举例描述这些影响在现实生活中的表现。
2. 结合父母因素对同胞关系的影响,谈一谈你对父母差别对待不同孩子的看法。
3. 结合家庭系统理论,基于对亲子互动、夫妻互动和同胞互动的学习,试着谈一谈在家庭中,亲子系统、夫妻系统、同胞系统这三个子系统是如何相互影响的。

推荐阅读书目

1. 郑淑杰.(2018).*青少年人际关系发展与社会适应*.北京:中国社会科学出版社.
2. 马卡姆.(2016).*平和式教养法(多子女篇)*(孙璐 译).上海:上海社会科学院出版社.

第四部分　环境与儿童发展

导读

"久居兰室不闻其香,久居鲍市不闻其臭。"(《孔子家语·六本》)一个人会在潜移默化中受到环境的影响。因此,环境因素是影响家庭教育和儿童发展不可忽视的一个方面,是我们理解家庭教育心理学的重要维度。其中,家庭环境和社会环境的影响尤其显著。

家庭环境是儿童成长的第一个,也是最直接的环境,既包括家庭的物理环境,也包括家庭的心理环境。家庭环境会对儿童的发展产生重要影响。例如,一个和谐、凝聚力强的家庭可以为孩子提供一个安全的基地,让他们变得自信并具有社交能力。相反,一个混乱、充满冲突和压力的家庭环境可能会使儿童长期紧张、焦虑、自卑,回避正常的人际交往,甚至产生躯体化反应。

除了家庭环境,社会环境也会影响儿童的成长及家庭教育。社会环境包括社会的文化、价值观、教育政策等。这些因素间接但深刻地影响着家庭教育的实践和效果。例如,一个重视教育、强调全面发展、能为儿童提供丰富学习资源的社会环境,可以为家庭教育提供强大的支持和资源。而一个忽视教育、缺乏学习资源的社会环境可能会给家庭教育带来挑战和困难。社会文化和价值观也会影响父母的教育观念和方法。因此,家庭教育是一个既受家庭内部因素,又受社会外部因素影响的复杂系统。

从家庭到社会,这两个层面的环境因素都与家庭教育和儿童发展紧密相连,它们之间的关系是相辅相成的。本书第四部分关注环境与儿童发展这一主题,详细介绍家庭环境和社会环境的相关内容,深入阐述二者对儿童成长与发展的影响,为营造儿童成长与发展的良好环境提供一定指导。

第九章

家庭环境与儿童发展

9

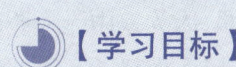

【学习目标】

1. 了解家庭环境的概念及其对儿童发展的重要性。
2. 理解家庭物理环境和心理环境中的不同要素对儿童发展的影响。

【知识导图】

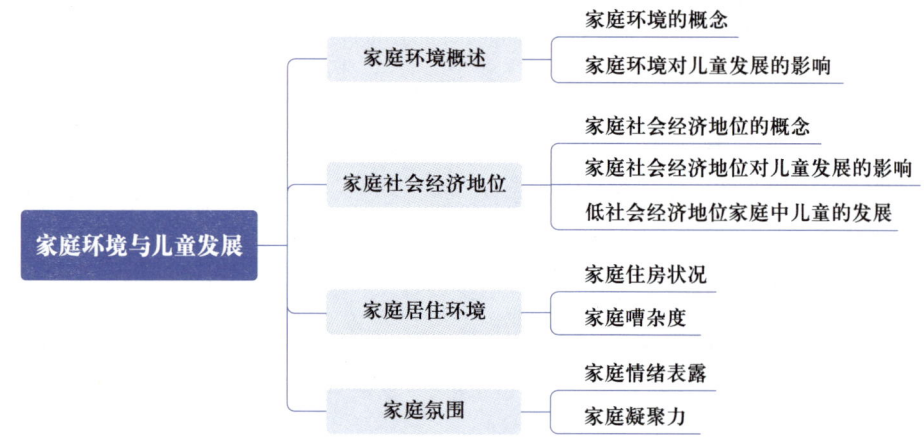

【内容导读】

2020年,一位小女孩在卤肉摊下认真上网课的照片在网上引发了广泛讨论。这位小女孩的父母是外来务工人员,因为家中无人照顾她,而她又需要上网课学习,因此,父母只好临时在自己的卤肉摊下搭起了一片"学习空间"。为了尽可能地给孩子创造好的学习条件,父母给她买了两盏台灯,还换了屏幕更大的笔记本电脑。小女孩和她的这片小小的、安静的学习空间与菜市场熙熙攘攘的氛围形成了鲜明的对比。网友们一方面为小女孩不得不在这样的环境里学习而感到心疼,另一方面也为父母尽可能地为孩子创造好的学习环境而感动,他们一定是在力所能及的范围里做到了最好。

家庭环境是儿童在成长过程中接触最为直接、密切的环境。家庭环境是影响家庭教育和儿童发展的重要因素。家庭环境并不等于我们常说的家境,而是包括家庭社会经济地位、家庭居住环境、家庭氛围等多个方面。良好的家庭环境对家庭教育和儿童发展有积极作用。在本章中,我们围绕家庭环境的不同方面,包括家庭社会经济地位、家庭居住环境、家庭氛围,展开深入阐述,探讨家庭环境对儿童发展的影响。

第一节 家庭环境概述

家庭既是儿童赖以生存的居住空间,也是一个充满情感、互动的场所。在家庭中,儿童首次接触他人和世界,学会与他人建立关系,家庭是儿童社会化的起点。家庭环境的每一个细节,无论是陈设摆放还是家庭成员的情绪和家庭的氛围,都在无声无息中塑造着儿童的心灵和人格。

一、家庭环境的概念

早期研究者对家庭环境的探讨集中于家庭为儿童所提供的学习环境,例如学习材料、学习空间和饮食保障等,强调的是家庭的物理环境。与家庭物理环境相似的提法还有家庭客观环境、家庭硬环境等,它们关注的都是家庭的收入情况、物质丰富程度等物质因素。到了20世纪70年代,美国心理学家贝尔斯基(J. Belsky, 1952—　)提出仅从家庭的物理、客观环境来理解家庭环境是有所欠缺的,研究者也应该考虑家庭环境的主观和心理属性,这种主观家庭环境就包括家庭成员之间的互动方式,以及整个家庭的情感氛围等。

据此,我们认为家庭环境是指家庭成员生活的各种条件以及家庭成员之间相互作用所形成的关系的总和。它是一个家庭的日常生活背景,包括家庭成员生活的物理居所、家庭成员生活及相互交流的方式、家庭的日常氛围等。具体来说,家庭环境既包括家庭的社会经济地位、住房状况等物理环境,也包括家庭凝聚力、家庭情绪表露这样的心理环境。

二、家庭环境对儿童发展的影响

家庭环境对儿童的发展至关重要。一方面,它给儿童带来了物质生活保障,满足儿童成长发育、衣食住行等基本生理需求,避免儿童受到伤害;另一方面,它提供了儿童发展所需的各类刺激,是儿童社会技能养成的最初环境。除了对儿童发展产生直接影响,家庭环境也能通过影响父母教养行为影响儿童发展。无论是直接对儿童发展产生影响,还是通过父母教养和亲子互动间接对儿童发展产生影响,家庭环境都是影响儿童成长与发展的重要因素。

(一)家庭环境直接影响儿童发展

个体从出生到成年,往往都浸润在家庭环境之中。家庭布置是否井然有序,家庭成员之间是否相亲相爱,这些环境因素都会对儿童发展直接产生影响。家庭环境会影响儿童发展的方方面面,包括语言能力、认知能力、社会交往能力以及情绪调节能力等。例如,如果家庭物理环境贫乏,父母文化水平也不高,那么孩子从小能接触到的词汇与刺激物会比较少,活动空间也会比较小,其大脑发育可能就会延迟,处理信息的能力、语言加工的能力等可能会相对较弱。相反,如果一个家庭有较为丰富的图书、玩具等刺激物,孩子的大脑发育就会更快,孩子通常能够发展出更好的语言能力和学习能力。对于父母来说,意识到家庭环境是如何影响孩子的,并采取措施为所有家庭成员营造一个积极的、支持的环境,是尤为重要的。

早期环境对儿童发展的影响

(二)家庭环境通过影响父母教养行为间接影响儿童发展

家庭环境还会通过影响父母教养孩子的态度和方式,间接影响儿童发展。父母也是生活在家庭环境中的一员,他们也会被所处的家庭环境影响。例如,堆满杂物、混乱无序的家庭居住环境会导致父母的心理压力水平上升,这不仅仅会影响其心理健康状况和夫妻关系,增加其出现抑郁、焦虑的风险,还会让他们在照顾自己孩子时感到筋疲力尽,影响他们对孩子的需求的回应,从而阻碍他们与孩子之间形成健康、稳定的依恋关系,最终阻碍儿童的发展。因此,家庭环境既与父母自身的情绪状况、心理健康状况有密切关系,也会影响他们与孩子相处过程中的感受和行为,进而影响孩子的成长与发展。

> **拓展阅读** ≫
>
> **《科尔曼报告》:家庭环境对儿童教育成就的影响**
>
> 1966年,美国社会学家科尔曼(J. S. Coleman,1926—1995)等人首次对美国公立学校进行了大规模的系统评估,旨在研究教育不平等现象的根源。同年,科尔曼等人发表了著名的关于教育机会平等的报告 *Equality of Educational Opportunity*,该报告后以《科尔曼报告》著称。
>
> 《科尔曼报告》的一项重要发现是,家庭环境对学生学业成就的影响甚至比学校环境更大。换句话说,孩子的家庭环境,包括家长的受教育水平、家庭的经济资源以及家庭的教育环境,比学校设施、教师素质等因素更能决定孩子的学业成就。
>
> 该研究证明家庭不仅仅是儿童生活的基础环境,更是他们心理、社会乃至学习能力发展的重要场所。由此,《科尔曼报告》强调,为了提高学生的学业成就,维护教育公平,重视和改善家庭环境是十分必要的。《科尔曼报告》不仅凸显了家庭环境与儿童发展的紧密联系,也证明了研究家庭环境对儿童发展的影响对理解和促进儿童全面发展具有重要意义。

(三)家庭环境通过影响家庭教育的效果进而影响儿童发展

家庭环境中的许多要素还可以作为调节变量影响父母的教养行为,使同样的教养行为对儿童产生不同的结果,因为家庭环境能够影响儿童看待父母教养行为的方式。例如,父母的监管行为既可能被儿童视为一种关心的信号,也可能被视为一种对隐私的窥探、对自己的不信任行为。在缺乏温暖的家庭中,儿童往往将父母的监管行为理解为过度控制,并认为父母在侵犯他们的自主权和隐私权。在这样的家庭环境中,父母的监督反而会给儿童的发展带来不良后果。相反,当一个家庭有积极、温暖的氛围时,父母的监督与管教传达的则是父母关爱的信号。在一个有积极情感氛围的家庭中成长的儿童,对父母管教的接受程度会比较高,因此,父母有机会通过使用适当的教养策略来促进儿童的发展,并保护儿童免受伤害或者矫正儿童的问题行为。

因此,家庭环境是一个复杂的动态系统,既可以加强也可以削弱父母教养行为对儿童的影响。将家庭环境视为家庭教育中的一个重要因素,我们就可以更加细致地了解父母教养行为如何影响儿童的成长。

家庭环境与家庭教育的5S模型

第二节 家庭社会经济地位

家庭社会经济地位是家庭环境的重要组成部分,属于家庭的物理环境,它在很大程度上决定了家庭可以利用的资源的种类和数量。这些资源涉及教育、医疗保健、休闲活动等方面。因此,它直接关系到儿童的生活条件和教育机会,对家庭成员的心理健康和社会互动产生着深远的影响。

一、家庭社会经济地位的概念

社会经济地位(socioeconomic status, SES)是指个人在其所属的社会中的阶层地位或积累的资本,体现一个人拥有的物质资源、社会关系等资本的总和,以及这些积累在整个社会阶层中所处的位置。

家庭社会经济地位则是指家庭在其所属的社会中的阶层地位或积累的资本,它通常用家庭年收入、家庭成员的受教育程度与职业声望等客观指标来衡量,并在计算时将多个指标通过函数拟合成一个分数,作为家庭社会经济地位的评价指标。也有研究者提出,可以通过询问家庭拥有物(包括家庭拥有的汽车、电脑的数量,是否拥有独立卧室、书桌等)的方式对家庭社会经济地位进行测量。无论采用何种测量方式,家庭社会经济地位反映的是一个家庭的社会地位,以及获得各种形式的资本、资源的难易程度。

二、家庭社会经济地位对儿童发展的影响

家庭社会经济地位是儿童发展的重要家庭环境因素。有两位研究者曾在1992年完成过一项有关家庭社会经济地位与儿童语言学习的开创性研究。[①] 在为期两年半的时间里,研究者每月都对每个家庭进行拜访并记录其日常交流内容。研究者对这些记录进行了编码,把父母对孩子所说过的话分为"鼓励"和"打压"两种。研究者发

---

① Hart, B., & Risley, T. R. (1992). American parenting of language-learning children: Persisting differences in family-child interactions observed in natural home environments. *Developmental Psychology, 28*(6), 1096–1105.

现,在高社会经济地位的家庭中,一个孩子在一小时内听到的平均词语量为2 153个,而在低家庭社会经济地位的家庭中,这一数据为616个。此外,到3岁时,在高社会经济地位家庭中的孩子平均听到了50万句鼓励的话语,而在低社会经济地位家庭中只有7.5万句;到4岁时,来自高社会经济地位家庭的儿童已经听到了约4 800万个单词,而来自低社会经济地位家庭的儿童则听到了约1 300万个。这一研究结果得到了美国社会的广泛重视,美国儿科学会、克林顿基金会都引用了这一研究结果,号召大家关注家庭社会经济地位对儿童发展的重要影响。

(一) 低家庭社会经济地位对儿童发展的影响

家庭社会经济地位作为家庭环境的重要指标,会通过直接影响儿童的资源可得性对儿童的发展产生影响,在缺乏物质资源的环境下生活会给儿童带来更大的压力与负担,进一步给儿童发展带来挑战。

1. 对儿童身体健康的影响

家庭社会经济地位与家庭中儿童的身体健康相关。低家庭社会经济地位往往与营养不足、缺乏医疗保障和难以接受高质量的医疗服务有关。此外,低家庭社会经济地位还增加了儿童饮酒、吸烟和过度消费其他成瘾物质的风险,并且会减少他们参加体育活动的可能性。因此,一般来说,低家庭社会经济地位的儿童更有可能患各种疾病,更容易感染疾病,在感染疾病后死亡的概率也更高。

2. 对儿童认知神经发育的影响

家庭社会经济地位会对儿童认知能力相关脑区的发育产生影响。低家庭社会经济地位的孩子往往在执行功能的各方面表现更差,包括工作记忆、抑制控制和注意力转移等。追踪研究也表明,童年长期贫困与儿童早期较差的执行功能和成年早期较差的工作记忆有关。与这些行为研究结果相一致的是,一些研究者使用功能性核磁共振和脑电图方法提供了不同家庭社会经济地位导致执行功能差异的神经生物学证据。

此外,家庭社会经济地位也会影响儿童的社会情绪功能相关脑区。有过早年贫困经历的成年人在执行任务时,更难以抑制杏仁核的激活,前额叶皮层活动减少。研究结果表明,即使在控制了参与者自身的教育水平和家庭收入水平后,较低的父母受教育水平也与其皮层纹状体大脑系统的激活和连接有关,而这是对奖赏处理非常重要的脑区。由此可见,家庭社会经济地位会对儿童的认知神经发育和行为方式产生影响。

3. 对儿童心理健康的影响

家庭社会经济地位会对儿童心理健康产生影响。那些生活在低社会经济地位家庭的学龄前和学龄儿童更有可能在家庭中经历各种形式的压力事件,他们在家庭中遭到身体和精神虐待的风险更高,也更有可能因为缺少文具、电子产品而受到同伴侵害。这些压力和不良环境会使儿童出现退缩、焦虑和抑郁等状况。来自低社会经济地位家庭的儿童在其一生中出现心理健康问题的可能性是高家庭社会经济地位儿童的两到三倍①,也更有可能出现多动障碍、外化行为问题、抑郁症状、药物滥用问题以及精神分裂等。

4. 对儿童学业发展的影响

家庭社会经济地位会对儿童学业能力发展产生影响。较低的家庭社会经济地位与更差的语言技能表现有关,包括词汇、语音意识、单字解码、阅读理解和语法等。6—9个月大婴儿的基线脑电图活动记录表明,低家庭社会经济地位婴儿的脑伽马波功率(伽马波是脑电波的一种,与健康认知功能和处理更复杂的任务相关,患有精神障碍和学习障碍的个体伽马波功率往往低于平均水平)较低,这可能预示着语言问题的早期风险。② 在家庭社会经济地位较低的儿童中,语音意识和阅读能力之间的关系被放大;相反,在语音意识较差的儿童中,高社会经济地位可以作为阅读障碍的改善性因素。

此外,生活在高社会经济地位家庭的孩子往往具有更好的学业表现。大量研究结果表明,在影响学生学业成就的因素中,家庭社会经济地位具有较强的预测作用。值得注意的是,在不同的社会文化和经济条件背景下,社会经济地位与儿童学业成绩之间的关系可能存在差异。具体来说,相较于发展中国家和贫困国家的儿童而言,发达国家的儿童学业成就与家庭社会经济地位表现出了更强的关系。PISA 2018 报告也提供了相似的证据,即对于不同国家而言,家庭社会经济地位与学生学业表现的关系强度存在差异。就我国的情况而言,一项元分析结果表明,学生的家庭社会经济地位与其学业表现呈现出中等水平的相关程度,且这一相关程度在过去几十年中逐渐减弱。③ 也就是说,在我国,家庭社会经济地位能够在一定程度上影响儿童的学业发展,但这种影响力已经变得越来越小。

> **拓展阅读** >>>

PISA 2018 报告:家庭社会经济地位对儿童学术成就的影响

PISA(国际学生能力评估项目)是由经济合作与发展组织(OECD)进行的一项国际性评估,旨在衡量 15 岁学生的阅读、数学和科学素养。

在 2018 年的 PISA 中,研究者对学生的家庭环境以及其对学术成就的影响进行了深入的研究。PISA 2018 报告指出,家庭社会经济地位、父母的教育程度以及家庭的学习环境等因素对学生的学术表现有显著的影响。例如,报告表明,拥有更多家庭教育资源、身处有助于学习的家庭环境的学生,在阅读、数学和科学成绩

---

① Reiss, F. (2013). Socioeconomic inequalities and mental health problems in children and adolescents: A systematic review. *Social Science & Medicine, 90*, 24–31.
② Tomalski, P., Moore, D. G., Ribeiro, H., Axelsson, E. L., Murphy, E., Karmiloff-Smith, A., ... Kushnerenko, E. (2013). Socioeconomic status and functional brain development-associations in early infancy. *Developmental Science, 16*(5), 676–687.
③ Liu, J., Peng, P., & Luo, L. (2020). The relation between family socioeconomic status and academic achievement in china: A meta-analysis. *Educational Psychology Review, 32*, 49–76.

上往往表现更好。

这些结果再次证明了家庭社会经济地位与儿童发展的密切关系。良好的家庭社会经济地位不仅为儿童提供了生活的基础,也为他们的学术发展提供了重要的支持。例如,父母的受教育程度可能影响他们对孩子学术发展的期望和支持,家庭的经济状况可能决定了孩子能否获得丰富的学习资源,而家庭的学习环境可能会影响孩子对学习的态度和学习的动力。PISA 2018 报告通过数据进一步强调了对家庭社会经济地位与儿童发展的关系进行深入研究和理解的必要性。

(二) 高社会经济地位家庭的潜在危害

人们通常认为,高家庭社会经济地位有利于儿童发展,这类家庭的父母往往受教育程度较高,能为儿童带来更多的资源,提供丰厚的成长支持。但实际上,较高的家庭社会经济地位可能会给儿童发展带来潜在危害。例如,有研究结果表明,在美国的部分学校中,那些家庭收入更高、所处社区平均父母受教育程度更高的学生,物质滥用和抑郁、焦虑症状的发生率明显高于全国平均水平,这种现象被称为"富裕流感"(affluenza)。[①]

一方面,生活在高社会经济地位家庭的父母自身往往有较大的工作和生活压力,面临更高水平的工作-家庭冲突,这可能会减少父母陪伴儿童的时间,使其无法及时地回应儿童的需要,从而对儿童发展产生消极影响。与此同时,那些高社会经济地位家庭的父母往往会期望自己的孩子能够在未来拥有同样的社会经济地位,甚至超越自己现有的条件。这意味着他们更有可能采用控制性的方式教养儿童以实现自己的目标,从而给儿童带来消极影响,阻碍其心理和行为适应。

另一方面,受到周围环境的影响,生活在更高社会经济地位家庭的儿童通常从小就被要求在学校中取得优异的成绩,因此他们会与周围同伴持续进行社会比较,这会带来竞争和嫉妒的心理,对他们的人际关系、自我价值和社会适应产生负面影响。此外,这种高期待意味着父母更有可能为孩子报兴趣班、课后辅导班,以确保孩子可以在学校中取得优异的成绩。而过度的课外辅导会挤占儿童在课后与同伴玩耍、培养友谊的时间和机会,同样会影响其社交能力的发展与社会支持网络的建立。所以,来自高社会经济地位家庭的孩子在校园欺凌中也更容易成为欺凌者或被欺凌者。

总体而言,随着社会发展,家庭社会经济地位对儿童的影响逐渐受到更多关注。我们要关注低家庭社会经济地位儿童的发展状况,采取多种干预措施,提升儿童的压力应对能力,减轻父母的育儿压力,提升父母的育儿技能。同时,我们也要关注高家庭社会经济地位儿童的发展情况,强化有利条件对他们的积极影响,避免可能产生的

[①] Luthar, S. S., Kumar, N. L., & Zillmer, N. (2020). High-achieving schools connote risks for adolescents: Problems documented, processes implicated, and directions for interventions. *American Psychologist*, 75(7), 983–995.

不利影响。

> **学习活动**
>
> **在线学习与儿童教育公平**
>
> 随着互联网和人工智能技术的迅速发展,远程教育已经成了教育领域的一个重要分支。尤其在一些特殊情境下,远程教育是主要的教育形式。有观点认为,远程教育的普及为教育资源匮乏、经济欠发达家庭提供了较为低成本、易得的教育资源,在某种程度上促进了教育公平。
>
> 基于上述观点,就以下问题进行小组讨论:
>
> 1. 在线学习的质量是否会受到家庭社会经济状况的影响?如果会,这种影响体现在哪些方面?
>
> 2. 在线学习是否缓解了家庭社会经济地位给儿童发展带来的影响?为什么?

三、低社会经济地位家庭中儿童的发展

(一) 低社会经济地位家庭中的"逆袭"儿童

低家庭社会经济地位与儿童适应不良之间的关系并不是绝对的。实际上,很多研究者发现,即使生活在贫困、低社会阶层这样的不利家庭环境中,仍然有相当一部分儿童有良好的适应能力和心理状况,这样的儿童可称为"逆袭"儿童。例如,有研究者长期追踪了夏威夷岛上一群出生在贫困、家庭不稳定和父母酗酒等不利环境中的儿童,发现尽管面临诸多挑战,仍有约三分之一的儿童表现出了良好的适应能力;这些儿童在成长过程中表现出良好的社会技能,能够有效地应对压力,并在成年后获得了稳定的职业和健康的人际关系。[①] 那么,到底什么样的儿童可以在低家庭社会经济地位的情况下实现"逆袭",并顺利成长呢?

就外界环境而言,积极、亲密的人际关系是儿童在逆境中适应和发展的重要基石。许多国家和地区的研究结果证明,能得到父母及时的回应、家庭中有明确的规则的孩子,即使处在较低社会经济地位的家庭中也能发展良好。除此之外,来自同龄人、教师的稳定支持也能帮助儿童更好地应对家庭困难带来的压力和负担。有效的课堂管理和来自父母、教师积极的学业期望也可以提高低家庭社会经济地位儿童的学业表现,抵消逆境的不利影响。这些来自家庭、学校和社区的有利力量共同形成一种支持性的氛围,成为生活在逆境中的儿童的保护性因素,使儿童提高了自信心,也让他们更愿意参与到学校和社会活动中,最终实现"逆袭"。

---

① Werner, E. E. (2004). Vulnerable but invincible: High risk children from birth to adulthood. *European Child & Adolescent Psychiatry, 5,* 47–51.

就个人层面而言,来自低社会经济地位家庭的儿童自身的积极品质也与其"逆袭"有关。例如,在社交方面,开朗、善于交际的性格,有效的人际交往和沟通技能,可以帮助儿童在资源匮乏的环境中更好地建立并扩展自己的社会支持网络,也能帮助他们寻找到更多支持性资源,从而抵御物质匮乏给其发展带来的不利影响。在学业表现方面,儿童对自己学业发展的期望以及积极情绪都是促进其"逆袭"的重要因素。例如,一项对我国小学六年级、初中三年级和高中二年级学生的大规模调查结果表明,当处于不利处境的学生有关学业的积极情绪提高一个单位时,他们在学业成绩上处于前25%的可能性就会提高15%~40%。[1] 由此可见,这些个人层面的积极特质是儿童建设和挖掘环境中积极资源的重要推动力。

"转变和坚持"(shift-and-persist)的应对策略可以用来解释为什么有一部分儿童可以更好地应对不利处境给自己带来的压力。具体而言,如果处于逆境中的儿童能找到正面的榜样,意识到世界上有可以依赖和信任的人,他们就更有可能用转变、调整自身认知的方式来改变他们对当前和未来遇到的压力情况的看法,以减少负面情绪的影响。榜样也能教会儿童适应性的情绪调节技能,还能引导儿童相信他们自身的潜力,使他们对未来更加乐观,并帮助他们找到生活的意义,从而积极地生活。

可见,在保护性环境因素和个人因素的作用下,即使是处于低家庭社会经济地位的儿童仍然可以有良好的发展。

(二) 通过干预为低社会经济地位家庭中的儿童提供支持

尽管现有研究结果表明,通过外部环境和个人自身的应对策略,儿童有可能在不利处境中实现"逆袭",然而,我们也必须承认,家庭的很多保护性因素本身会受到社会经济地位的影响。例如,虽然温暖的育儿方式可以削弱家庭社会经济地位对儿童发展的不利影响,但贫困本身就会增加父母严厉教养和虐待儿童的可能性。因此,在低家庭社会经济地位这样不利的处境下,仅凭父母和儿童自身的努力可能还不足以完全抵抗风险,仍需要政府、社会和各领域相关人员在多方面提供援助。

近年来,相关领域的研究者和社会工作人员也开发并实施了一些旨在促进处境不利儿童终身发展的援助项目,其中,改变儿童所处的家庭环境,从而促进儿童发展是这些项目非常重要的干预目标。这些干预项目集中在干预父母的心理健康状况、干预父母的教养行为、干预父母的自我调节与应对能力三个方面。

1. 干预父母的心理健康状况

父母的心理健康状况直接影响着他们的教养行为和儿童的发展。低家庭社会经济地位的父母面临多重压力,包括经济困难、工作压力和社会边缘化等。这些压力不仅影响父母自身的心理健康,还可能通过父母教养行为间接影响儿童的发展。例如,焦虑、抑郁的父母在教养中可能表现出较少的支持行为和较多的严厉教养行为。因

---

[1] Yan, Y., & Gai, X. S. (2022). High achievers from low family socioeconomic status families: Protective factors for academically resilient students. *International Journal of Environmental Research and Public Health, 19*(23), 15882.

此,针对性地为这些父母提供心理健康干预,不仅有助于改善他们自身的心理健康状况,也是促进儿童健康成长的关键。

对于处于低家庭社会经济地位的父母,干预人员认为,要促进他们建立日常生活中的人际支持网络,从而提升他们的心理健康水平和教养能力。许多干预方案已经从建立积极关系、减少夫妻冲突、促进夫妻合作等方面对处于低家庭社会经济地位的父母进行了干预。这些干预项目能够显著改善低社会经济地位家庭的环境,为儿童提供更稳定、更具支持性的成长环境。

2. 干预父母的教养行为

在具体的教养行为方面,长期的严厉教养和虐待是导致儿童适应不良的重要风险因素,而这些行为在低社会经济地位家庭中往往更为频繁。因此,帮助父母减少教养过程中严厉和不耐烦的教养行为,更多采用支持性、温暖的方式回应孩子的需求,对于促进儿童的"逆袭"是很有必要的。已经有很多干预项目基于这样的目标,帮助处于低家庭社会经济地位的父母学会以及时支持性的方式来回应孩子的需求。同时,也有干预项目主要帮助父母理解并减少无意中强化儿童不良行为的特定行为模式,代之以发展积极的教养行为来强化儿童的适应性行为。这种对父母教养行为的干预不仅有助于改善家庭内部的互动模式,还能够促进儿童的社会适应性和情感发展,帮助低社会经济地位家庭中的儿童更好地对抗不利环境的消极影响。

"父母与孩子建立联系—注意力很重要"项目

3. 干预父母的自我调节与应对能力

自我调节能力是应对生活中的挑战和保持心理健康的关键,包括控制情绪的能力、管理压力的能力以及适应不同环境的能力。对父母而言,良好的自我调节能力能帮助他们采取支持性和非惩罚性的教养方式。在干预策略方面,认知行为疗法(cognitive behavior therapy, CBT)被广泛用于提升父母的自我调节能力。这种干预方法会通过纠正父母的错误认知和归因,帮助他们发展更有效的情绪调节策略,尤其适用于单亲父母、患抑郁症的父母或长期处于贫困状态的父母。

值得注意的是,父母与孩子之间在自我调节能力和情绪表达方面存在双向影响。父母可能会根据孩子的行为调整自己的调节行为,而他们的教养方式与孩子的自我调节能力之间也存在相互作用。因此,这类干预方案通常会同时关注父母和孩子的自我调节能力,以促进家庭内部的和谐互动,减少家庭冲突。

第三节 家庭居住环境

家庭居住环境是与儿童发展紧密相关的另一个家庭环境因素,属于家庭物理环境,指的是儿童所居住的房屋条件以及房屋中的陈设等。

一、家庭住房状况

"家"是每位家庭成员的主要居住地。一般来说,每个人每天都会在家中度过至少三分之一的时间,家庭是提供日常衣、食、住的重要场所,对于儿童而言更是如此。学龄前的孩子每天都有超过一半的时间(甚至全天)会在家中度过。而房屋中的设施、物品的丰富程度与摆放特点等家庭住房状况,都会对家庭成员的行为和心理产生重要影响。

(一)家庭住房状况的概念

家庭住房状况是指一个家庭在居住环境上的物理和空间特征,包括住房的大小、结构布局、装饰、物品、陈设等,它是影响儿童家庭生活质量的关键因素之一。良好的家庭住房状况能为儿童提供满足其身心发展基本需要的物理环境,刺激其认知和大脑发育,是儿童健康成长的稳定、安全的港湾。

家庭住房状况的关键组成部分包括家庭房屋质量和家庭刺激物的丰富程度。家庭房屋质量是指建筑的结构完整性、安全性以及环境因素(如温度、湿度、通风)的适宜性。高质量的住房应能提供稳定、安全的居住环境,保护居住者免受外部环境的不利影响。家庭住房质量评估往往通过用于建造房屋的结构材料(如水泥、茅草、木头)和内部设施(如厕所的通道、供水管道、封闭的烹饪设施和制冷设备)来进行。

另一个值得关注的因素是家庭中可以为儿童提供的刺激物。在早期有关家庭资源的研究中,研究者通常只衡量家庭持有的货币或支出。随着研究的推进,开始有研究者关注一些具体的物质资源,如收音机、电视、电话和私人交通工具对儿童认知发展的影响。结果表明,那些在有更为丰富的刺激物的家庭中长大的孩子,其大脑发育更充分,也会表现出更高水平的认知能力和更强的适应性。联合国儿童基金会开发的多指标类集调查(multiple indicator cluster surveys,MICS)结果表明,家庭中书籍总体数量、儿童书籍数量以及玩具和其他游戏材料的数量等,可以作为评价家庭环境中儿童刺激物丰富程度的指标。目前该调查已经成为标准化的住户调查数据收集工具,为了解儿童状况及其生活环境提供了具有国际代表性和全球可比性的数据。除此之外,儿童在家庭环境中能够接触到的语言、音乐甚至是婴儿时期听到的摇篮曲,都是重要的刺激物。

(二)家庭住房状况对儿童发展的影响

对于家庭成员而言,"家庭"首先是一个具体的物理空间。这个空间不仅是儿童玩耍、学习的地方,更是他们形成对世界的第一印象、建立世界观的起点。

1. 房屋质量与儿童发展

一方面,房屋质量会给儿童发展带来直接影响。不符合质量标准的房屋中有更多的有毒物质、空气污染物和害虫。这样的房屋可能是用劣质建筑材料建造的,也更容易出现管道漏水、天花板破裂等问题。这些环境中的不利因素会对儿童发展造成危害,儿童需要面对房屋质量低下带来的问题,比如雨天漏水、经常停电停水等,从而有强烈的不安全感和巨大的生活压力。此外,其他住房问题,如没有暖气、热水或充足的光线,也会减少儿童参与玩耍和学习活动的机会,并对他们的社交活动产生负面影响,而这样的不良影响又会进一步影响他们的情绪和行为以及认知技能的发展。

另一方面,家庭房屋质量也会通过影响父母教养来影响儿童发展。不良的家庭环境会增加父母的压力,增加夫妻间发生冲突的可能性,并进一步影响教养的效果,从而造成儿童的社会情感问题。具体来说,低质量的住房可能会给父母带来困扰,增加他们的心理健康问题,损害他们参与家庭活动以及回应孩子需要的能力,进而影响儿童的社会情感功能。此外,在存在安全隐患的家庭环境中,父母可能会限制儿童的玩耍和探索活动,以减少儿童受伤的风险。有研究者发现,生活在低质量、需要频繁维修的房屋中的学龄前儿童意外受伤的风险几乎是生活在高质量房屋中的学龄前儿童的 4 倍。[1] 因此,对于儿童来说,质量较差的住房非但不是一个提供安全感和应对生活压力的庇护所,反而可能增加儿童的心理压力,对其身心健康、认知发展和社会化过程带来负面影响。

拓展阅读 >>>

给儿童提供一个独立的空间

为儿童提供一个私人空间能帮助其发展自主性和责任感。在这样的空间里,他们可以自行选择玩具、书籍,参与房间布置,从而形成独立思考的能力。合适的家具、光线和颜色等,能够为儿童营造一个理想的学习环境。而一个宁静、整洁、具有私密性的个人学习空间能够帮助儿童集中注意力,从而提高学习效率。

总之,为儿童开辟一个独立的空间,无论是一个完整的房间还是一个小角落,都能为他们的成长提供实质性的帮助。这不仅关乎家庭环境的实用性和美观性,更与儿童自主性、情感和学业的发展紧密相关。

2. 刺激物的丰富程度与儿童发展

家庭环境中刺激物的丰富程度对儿童发展的影响主要体现在认知和学业发展上。加拿大心理学家赫布(D. O. Hebb,1904—1985)在有关生存环境中刺激物的丰富程度与小鼠大脑皮层厚度的经典研究中发现,那些生活在活动空间更大、有更多的"玩具"和颜色、气味刺激环境中的小鼠,其海马区(大脑中与记忆、学习和情感相关的部分)的神经元更多,在搜集食物的任务中也表现得更好。对于儿童来说也是如此,其识字数量、计算能力与家庭中刺激物的丰富程度都有密切关系。可以说,家庭中的玩具、书籍以及父母与孩子对话的丰富程度是儿童认知发展必要的资源。

除了直接影响儿童的大脑发育和认知能力外,刺激物的许多特性(例如新奇性、

---

[1] dal Santo, J. A., Goodman, R., Glik, D., & Jackson, K. L. (2004). Childhood unintentional injuries: Factors predicting injury risk among preschoolers. *Journal of Pediatric Psychology, 29*(4), 273-283.

复杂性)也对培养儿童内在的学业动机有重要作用。那些生活在有丰富新奇刺激物环境中的儿童通常会有更强的好奇心,也更加愿意进行探索。对环境自由探索的过程能够培养儿童的自主性和控制感,而这些特质都可以促进儿童的学业发展。因此,一个充满丰富刺激物、可以自由探索的家庭环境对儿童的学习动机和学业表现有着重要的积极影响。

值得注意的是,家庭中刺激物的丰富程度并不直接等于家庭社会经济地位。实际上,无论家庭的经济条件是丰厚还是穷苦,社会地位是高还是低,父母都有能力为儿童提供一个有丰富刺激物的成长环境。刺激物的丰富程度并不仅仅取决于家庭中物质资源的多少,更重要的是父母如何利用已有资源创造一个有利于儿童发展的环境。即使是在社会经济地位较低的家庭中,父母也可以通过和孩子一起阅读故事书以及与孩子进行丰富的言语互动、进行户外活动、探索大自然等方式,为孩子提供丰富的刺激和学习素材。例如,经济条件好的家庭可以为孩子购买航模材料,培养孩子的动手能力;经济条件有限的家庭也可以搜集废弃纸箱,用纸箱剪出航模的零件,和孩子一起搭出独一无二的航模。可见,家庭中刺激物的丰富程度更多取决于父母在教育孩子上的投入程度和创造性,而不仅仅是经济能力。

二、家庭嘈杂度

在早期的研究中,对家庭物理环境的研究主要关注的是家庭作为一个空间能否为孩子提供特定的资源,或是能否满足孩子的某些需要。随着研究的推进,研究者开始进一步关注物理空间中的某些特定因素,如噪声、拥挤程度、家庭成员在家中走动时的模式和状态。最初,这些包括噪声、拥挤程度和家庭成员在家中走动时的模式和状态在内的环境因素被称为环境混乱度,之后这一概念被重新命名为家庭嘈杂度。

(一)家庭嘈杂的概念

家庭嘈杂度是指家庭中噪声、拥挤以及低秩序性的程度。早期研究者一般使用观察法对一个家庭的混乱程度进行评估,并将一系列与家庭噪声、拥挤相关的特征称为"噪声/混乱(noise-confusion)因素"。1995年,研究者开发了混乱、喧闹和秩序量表(Confusion, Hubbub, and Order Scale, CHAOS),用以测量父母对家庭嘈杂程度的感知,题目如"我们家里人似乎总是处于匆匆忙忙的状态""在家里,我们通常很轻松就能找到需要的东西",该量表得到了研究者的广泛使用。由于该量表名称的缩写"CHAOS"与英文中"chaos"(嘈杂度)一词是一样的,家庭嘈杂度这一概念就逐渐替代了"混乱度",成为研究者描述一个家庭混乱或不稳定的主要变量。总体而言,高家庭嘈杂度代表了一个家庭活动空间狭小、环境拥挤、环境背景噪声过多且缺少稳定的家庭规则和家庭结构的组织性。

(二)高家庭嘈杂度对儿童发展的影响

混乱无序、噪声过大的家庭环境一方面会直接损害儿童的认知、情感和学习能力的发展,另一方面也会扰乱儿童与父母之间的互动过程,间接对儿童发展产生消极影响。

1. 家庭嘈杂度对儿童发展的直接影响

家庭嘈杂度会使儿童产生一种日常的压力感。从神经科学的角度来看,儿童在学龄前生活在家庭嘈杂度高的环境中,会导致童年中期皮质醇日斜率变缓,而皮质醇日斜率变缓已被证实是许多成年疾病和功能失调的前兆。

越来越多的研究者也发现,家庭嘈杂度会对儿童的发展和福祉产生一系列的影响。一方面,高家庭嘈杂度会对儿童认知发展和学业表现产生消极影响。有研究结果表明,即使在控制了父母的受教育程度/智商、父母的养育方式、压力事件和住房条件等因素后,高家庭嘈杂度仍与儿童的认知能力受损有关。[①] 在混乱的环境中长大的孩子可能会通过将他们的注意力从过度刺激和不可预测的刺激中转移出来的方式来适应这些环境。在短期内,这可能是一种降低过度兴奋的适应性解决方案。然而,从长远来看,这在本质上减少了儿童与外界的互动,从而对儿童的认知和社会情感发展产生负面影响。同时,高嘈杂度的环境可能会损害儿童编码、处理和解释语言信息的能力。因此,在嘈杂度高的家庭中长大的孩子通常在执行功能、智力等一般认知能力和阅读理解等学习能力上表现得较差。

另一方面,家庭嘈杂度会对儿童的情绪能力产生影响。过高的家庭嘈杂度会给儿童和父母带来更大的压力,这样的家庭环境可能会使儿童认为自己的家庭关系是不安全、不稳定的。长期处于高嘈杂度的环境中,儿童更有可能表现出焦虑、抑郁情绪和攻击行为。此外,生活在嘈杂和拥挤家庭环境中的儿童可能会把孤立自己作为一种应对机制,因而难以发展出良好的社交技能和情绪调节能力,也更有可能出现酗酒、药物滥用等问题行为。持续高噪声的家庭环境也可能会让儿童认为他们无法控制自己所处的环境,这一想法会迁移到其他情境,从而导致儿童出现习得性无助。在这样的环境中,儿童可能认为自己的努力不会带来任何改变,自我效能感逐渐降低,因此更容易放弃努力。

2. 家庭嘈杂度通过父母教养对儿童发展产生的间接影响

高嘈杂度家庭中的父母往往有更高水平的教养压力和更多的消极教养行为。具体而言,高嘈杂度会给父母带来更大的压力,导致其前额叶的调节功能下降,并增加他们注意力的分散程度,从而使父母有效调节自身情绪和认知的能力受到损害,出现更多的消极教养行为。

此外,在混乱的家庭环境中,父母的行为和亲子互动往往更为消极。在拥挤、嘈杂和混乱的环境中,不堪重负的父母往往会感到筋疲力尽,想要寻求喘息的机会,从而主动减少与儿童的相处。他们很少对儿童进行回应,也很少主动地为儿童提供认知发展所必需的刺激,更有可能干预儿童的探索和尝试,更有可能对儿童进行严厉管教,从而导致更多的亲子冲突,降低亲子间的亲密度。

---

① Dumas, J. E., Nissley, J., Nordstrom, A., Smith, E. P., Prinz, R. J., & Levine, D. W. (2005). Home chaos: Sociodemographic, parenting, interactional, and child correlates. *Journal of Clinical Child and Adolescent Psychology, 34*(1), 93-104.

家庭嘈杂度还可能作为一种调节变量放大儿童在风险因素下受到的伤害。例如,一个生活在杂乱无序、拥挤吵闹的家庭中的儿童,对于父母的消极教养方式会更敏感,这使其更容易受到消极教养行为的危害,对父母的敌意更大,并因此更有可能出现药物滥用等不良行为;相反,那些处于低嘈杂度家庭中的儿童则更有可能从父母的监督等保护性因素中获益,可以在父母的指导下更好地保护自己,出现不良行为的可能性也会更低。[1]

营造低嘈杂度家庭环境

学习活动

大城市"鸽笼房"现象

张晨是一名10岁小学生,他和父母及6岁的妹妹住在大城市的一个"鸽笼"学区房里。这个25平方米的小公寓位于市中心,是张晨的父母为了确保两个孩子能进入附近的优质小学而购买的。公寓内空间狭小,两个孩子共用一张双层床,而客厅则被改造成了父母的卧室。

每天早晨,张晨和妹妹都要争夺使用卫生间,因为他们都害怕迟到。回到家后,两个人经常为了学习和自由活动的位置发生争执。由于空间有限,家里经常充满了各种声音:电视声、妹妹的哭声、妈妈做饭的声音、爸爸打电话的声音等。这使得张晨在家中很难找到一个安静的角落来集中精力做作业。

尽管学校的教育资源十分丰富,张晨却经常抱怨头痛、失眠,而且他的学习成绩也开始下滑。他的父母开始担心,是不是他们为了孩子的教育而做出的牺牲反而成了孩子健康成长的阻碍。

基于上述案例,针对以下问题展开讨论:

1. 张晨家的"鸽笼"学区房对他的身心健康、学业和社交能力的发展有哪些直接和间接的影响?
2. 在这种情境下,家长应该如何调整家庭环境,以减轻对孩子的不良影响?

第四节 家庭氛围

"家"所代表的不仅仅是儿童居住的房屋,也代表由包括父母、兄弟姐妹和其他家庭成员共同组成的系统。在家庭中,成员们共同生活,彼此交流,建立情感联结。在这些互动过程中,家庭成员的行为习惯、表达方式互相作用,共同营造了一个家庭的

---

[1] Lauharatanahirun, N., Maciejewski, D., Holmes, C., Deater-Deckard, K., Kim-Spoon, J., & King-Casas, B. (2018). Neural correlates of risk processing among adolescents: Influences of parental monitoring and household chaos. *Child development, 89*(3), 784–796.

氛围,对家庭成员产生影响。

氛围是指笼罩着某个特定场合的特殊气氛或情调。家庭氛围是家庭成员之间的心理情绪状态和环境气氛。[1]家庭成员间的亲密程度,家庭成员面对困难时的沟通方式等,决定了一个家庭的氛围,而不同的家庭氛围又会给家庭成员带来不同的感受,并对他们的行为产生不同影响。积极的家庭氛围代表每个家庭成员都对"家"有强烈的归属感,在日常生活中,成员之间彼此尊重,能自由表达自己的观点和感受,即使在面对冲突和困难时也是如此。相反,在较为消极的家庭氛围中,家庭成员很少会公开表达自己的情绪和想法,他们往往不相信家庭可以为自己提供有效的支持,并经常与其他家庭成员发生矛盾和冲突。家庭氛围可以从家庭情绪表露和家庭凝聚力两个方面加以衡量。

一、家庭情绪表露

儿童在家庭中生活、成长,受到家庭成员的照料,也因此不可避免地暴露在家庭成员的情绪氛围中。他们会感受到照料者对自己的态度和对其他孩子的态度,也会感受到其他家庭成员对自身情绪的反馈。可以说,儿童在家庭中几乎无时无刻不在与"情绪"相处,这些丰富的情绪,以及家庭成员表达和应对情绪的态度和方式,形成了家庭的情绪表露环境,对儿童的发展产生影响。

(一)家庭情绪表露概述

家庭情绪表露是指家庭成员在彼此互动的过程中,以言语或非言语形式频繁表现出的、与情绪相关的表达风格或交流模式,具体包括两方面:一是家庭成员自身的情绪表达;二是家庭成员之间互动时做出的情绪回应。家庭情绪表露主要分为积极家庭情绪表露和消极家庭情绪表露。前者主要指赞扬、尊敬、感激等正面情绪的表露,后者则包括愤怒、敌意、悲伤等负面情绪的表露。尽管家庭情绪表露在很大程度上来自家庭成员直接参与的互动,但家庭成员的情绪也会受到他们目睹或无意中听到的、他们没有主动参与的互动的影响。例如,儿童无意中听到父母之间的冲突,这同样会影响儿童的情绪,并作用于他们的情绪发展。

研究者采用多种方式对家庭情绪表露进行评估,其中既包括家庭成员的主观报告,也包括研究者的客观观察。具体来说,家庭成员的主观体验通常是通过问卷来评估的,这些问卷关注家庭的总体情绪基调或情绪表露的具体方面。例如,考察父母在家庭中情绪表达的家庭自我表达问卷(Self-Expressiveness in the Family Questionnaire, SEFQ),分为父母情绪积极表达和父母情绪消极表达两个维度。测量家庭情绪表露还可以通过实验室观察法。例如,研究者会要求父母和孩子讨论他们经历特定情绪时的记忆,通常是快乐或愤怒等情绪,或是让两个人就冲突进行讨论,并观察亲子在互动过程中的情绪表达。通过观察,研究者可以对家庭成员使用语言以及非语言表达情绪进行分类或评级,这种方法可以基于家庭成员的互动更客观地评估家庭情感表露。

---

[1] 张墨涵,梁晶晶,张冉,季诚钧.(2022).家庭教育资本与家长教育焦虑:家庭氛围和家校沟通的链式中介作用.浙江社会科学,5,142-150.

> **学习活动** ▶▶

父母低头行为

随着科技的快速发展,智能手机已经成为我们日常生活中不可或缺的一部分。然而,智能手机的广泛使用也带来了一些负面影响。在家庭中,父母经常埋头玩手机,与孩子的互动时间减少,或者把一部智能手机丢给孩子,代替自己去陪伴孩子。这种现象被称为"父母低头行为"。

小王是一个 8 岁的小女孩,她的爸爸和妈妈都是 IT 行业的工程师。每天下班后,小王的爸爸和妈妈就会坐在沙发上,各自拿着手机,浏览新闻、看视频或者处理工作事务。小王经常拉着爸爸和妈妈的手,让他们陪她玩游戏或者读故事书,但大多数时候,她得到的都是"宝贝,我现在很忙,等一下好吗?"的回应。

一次,小王编了一个童话想讲给爸爸和妈妈听,希望能得到爸爸和妈妈的注意。但当她兴奋地跑去找爸爸和妈妈时,发现他们还是在埋头看手机。小王失落地坐在地上,自己玩起了游戏。

当意识到自己不可能从手机那里"抢"回爸爸和妈妈之后,小王变得更加独立,她学会了自己玩耍,自己解决问题。但同时,她也变得更加沉默,与爸爸和妈妈的交流越来越少,学校里遇到有趣的事情也不会再与爸爸和妈妈分享,被人欺负了也不会再找爸爸和妈妈倾诉。家里的氛围也逐渐变得冷漠,她的爸爸和妈妈也觉得女儿和自己越来越疏远,但他们还总以为是孩子长大的原因。

针对这一现象,就以下问题展开讨论:

1. 小王的爸爸和妈妈的低头行为对小王的成长与发展会产生哪些影响?
2. 你如何看待现代科技,特别是智能手机在家庭中的角色?它如何影响家庭成员之间的情感联结和情绪表露?

(二)家庭情绪表露对儿童发展的影响

家庭情绪表露直接决定了儿童在家庭中会接触和学习到什么样的情绪调节方式,因此会对儿童的情绪调节能力产生最直接的影响。与此同时,家庭情绪表露还会直接影响儿童的身体健康。此外,家庭情绪表露会影响儿童对父母教养行为的看法和态度,从而影响父母教养行为的作用。

1. 直接影响儿童的情绪调节能力和身体健康

家庭情绪表露对儿童发展的影响主要反映在情绪调节方面。研究者普遍认为,家庭情绪表露对儿童的情绪调节能力有重要影响。

家庭情绪表露影响儿童情绪调节的一个机制是模仿学习。儿童通过观察父母的情绪表达和互动来了解情绪以及情绪调节。父母自身的情绪状况和夫妻之间的互动会教给儿童在家庭中哪些情绪和表达是恰当的和可以接受的,哪些情绪和表达是不被允许的,以及如何管理这些情绪体验。通过模仿学习,儿童会知道某些情境会激发某种情绪,并了解到他们在类似的情况下应该如何恰当反应。例如,如果父母经常在儿童表现不佳时对儿童表现出高度的愤怒,那么,儿童就会习得这种情绪表达方式,并在自己遇到挫折时表现出较高水平的愤怒。

家庭情绪表露影响儿童情绪调节的另一个机制是父母应对和处理儿童产生的情绪的方式。积极表达自身情绪并接纳儿童情绪的家庭环境可以促进儿童情绪调节能力的发展,关于情绪的讨论不仅能提高儿童对情绪状态的认识,也可以促进他们对情绪的理解。在一个可以开放讨论情绪的环境中,儿童能更好地表达自己的情绪,也能更好地理解他人的情绪,这些技能也能提升儿童的社交能力。相反,那些拒绝、惩罚儿童表达情绪的环境会阻碍儿童适应性情绪调节策略的发展。具体来说,在这样的环境下,儿童对自己情绪状态的感知能力较差,不太愿意向他人表达自己的消极情绪,在情绪抑制期间可能会有较高的生理唤醒(如紧张出汗、头疼、头晕等)水平,也更难有效使用情绪调节策略。可见,家庭作为儿童认识和面对情绪的最初、最重要的场所,其情绪表露环境对于儿童认识、面对和调节情绪有着至关重要的作用。

除此之外,家庭情绪表露还会影响儿童的身体健康。例如,相较于那些生活在对情绪有恰当反应的家庭中的儿童,生活在矛盾型情绪表露环境(积极情绪水平和消极情绪水平都高)的家庭中的孩子,会累积更多的"适应性负荷",从而给包括免疫系统、心血管系统和交感神经系统在内的一系列身体系统造成伤害,因而更可能出现疾病。

拓展阅读 >>>

家庭中的笑声与儿童发展

笑声不仅是沟通与建立社交联系的桥梁,更是缓解压力的良方。在家庭中,笑声对于营造温馨的情绪氛围具有不可忽视的作用。

家庭中的欢笑能使家庭成员间的关系更为亲密。当父母与孩子分享欢乐时,他们之间的情感纽带也会加强。同时,发出笑声能够使大脑释放内啡肽,而内啡肽是一种能够提振情绪、缓解痛感的神经递质。在家庭中,欢笑有助于减轻儿童的压力和焦虑,为儿童营造一种积极、快乐的成长氛围。此外,笑声和幽默感能激活大脑的多个区域,促进儿童创造力和问题解决能力的发展。在一个欢乐的家庭中,儿童更愿意积极探索、学习和吸收新知识,更愿意挑战未知,也更能积极地应对挫折和失败。

总之,家庭中的笑声不仅仅代表短暂的快乐,它对家庭情绪氛围的积极作用进一步证明了家庭情绪表露对儿童的成长至关重要。

2. 通过影响父母教养行为的作用影响儿童发展

在不同情绪表露氛围的家庭中,儿童对于父母教养行为的反应可能存在差异。例如,有积极情绪表露氛围的家庭通常能够给儿童提供一个温暖和支持性的环境,这有助于儿童建立起对父母的信任感和安全感。在这样的家庭环境中,当父母询问儿童的安排时,如"你要去哪里""你今晚打算几点回来",儿童更可能将其视为父母对自己的关心,而不是对个人隐私的侵犯,因此会倾向于如实告知父母自己的行程安排。相反,在情绪表露较少或较为负面的家庭中,儿童可能会感到缺乏情感支持和理解,这可能导致他们对父母的教养行为产生抵触情绪;当被父母询问去向和安排时,儿童可能会将其解读为父母试图控制他们的生活,而不是出于关心,因此拒绝告知。

因此,在有消极情绪表露氛围的家庭中,儿童往往将父母的教养行为理解为过度控制,并认为父母在侵犯他们的自主权和隐私权。在这样的家庭中,父母的监督反而会给儿童发展带来不良影响。而具有积极情绪表露氛围的家庭可以增强儿童对父母社会化的开放性,父母就有机会通过使用适当的育儿策略来促进其发展并保护他们的孩子免受伤害。

总而言之,家庭情绪表露是家庭成员在互动中共同营造的一种情绪环境,既会对儿童的情绪调节能力、身体健康产生直接影响,也会通过影响儿童对父母教养行为的理解间接影响儿童的发展。

二、家庭凝聚力

对于任何一个家庭而言,家庭成员彼此团结,凝聚成为一个互相支持、相互依靠的整体都是尤为重要的。一个有凝聚力的家庭可以更好地面对内外部的困难和危机,更有效地应对家庭变化和社会危机事件。在一个有凝聚力的家庭中长大的孩子,也更能体会到来自父母的关爱,更有归属感。

(一)家庭凝聚力的概念

1979 年,美国心理学家奥尔森等研究者提出了"婚姻和家庭系统的循环模型",该模型来源于对家庭系统概念的理论总结。在这一模型中,奥尔森提出了"家庭凝聚力",将其定义为家庭成员彼此之间的情感联结。该模型特别强调家庭的整体性,以及成员之间良好的情感联结对于一个家庭帮助儿童顺利完成发展任务、应对挑战和困难的重要意义。

家庭凝聚力反映了家庭成员彼此之间情感联结的紧密程度。一个高凝聚力的家庭往往代表着家庭成员之间的交往是温暖的、具有支持性的,他们愿意参与其他成员的人生事务,愿意与彼此共度时光,愿意在身体和情感上保持亲近,也时常会共同参与或完成某些活动。相反,在那些凝聚力较差的家庭里,家庭成员通常会认为自己与家庭是"脱离"的。家庭成员之间彼此疏远,不常产生情感联结,对彼此的感受往往也并不敏感,对其他成员的需要经常疏于回应。

在了解家庭凝聚力的概念时,我们需要特别注意的是,家庭凝聚力并不意味着家庭成员对于彼此生活的侵入。即使是在那些具有较高家庭凝聚力的家庭中,也不意味着家庭成员可以随意侵入和干涉其他人的生活,或是过分依赖对方,在对方与自己分离的时候产生强烈的消极情绪。

(二)家庭凝聚力对儿童发展的影响

家庭凝聚力会影响儿童自我意识的发展和社会性发展。

1. 影响儿童自我意识的发展

家庭凝聚力与儿童自我意识的发展高度相关。儿童会获得对自己和他人内部状态的认知,并借由此发展出自己的依恋风格与自我概念。在家庭成员情感联结紧密、愿意共度时光、与彼此有亲密互动的家庭中,儿童可以更多地感受到父母的关爱与温暖,也会认为自己是一个值得被爱的人。因此,那些在高凝聚力家庭中生活的儿童,其自我概念的发展会更好,会对自己形成更为积极、健康的自我评价,也会拥有更高的自尊水平。

2. 影响儿童社会性发展

家庭凝聚力会影响儿童社会能力的发展。在缺乏凝聚力的家庭里成长的儿童,可能并没有在家庭内部学会如何与他人建立积极、稳定的关系,因此在与家庭以外的人建立关系时也会遇到困难。此外,家庭是儿童依恋产生和发展的起源地,而那些在低凝聚力家庭中长大的儿童往往感受不到父母之间的情感联结,也难以从自己与父母的互动中感受到亲密和关心,这会影响其社会技能的发展,使他们在人际互动过程中更多地采取回避等不恰当的社交策略,从而影响其人际关系的建立。

在行为表现方面,低凝聚力的家庭不能很好地履行提供支持和保护的责任,这会导致儿童在学校中难以规范自己的行为。家庭中碎片化和情感分离的互动模式会使儿童习惯性地忽视或淡化人际关系的价值,继而产生更多的外化问题。在家庭凝聚力弱的家庭中长大的孩子,缺乏充分的情感支持和与家人的联结感,因此往往更倾向于通过社交媒体或其他途径寻求支持并排解孤独感,从而更容易产生网络成瘾或药物成瘾等问题。

理解·分析·应用

1. 家庭环境对儿童发展有哪些重要影响?请举例说明。
2. 简述高家庭社会经济地位与低家庭社会经济地位对儿童发展的影响。
3. 结合自己的成长经历,谈一谈家庭嘈杂度对儿童成长的影响。
4. 你认为什么样的家庭情绪表露是最有利于儿童成长的?请举例说明。
5. 你认为可以采取哪些方式来提高一个家庭的凝聚力?

推荐阅读书目

1. 仙田满.(2022).儿童友好环境设计(刘佳 译).上海:同济大学出版社.
2. 拉鲁.(2018).不平等的童年(第2版)(张旭 译).北京:北京大学出版社.
3. 法伯,玛兹丽施.(2016).解放父母 解放孩子(孙璐 译).上海:上海社会科学院出版社.

第十章

社会环境与儿童发展

【学习目标】

1. 理解文化与家庭的关系。
2. 理解我国传统文化对家庭教育的影响。
3. 理解社会变迁对我国家庭教育和儿童发展的影响。

【知识导图】

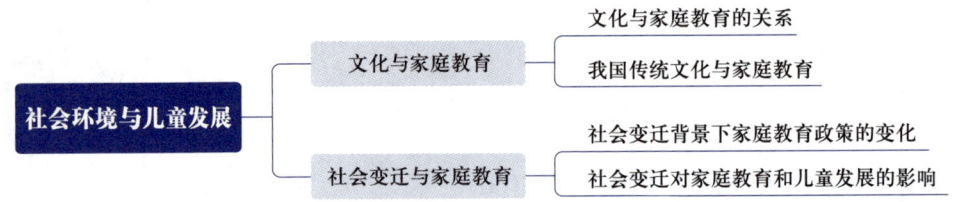

【内容导读】

社会环境是影响家庭教育和儿童发展的宏系统。其中,文化是重要的社会环境因素之一。文化影响着社会成员的价值观,塑造着个体的行为,因此也影响着家庭教育。同时,社会始终处于不断变化的过程中,社会变迁影响着家庭环境、家庭结构、父母观念等,从而间接影响家庭教育和儿童发展。本章将探讨文化和社会变迁等社会环境因素对家庭教育和儿童发展的影响。

第一节 文化与家庭教育

文化是社会环境的重要体现。文化通过影响家庭结构、家庭环境、父母观念、父母行为等影响儿童发展。我国具有源远流长的传统文化,其中包含着璀璨丰富的家庭教育思想,有些仍在影响着当下的家庭教育。

一、文化与家庭的关系

文化是指在某个特定群体中,共享的价值、规范、思维方式、行为以及文化产品,是群体成员在与其生存环境长年累月的互动过程中累积形成的。不同群体间文化的异同,体现了文化的多样性和相似性。这些群体既可以按照种族、国别、民族或社会阶层划分,比如中国、美国、日本、英国等不同国家;也可以按照区域、位置等划分。

不同国家具有各自的文化,我国主流文化价值观以集体主义取向为主,在这种文化下的中国家庭表现出较强的凝聚力;而一些西方国家则以个体主义取向为主,在这种文化下的西方家庭则表现出较强的个体独立性。我国不同地区和省份不同的文化带来了家庭类型的不同:在广东、海南等南方地区,多子女家庭、隔代共同居住的情况更多,而在北京、上海等地区,核心家庭、双职工家庭等更普遍。

在文化多样性的背后,研究者发现了文化的内在统一性,即文化的相似性。尽管人们所处的文化背景有所不同,但人们往往共享一些价值观和规范。比如,在家庭中,父母对儿童的虐待行为,包括身体虐待、心理虐待等,即使是在不同的文化中,都是不被赞成且被严令禁止的。

更具体地来看,文化塑造了群体的认知和行为,因此也影响着其中个体的教育方式、互动模式和行为规范。它规定了我们如何评价、对待儿童,教给儿童什么以及儿童应该努力的方向等。由于所处社会的文化背景不同,父母可能会持有不同的教养观。同样的教养行为,可能在不同的文化中有完全不一样的含义。某一文化中的教养方式可能在另一种文化中就显得难以理解。然而,放在各自的文化背景中,它们又都具有各自合理存在的意义。因此,了解不同文化背景下家庭教育的异同,理解文化对于家庭教育的影响十分重要。

拓展阅读

个体主义文化与集体主义文化

个体主义文化是指强调个人独立性的文化。在此社会文化中,儿童从小就被教育要自立,在社会中要自信,要努力实现自我的目标,任何没有实现自立的个体都会被认为是社会化的失败者。集体主义文化是指那些强调依赖关系的文化。在这种社会文化中,忠诚、信任、合作和社会意志高于个人目标。社会化的目的在于服从集体、尽义务和获得集体归属感。

欧洲、北美洲的一些国家以及澳大利亚和新西兰等国家可以被认为是提倡个体主义文化的,其社会制度强调个体独立的重要性。个体生活的系统是一个以自我为中心的系统,个体在个人选择、目标和成就方面定义自我。当一个人影响他人时,他会觉得自己与他人产生了联系。个体主义文化强调将整体分解成部分来实现目标,而不是用整体的思维形式解决问题。

集体主义文化是一种古老的、有广泛影响的文化,强调社会群体的重要性。自我是根据个体在社会系统中的身份来定义的,比如儿子、女儿。成员之间追求和谐,个体在群体中的主要行动模式是了解他人的需求,并调整自己,适应环境,履行自己对他人的责任和义务。当一个人满足他人的需求时,他会觉得自己与他人产生了联系。集体主义文化关注集体的利益和个体对他人的责任,鼓励的是一种整体思考和处理问题的方式。

二、我国传统文化与家庭教育

重视家庭是我国非常重要的文化传统。《周易·序卦》中有"有天地然后有万物,有万物然后有男女,有男女然后有夫妇,有夫妇然后有父子,有父子然后有君臣,有君臣然后有上下,有上下然后礼义有所错"。作为个体的男女必须以家庭为单位结合起来,而由家庭关系体现出来的夫妇、父子关系又进一步成为社会的基础,没有这些,在古代,君臣关系、上下尊卑、礼义等社会秩序都无从谈起。《礼记·大学》在讲人生修养时,也建立起修身、齐家、治国、平天下的序列,把管理家庭当作社会治理的起点。

我国传统文化对家庭教育影响深远,并且在长期的家庭教育实践中,积累起了丰富的经验,形成了富有特色的家庭教育原则与方法。总的来看,我国家庭教育具有重视孝道、强调集体、严慈相济、"管""训"结合等特点。

第一,受儒家思想和集体主义文化的影响,我国重视孝道。因此,父母与孩子之间一般为垂直关系,如家庭教育强调父母的权威性。传统价值观中的遵从权威、孝亲敬祖等都体现出对父母意见高度服从的文化要求。不过,虽然当前"孝"的观念依然受到推崇,但作为中国传统社会核心伦理的"孝"的内涵已经从孩子对父母的百依百顺,逐渐变成在保持自己人格独立和自主的前提下对父母的尊重和关爱。

第二,我国传统文化强调个体对集体的依附,所以我国父母更看重家庭的整体性,注重家庭成员间良好关系的建立与维护,教导子女要履行对家庭的义务,更重视儿童人际关系的发展。在儿童社会化的过程中,父母会付出更多努力帮助儿童形成较强的社会归属感,鼓励儿童主动关心他人。

第三,在处理"爱孩子"与"教孩子"的关系的过程中,我国形成了严慈相济的家庭教育方式。比如,颜之推在《颜氏家训·教子篇》中明确把"慈"与"严"结合起来,提出"父母威严而有慈,则子女畏慎而生孝矣"。陈鹤琴在《家庭教育》中提出,家庭教育需遵循儿童的心理发展规律,教导孩子时既不要姑息也不要严厉。在我国传统文化中,父亲往往对孩子更加严厉,而母亲则更加慈爱。

第四,"管"和"训"是受我国传统文化影响而产生的常见的教养方式。"训"强调父母通过密切监督、严格控制帮助孩子社会化。"训"强调通过表达对适当行为的期望,向孩子灌输自律的重要性,用来防止儿童出现行为问题,帮助儿童提高个人能力,特别是学业能力。"管"指的是父母对孩子生活、学习等的管理、照顾和关爱。研究结果表明,我国父母和孩子更容易将父母控制理解为"管"这一积极概念。

第二节 社会变迁与家庭教育

社会变迁泛指任何社会现象的变更,内容包括社会的一切宏观和微观的变迁,社会纵向的前进和后退,社会横向的分化和整合,社会结构的常态和异态变迁,社会的量变和质变,社会关系、生活方式、行为规范、价值观念的变化,等等。在社会变迁的大背景下,我国家庭教育政策不断更新,家庭教育的方向、特点等也发生着变化。理解社会变迁对我国家庭教育和儿童发展的影响,在一定程度上可以为当下和未来的家庭教育提供参考。

一、社会变迁背景下家庭教育政策的变化

改革开放以来,我国家庭教育政策的发展经历了三个阶段。

一是改革开放至1995年的萌芽探索阶段。我国教育事业在改革开放后逐渐步入正轨,但家庭教育的发展在这一阶段具有滞后性,这一阶段的家庭教育具有显著的"家事"特点,没有专门的法律约束,没有以"家庭教育"直接命名的相关政策文件,国家对家庭教育的直接干预也非常少。但相关政策已开始关注家庭教育,在一些政策文件中能见到规范家庭教育活动的一些内容。如1988年中共中央印发的《关于改革和加强中小学德育工作的通知》强调:"要转变陈旧落后的家庭教育观念和方法,提高家庭教育的水平。教育部门和学校要积极主动地指导家庭教育。中小学要吸收善于教育子女的家长代表参与学校的教育工作。广播、电视、报刊等新闻工具应开辟家庭教育节目,普及家庭教育知识。"

二是1996年至2009年的奠基深化阶段。1996年印发的《全国家庭教育工作"九五"计划》是我国改革开放后第一个以"家庭教育"直接命名的专门政策和首个家庭教育五年计划,从此我国家庭教育五年计划走向常态化和机制化。20世纪末,随着"应试教育"弊端的显现,素质教育改革不断推进,这一阶段的德育建设受到了广泛关注,家庭也被赋予德育建设的主体责任。如2001年,我国先后颁布《中国儿童发展纲要(2001—2010年)》《中国妇女发展纲要(2001—2010年)》《公民道德建设实施纲要》,三项政策均对家庭教育中的德育工作进行了规定。2004年,中共中央、国务院印发的《关于进一步加强和改进未成年人思想道德建设的若干意见》强调,要重视和发展家庭教育。但从总体上来看,这一阶段的家庭教育仍从属于学校教育,被普遍认为是学校教育的补充。

三是2010年至今的规范立法阶段。2010年我国颁布《全国家庭教育指导大纲》,促进未成年人的家庭教育。2011年,全国妇联等部门印发的《关于进一步加强家长学校工作的指导意见》,对家长学校的规范化管理和运行作出了指导。2012年,教育部颁布的《关于建立中小学幼儿园家长委员会的指导意见》对积极推进家长委员会组建进行了整体部署。2015年教育部印发的《关于加强家庭教育工作的指导意见》,明确了家庭教育指导"政府领导、家长主体、学校组织、社会支持"的总体格局。2021年7月,中宣部、中央文明办、中央纪委机关、中组部、国家监委、教育部、全国妇联印发的《关于进一步加强家庭家教家风建设的实施意见》指出,要以建设文明家庭、实施科学家教、传承优良家风为重点,强化部门之间的有效协同,形成家庭家教家风建设的合力。2021年10月23日通过、2022年1月1日正式施行的《家庭教育促进法》具有里程碑意义,这是我国首次针对家庭教育的专门性立法和权威支持,是我国家庭教育领域的重要节点,也指明了我国家庭教育发展的未来方向。《家庭教育促进法》要求尊重家长的教育权力,明确家庭教育的重要地位,完善家庭教育支持系统,注重相关法律的配套衔接,其颁布和实施是推进我国家庭教育发展的重要保障和强有力支撑。

此外，党的十八大以来，习近平总书记围绕"重视家庭建设，注重家庭、注重家教、注重家风"发表了一系列重要论述，指引家庭文明建设取得历史性成就。习近平总书记在2015年春节团拜会上的讲话中指出："家庭是社会的基本细胞，是人生的第一所学校。不论时代发生多大变化，不论生活格局发生多大变化，我们都要重视家庭建设，注重家庭、注重家教、注重家风，紧密结合培育和弘扬社会主义核心价值观，发扬光大中华民族传统家庭美德，促进家庭和睦，促进亲人相亲相爱，促进下一代健康成长，促进老年人老有所养，使千千万万个家庭成为国家发展、民族进步、社会和谐的重要基点。"2016年，习近平总书记在会见第一届全国文明家庭代表时的讲话中指出："家风是社会风气的重要组成部分。家庭不只是人们身体的住处，更是人们心灵的归宿。"2022年，习近平总书记在党的二十大报告中明确指出："提高全社会文明程度，实施公民道德建设工程，弘扬中华传统美德，加强家庭家教家风建设，加强和改进未成年人思想道德建设，推动明大德、守公德、严私德，提高人民道德水准和文明素养。"党的二十大把"加强家庭家教家风建设"作为"推进文化自信自强，铸就社会主义文化新辉煌"的重要内容，凸显了加强家庭家教家风建设对于全面建设社会主义现代化国家，增强实现中华民族伟大复兴的精神力量，巩固全党全国人民团结奋斗的共同思想基础的重要作用，同时为进一步加强家庭家教家风建设指明了前进方向，提供了根本遵循。

《中华人民共和国家庭教育促进法》

二、社会变迁对家庭教育和儿童发展的影响

随着改革的深入、社会经济水平的迅速提升，我国社会发生了深刻的变迁。这种快速的社会变迁对我国文化和我国人民的心理与行为产生了广泛而深远的影响。

在此背景下，家庭教育和儿童发展受到了不可忽视的影响。总体来说，社会变迁对我国家庭教育与儿童发展的影响体现在两大方面：一是社会变迁与政策变化导致家庭结构更多元、更多变，单亲家庭、多子女家庭、留守儿童家庭增多；二是社会变迁影响父母教养认知与教养行为，使父母教育理念和教养方式更加科学，同时父母的育儿压力和养育焦虑水平也迅速提升。

（一）婚姻关系变化导致单亲家庭数量增加

我国传统文化中有着较为严格的家庭结构规范："君为臣纲，父为子纲，夫为妻纲。"（《白虎通·三纲六纪》）但随着社会文化的快速发展，婚姻关系、个体在婚姻中的角色等发生变化，越来越多的个体对婚姻持更开放的态度。此外，虽然两性平等的观念逐渐深入人心，但并未同等地体现在婚姻生活中。这些因素导致非婚生子现象增加，离婚率显著升高，我国的家庭结构特征发生一定变化，单亲家庭数量不断增加。

根据国家统计局的数据，我国粗离婚率从2000年的0.96‰上升到2022年的

2.04‰。改革开放以来我国家庭户规模也呈缩小的趋势:1982年为4.41人/户,1990年为3.96人/户,2000年为3.44人/户,2010年为3.10人/户,2020年只有2.62人/户。

离婚是造成单亲家庭最常见的原因。尽管无论是对父母还是对儿童,离婚都不一定会有严重的负面影响,但是,离婚仍然是家庭中的重大危机事件。家庭系统理论把"离婚"描述为家庭系统破裂的事件。单亲家庭是在先前家庭系统的基础上产生的,但与先前的家庭系统有很大的不同。从根本上说,在这种新的家庭形态中,孩子在离婚后的两个独立家庭中都拥有家庭成员的身份,也就是所谓的"双核家庭",即父母分别生活在两个家之中,但双方都负有抚养孩子的责任。通常而言,离婚后父亲或者母亲一方为监护人,这就意味着孩子大多数时间居住在一方监护人的家中,缺乏另一方的照料与陪伴。

单亲家庭需要建立新的模式、规则、角色,亲子关系也需要进行调整,这样才能确保家庭系统的正常运作。但是,家庭教育最好在双亲家庭中进行,所以研究者往往特别关注离婚的影响和单亲家庭中孩子的成长经历。单亲家庭与双亲家庭之间存在着差异,这些差异表现在很多方面,如互动模式、交流方式、教养方式等。比如,有研究结果表明,单亲父母的亲子陪伴时间较短,融入度不高,亲子关系相对较差,他们更需要孩子的祖父母帮忙照顾孩子。[1]

(二)政策变化导致多子女家庭数量增加

2013年以来,我国先后实施"单独两孩""全面两孩"和"全面放开三孩"政策,并取消社会抚养费等制约措施,推出一系列配套支持措施。在我国出生人口中,新增二孩占比由2013年的20%左右提高到2020年的50%左右(图10-1)。这意味着,原先以"三口之家"为主的家庭结构发生了变化,独生子女家庭不再是主流家庭结构,"二孩""三孩"家庭逐渐增多,多子女家庭比例提高。

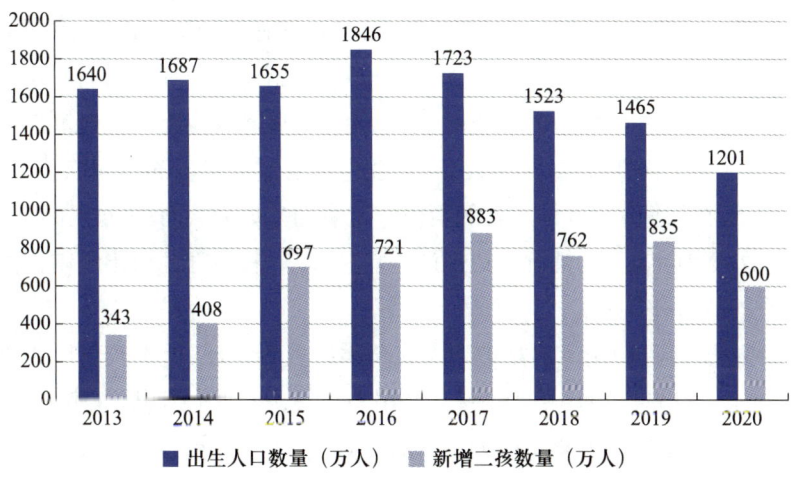

图10-1 2013—2020年中国出生人口数量[2]

---

[1] 王森,李春凯.(2017).社会资本与多代抚养对儿童自尊的影响研究:基于天津市单、双亲家庭的对比分析.华东理工大学学报(社会科学版),6,45-54.

[2] 数据来自国家统计局和卫健委统计公报。

家庭中子女数量的增加给家庭教育带来了挑战。比如,多子女家庭中可能会发生同胞之间的"对抗",如同胞之间的竞争、嫉妒或不满。比如,在我国传统家庭中,儿子通常在成年后与父母共同居住,承担父母的养老;出于养老的考虑,父母通常认为对儿子投资可以获得更加长远的回报。因此,当家庭中同时有男孩和女孩时,父母的教育投资通常会偏向男孩[1],这就可能导致同胞之间的冲突。虽然家庭中兄弟姐妹之间会产生一些矛盾和问题,但与此同时,同胞的出现也会带来积极的影响。同胞之间的温暖和亲情对儿童发展具有独特的积极影响,温暖的同胞关系能降低儿童出现破坏性行为或内化问题的风险。除了促进儿童、社会性和心理健康的发展,温暖的同胞关系还是独特的保护屏障,可以缓冲压力性生活事件的不良影响。因此,在多子女家庭中,对同胞关系进行调节和维系,使同胞关系尽可能发挥积极作用,是父母需要重点关注的内容。

(三) 城乡二元结构变化使留守儿童家庭问题凸显

留守儿童是指父母双方外出务工或一方外出务工另一方无监护能力、不满十六周岁的未成年人。2022年,东北师范大学中国农村教育发展研究院发布的《中国农村教育发展报告 2020—2022》指出,2021年全国有义务教育阶段农村留守儿童1 199.2万人。留守儿童家庭是伴随着我国经济的快速发展、城乡之间二元结构而出现的,主要分布在我国的中西部农村地区。留守儿童家庭在未来一段时间仍会是我国农村常见的家庭类型。

在父母与儿童共同生活的家庭中,父母双方在儿童的社交技能、情绪与情感、自我概念等方面的发展中发挥着重要作用;而留守儿童长期处于父母缺席的成长环境之中,与父母的分离会破坏儿童与主要依恋对象的情感联结,这对留守儿童的情绪和行为均会产生不利影响。一方面,与非留守儿童相比,通常留守儿童的不安全感更强,抑郁、焦虑的风险更大,自杀意念相对更强,会更多地感到绝望和孤独,会有更低的自尊水平,遭受意外伤害的风险也会增加。另一方面,留守儿童通常具有更多的行为问题,如抽烟、酗酒、网络成瘾、赌博、抢劫等,他们甚至更容易走上违法犯罪的道路。同时,与和父母同住的农村儿童相比,留守儿童也容易遭受更多的校园欺凌,这也会进一步导致其产生心理健康问题。且随着留守儿童与父母分离时间的增加,其在抑郁、焦虑、人际敏感等问题上的情况会更加严重。总体来看,留守儿童出现内化问题的风险和概率要高于外化问题。

祖辈往往作为留守儿童的监护人来完全承担教养责任,这种教养形式可能会带来一定的问题。首先,祖辈由于年龄较大、精力有限,一方面要照顾儿童,另一方面还要照顾自己,对儿童的照顾会有些力不从心。其次,大部分祖辈监护人对留守儿童的照顾遵循传统经验或习俗,更注重身体养育,缺乏科学的教养观念,以及合理的教养行为及措施,往往会存在"重智轻德"的情况,缺乏与学校的合作与交流。再次,祖辈

---

[1] 刘雯,於嘉,谢宇.(2021).家庭教育投资的性别差异:基于多子女家庭的分析.青年研究,5,51-63.

往往会溺爱孙辈,或在教养过程中无力调整、监督留守儿童的行为与观念,长期不恰当的教养方式很容易使留守儿童产生以自我为中心的问题。最后,祖辈监护人往往缺乏对儿童发展中的各种活动的了解,很难给予支持或参与其中,通常以满足物质需求为主,与儿童之间缺乏充分的精神交流,因此也难以替代父母与儿童建立安全的依恋关系。

(四) 父母教育理念和教养行为更加科学

不同时代的父母的教育理念和教养方式存在巨大差异。整体来看,"60后"和"70后"父母一般较为传统、严格,最关注孩子的学业表现,教育支出意愿高,倾向于为孩子规划未来,自我牺牲度高。"80后"父母作为第一代独生子女,工作更加繁忙,养育压力较大,对网络的接受度更高。"90后"父母接受新信息和新观念的渠道进一步增多,科学育儿的理念进一步增强,对成绩的关注度略有降低,更追求孩子的个性发展,尊重儿童发展特点和儿童的自主性。

随着社会的变迁,父母的教养目标也受到影响:从以父母和家庭为中心教养儿童逐渐向以儿童为中心转变。传统家庭教育对儿童作为个体的自主性、独立性教育较为缺失。近年来,独立自主、自信作为教养目标越来越受到重视。同时,教养目标越来越多地关照到孩子的兴趣与特长,家长不再仅仅关注孩子的学业,还关注其身体健康、道德品质、兴趣爱好与特长等多个方面。父母能够更加理性地面对孩子无法"成龙成凤"的现实,培养"健康快乐普通人"的目标开始频繁出现在家庭的日常话语表达中。①

在教育行为方面,随着社会的发展,父母育儿的时间普遍增加,而且更加主动地育儿,包括参加基本活动(日常交流互动、身体照顾、陪伴和接送等)、次要活动(监督、指导)、休闲娱乐活动。且社会对父母教养行为的要求越来越高,一些过去看来标准的或合适的育儿行为(比如让孩子在无人监督的情况下玩耍、让孩子晚上独自外出或要求年长的孩子照顾年幼的孩子)在当前都可能被视为父母的忽视行为。②

(五) 父母育儿压力和养育焦虑大幅提升

育儿压力又称养育压力或教养压力,是一种特殊情境下的压力,专门用于描述父母在履行自身角色和进行亲子互动时产生的一系列压力感受。育儿压力不仅会损害父母自身的身心健康,还会导致父母形成更为消极的育儿观念,降低其养育满意度和主观幸福感,使其采取更多的消极教养行为,阻碍父母积极地履行教养职责,进而阻碍儿童的健康成长。比如,育儿压力较大的父母倾向于消极地解读子女的行为,更为易怒,因此子女更容易形成不安全依恋。当育儿压力长期得不到有效的应对与缓解时,父母极有可能出现养育倦怠。

当前,全家人围着孩子团团转的现象时有发生。"儿童中心化"的家庭很容易给

---

① 王乐.(2023).观念与行动之间:新时代我国家庭教育发展的机遇、挑战与展望.当代青年研究,4,90-99.
② 李珊珊,文军.(2021)."密集型育儿":当代家庭教养方式的转型实践及其反思.国家教育行政学院学报,3,48-57.

父母带来巨大的育儿压力以及强烈的家庭教育的牺牲感、负担感和焦虑感。此外,对照学校在系统知识教学基础上出现的"生活化"趋势,当代家庭出现了在生活教育基础上的"知识化"和"学术化"倾向,这预示着家庭教育和学校教育的两条主线,出现了融合的趋势。在家庭生活方式发生变化的同时,父母的育儿压力和养育焦虑也明显提升。这就导致了"鸡娃"这一社会问题的出现。所谓"鸡娃",是指父母为了让孩子考出好成绩,考上好学校,取得一定的社会成就,不断给孩子"打鸡血",激励孩子参加各种培训班、学习各种技能,不停地让孩子去拼搏的行为。"鸡娃"的核心要义在于父母在子女教育中的深度参与。被父母高度干预的"鸡娃"们,不仅在校期间需要完成繁重的学业,而且课后时间和假期也被家长安排的各种培训班和兴趣班占满;儿童既没有娱乐玩耍的时间,也没有自主支配时间的权利。长时间高强度的学习,不仅损害了儿童的身体健康,而且对儿童的心理与精神也产生了诸多负面影响。[①]

并且,随着互联网易得性的增强,父母更容易从现实生活、网络等多渠道获取到不同的育儿信息。比如,在互联网快速发展的背景下,"鸡娃"信息得以突破时空限制被广泛传播,父母的育儿焦虑也因此被传播得更为广泛,"鸡娃"也成了一种重要的教育参考范式,被父母争相分享和模仿。[②]

为了减轻儿童负担,降低父母养育焦虑,2021年7月24日,中共中央办公厅、国务院办公厅印发《关于进一步减轻义务教育阶段学生作业负担和校外培训负担的意见》(简称"双减"政策),该政策明确了对学生进行减负的要求,在一定程度上减轻了社会整体层面父母的养育焦虑。另外,《家庭教育促进法》从家庭教育角度作出规定,试图规范父母的教养行为,缓解父母的养育焦虑。比如,《家庭教育促进法》规定:县级以上地方人民政府应当加强监督管理,减轻义务教育阶段学生作业负担和校外培训负担,畅通学校家庭沟通渠道,推进学校教育和家庭教育相互配合;未成年人的父母或者其他监护人应当合理安排未成年人学习、休息、娱乐和体育锻炼的时间,避免加重未成年人学习负担,预防未成年人沉迷网络。

? 理解·分析·应用

1. 举例说明你观察到的不同文化背景下家庭教育存在的差异。
2. 结合自己的成长经历,谈一谈我国传统文化给家庭教育带来了怎样的影响。
3. 请结合以下案例,谈一谈父母养育压力和养育倦怠对儿童发展的影响。
   小刘是一个靠自己的努力与奋斗改变命运的农村女孩,成为白领的她在婚后对女儿的教养也十分投入,她认为女儿的起点更高,应该比自己有更好的发

---

① 杨发祥,闵兢.(2022)."鸡娃"的生成:现实图谱、制度型塑与文化建构.学术论坛,45(3),83-96.
② 白旭晨,周秀平.(2023)."鸡娃"现象的互联网群体传播与治理路径.杭州师范大学学报(社会科学版),45(1),66-73.

展。于是她对女儿的教育投入了大量的精力、财力,不仅给女儿安排了各种活动、辅导班,自己还报名学习了很多父母教养课程,买了很多科学教养的书籍。但是女儿到四年级之后,成绩开始下滑,之前喜欢的舞蹈班也不想再去上了,母女冲突因此增多。小刘在用尽各种方式之后,突然产生了一种倦怠感,干脆对女儿"放养"。但没想到,女儿的心理状态和学习成绩又有了好转。

推荐阅读书目

1. 中共中央党史和文献研究院.(2021).习近平关于注重家庭家教家风建设论述摘编.北京:中央文献出版社.
2. 刘保中.(2021).家庭教育投入:期望、投资与参与.北京:社会科学文献出版社.

第五部分 家庭教育干预

导读

父母在教养子女的过程中会产生一定的效能感与成就感,但客观来说,这也许是他们一生中遇到的最困难、持续时间最长的任务。他们如何应对这个人生任务,将直接影响儿童的成长。可以说,父母具有良好的教养孩子的能力,对儿童的发展非常重要。

随着社会的发展,人们的观念有了巨大的变化,人们越来越认识到,父母教养孩子的能力并不是与生俱来的,相反,它与自身的成长经历、外界环境息息相关。也正因为此,家庭教育领域的研究者普遍认为父母的教养观念和教养行为是可以被干预和改变的,特定形式的支持、干预可以促进父母的积极教养,进而促进儿童发展。这种旨在改善父母教养观念与行为,提高父母家庭教育能力的活动被称为家庭教育干预。在本书第五部分,我们重点阐述家庭教育干预的概念、发展、对象、形式、内容和评估,介绍一些有影响力的国际家庭教育干预项目,并提出它们对我国家庭教育干预的启示。

第十一章

家庭教育干预

11

【学习目标】

1. 理解家庭教育干预的概念、发展、对象、形式、内容和评估。
2. 了解国际家庭教育干预项目的内容。
3. 明确国际家庭教育干预项目对我国家庭教育干预的启示。

【知识导图】

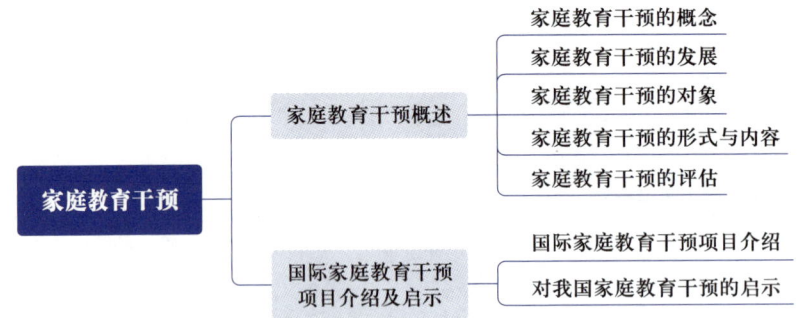

【内容导读】

在过去,人们往往认为父母与生俱来具有开展家庭教育的能力,关爱和教养自己的孩子是一种"本能",无须学习,也无从学习。但家庭教育心理学的研究结果表明,一些父母会有错误的教养观念和教养行为,这样的教养观念和教养行为是可以改变的,也是需要改变的。越来越多的父母意识到,自己的教养行为未必是科学的、恰当的,是需要随着孩子的成长调整的。因此,在过去几十年里,越来越多的父母参与到了各种以促进儿童发展为目标的家庭教育干预项目中。本章从家庭教育干预这一主题出发,从概念、发展、对象、形式、内容与评估等角度介绍家庭教育干预,并重点介绍四个在国际上已经得到广泛证实和推广的家庭教育干预项目,同时明确其对我国家庭教育干预的启示。

第一节 家庭教育干预概述

对家庭教育开展研究的重要目的之一,就是通过探究家庭教育中的心理现象和规律,找到关键影响因素,加以干预,从而促进儿童的发展。有效的家庭教育干预能够帮助家长更好地理解和应对育儿过程中的挑战,缓解育儿压力与焦虑,从而为儿童提供一个更加有利于其成长的环境。

一、家庭教育干预的概念

在心理学中,干预是指在一定的心理学理论的指导下,使用事先设计好的干预计划,对目标群体的认知方式、情绪状态或行为表现施加影响,并使之按照干预者的预期方向进行改变的过程。

家庭教育干预是指一系列旨在改善或增强家庭教育实践的教育和支持计划。其重点是提升孩子的主要照顾者(通常是父母)的家庭教育技能,帮助他们更好地应对和理解自己的感受,帮助孩子提高社会和情感能力、语言和读写能力,促进孩子的认知发展,改善其与父母的关系,并减少问题行为。它既包括向父母传授儿童发展的知识和家庭教育的知识,也包括向父母示范和教授、与父母讨论不同的教养方式,从而提高父母的教养能力,改善父母在教养过程中可能出现的消极心理状况。

二、家庭教育干预的发展

最早记录在案的儿童治疗干预案例发生在20世纪初。弗洛伊德在对一个不到5岁的男孩的分析和治疗中,揭示了来访者小汉斯恐惧症的病因、发展和解决方法。回顾这个著名的案例,我们可以发现一个现象:弗洛伊德并没有直接对小汉斯进行干预,相反,他通过给男孩的父亲提供指导的方式来解决孩子潜在的恐惧问题。这种方法奠定了家庭干预模式的基础。

拓展阅读 >>>

弗洛伊德与小汉斯的治疗案例

弗洛伊德与小汉斯的治疗案例是精神分析史上的经典案例。小汉斯是一个5岁男孩,他因对马产生强烈的恐惧而前来寻求帮助。弗洛伊德认为小汉斯对马的恐惧是他对父亲的恐惧的替代。弗洛伊德指出,小汉斯对父亲同时存在的竞争感和依赖感是造成他心理困扰的主要原因。通过与小汉斯和他的父亲进行互动,弗洛伊德试图寻找和解决家庭中可能导致小汉斯恐惧的问题根源。最终,通过治疗,小汉斯的恐惧得到了缓解。弗洛伊德的治疗方法强调了家庭环境和亲子关系对儿童心理健康的影响。他认为,家庭教育和亲子互动模式在治疗中起到了关键作用。

这个案例凸显了家庭中不恰当的教育和亲子互动模式对儿童心理健康的负面影响。同时,它也证明了通过调整和干预家庭教育,儿童的心理健康问题可以得到有效解决。

20世纪60年代,美国社会变得动荡不安。石油危机的出现使西方国家经济快速发展的"黄金时期"结束,并且出现了经济停滞和通货膨胀并存的"滞胀"现象,这导致整个西方世界的经济发展速度变缓,贫富差距不断扩大。与此同时,随着社会的发展,传统的家庭结构与家庭教育模式也遭到挑战,女性参加工作的比例增加,双职工家庭成为一种普遍的社会现象,离异家庭、非婚家庭的增多也让传统的家庭教育方式在许多方面显现出不足。另外,越来越多的儿童表现出特殊教育需求,以及行为、情绪和社会适应方面的困难。在这样的社会背景下,政府开始更多地关注儿童福利,为贫困或有其他需求的家庭提供家庭教育干预。

随着家庭治疗方法和多系统干预模式的提出,越来越多的干预人员认为,儿童的行为问题最好是在家庭的背景下作为一个相互关联的系统来理解和处理。例如,有研究者在对家庭教育干预方法的早期综述中提出,训练父母改变孩子的行为可能是儿童治疗领域中最重要的目标之一。在传统的干预思路中,从事儿童工作的心理健康从业人员更多是直接对儿童进行干预并促使他们改变。然而,在家庭教育干预形式中,专业人员开始教育父母如何最恰当和有效地教育他们的孩子,从而帮助孩子规范自己的行为,降低孩子产生问题行为和出现其他困难的可能性。

20世纪60年代后,家庭教育干预领域的研究和实践取得了巨大的进展,大量实证研究和比较研究出现。许多研究者提出了不同的家庭教育干预方案,并基于这些方案开展了大型家庭教育干预项目。20世纪70年代和80年代,许多研究者调查并比较了不同的家庭教育干预项目在减少儿童冲突和促进儿童发展方面的效果。结果表明,在这些干预项目的帮助下,父母可以有效地掌握和应用社会认知和行为矫正的基本原则,并将这些知识和原则运用到家庭教育过程中,改变他们的教养方式,从而对孩子的发展产生积极影响。家庭教育干预在早期的研究和实践中得到了认可。随着家庭教育干预的发展与完善,家庭教育干预的方式和内容也得到了拓展。

发展至今,家庭教育干预已成为减少儿童破坏性行为的一个兼具可行性、有效性和创新性的方案。它不仅为父母提供了改变子女负面行为的技巧,还增强了父母在家庭教育方面的效能感。

三、家庭教育干预的对象

家庭教育干预往往会针对某一目标人群或是某些特定的家庭展开,具体来说,包括以下几类:

一是生活在高风险环境,特别是贫困环境中的家庭。一些家庭教育干预项目是专门针对处于低家庭社会经济地位这一高风险环境中的家庭和儿童设计的。例如,20世纪60年代美国开展的"开端计划"(Head Start Project),就是一项为从出生到五岁的儿童及其母亲开展的综合性家庭教育干预项目,该项目以儿童发展为中心,总体目标是提高低收入家庭儿童的入学准备水平。

针对单亲母亲及其孩子的"新起点项目"

二是经历重大转变(如父母分居、离婚或一方死亡)的家庭。为了帮助经历了重大转变的家庭中的父母和孩子更好地适应环境,干预人员开发了针对不同事件人群的干预方案。例如,美国亚利桑那州立大学心理学家于20世纪80年代中期开发的"新起点项目"(New Beginnings Program),就是一项针对单亲母亲和她们的孩子的干预方案。该干预方案同时考虑了母亲和孩子在应对父母离异过程中可能出现的困难,并提供针对性的关系建立技巧,帮助母亲和孩子更好地应对离异给亲子关系和生活带来的压力。

三是父母存在消极的教养行为,如虐待或忽视儿童的家庭。虐待和忽视等消极教养行为是导致儿童发展适应不良的重要风险因素,因此,减少父母的消极教养行为,并降低儿童从中受到的伤害是家庭教育干预的重要内容。以虐待为例,许多干预项目致力于提高儿童和父母识别虐待的意识、知识和技能,并通过提高父母的情绪管理能力等方式减少父母虐待儿童的可能性。如20世纪80年代美国开展了"健康起点"(Healthy Start)项目,该项目的重要内容之一就是通过增强父母亲子互动和应对困难的技能,防止虐待和忽视儿童情况的发生。

四是父母自身处于不良状态,如精神障碍或酗酒的家庭。父母自身的状况会直接影响其在教养过程中的认知和行为,那些本身就患有焦虑、抑郁障碍的父母更有可能将育儿视为一项痛苦且不可能完成的任务,并在家庭教育过程中采取更多的消极教养行为。因此,针对这类父母进行干预同样是家庭教育干预的重点。例如,在"3P"正面教养项目(Triple P-Positive Parenting Program)的第五级干预中,就有针对父母抑郁的干预主题。

学习活动 >>>

家庭教育干预中父亲的"缺席"

在家庭教育干预过程中,每一位家长的参与都是十分重要的。然而,在干预实施过程中,与母亲相比,父亲的参与度往往更低,他们对干预的效果有更多的质疑,也更难与干预者建立良好的干预关系,这种现象在一定程度上影响了家庭教育干预方案的推进,也会对干预效果产生不利影响。

基于上述现象,针对以下问题展开讨论:
1. 父亲的低参与度会给家庭教育干预带来哪些不利影响?
2. 父亲参与度更低背后的原因有哪些?
3. 有哪些方法可以提高父亲在干预过程中的参与度?

五是儿童存在发育或行为问题,如残疾、精神或行为障碍等的家庭。考虑到促进儿童健康成长是家庭教育干预的根本目标,所以针对有儿童发育或行为问题的家庭开展的家庭教育干预项目是最多的。例如,针对有焦虑障碍儿童的家庭行为干预、针对有阿斯伯格综合征儿童的家长管理培训等,这些干预项目都针对特定的儿童发育或行为问题,通过对风险和保护性因素进行干预,提高父母在教养这些有特定困难的儿童时的技能,从而实现促进儿童发展的目标。

六是一般家庭和儿童。上述列举的干预项目大都是针对那些被认为是处于风险或困难之中的家庭开展的。除此之外,也有一些家庭教育干预领域的学者认为,相较于对已经出现问题行为或困难的家庭和儿童进行干预,将预防作为干预(prevention as intervention)的工作思路可以降低干预的难度和成本,同时也可以避免行为问题给家庭和儿童带来的痛苦。

四、家庭教育干预的形式与内容

根据干预人群的范围、干预问题的严重程度等因素,家庭教育干预可以不同的形式开展,其中比较常见的有一对一干预和团体干预两种形式。一对一干预可以为干预人员提供更为丰富且真实的亲子互动素材,也能为父母提供更具有针对性的指导。而团体干预通常可以为父母提供更多的社会支持,父母更有可能了解其他父母在教养子女过程中的类似经历,并从中获益。此外,团体干预比一对一干预更能节省干预人员的时间,降低干预成本。

总体来说,为了适应不同家庭的需要,家庭教育干预的形式不断丰富。针对不同目标儿童的需求、不同亲子关系状况和家庭结构中固有的特殊需求,产生了不同形式的家庭教育干预,它们已经被证明对父母和孩子都能产生积极且显著的影响。因此,干预人员可以根据具体情况选择干预形式,在家庭、学校和社区的各个领域开展家庭教育干预。此外,随着互联网和电子设备的不断发展,越来越多的研究者将精力投入到线上干预方案和自主干预方案的研发和验证中,这进一步丰富了家庭教育干预的形式。

在内容方面,家庭教育干预的内容通常与干预项目的设计者认为"什么对于家庭教育是重要的"这一问题的答案相关。基于此,家庭教育干预的内容往往包括以下四个方面:

一是基于父母教养认知的干预。父母的教养认知直接影响其教养行为和策略。错误的教养观念可能导致不恰当的教养行为,从而影响儿童的心理与行为发展。因此,在针对父母教养认知的干预项目中,干预人员的目标往往是父母的态度、信念、知识、归因或期望,干预人员认为教养认知的改变可以推动父母做出更恰当的教养行为。例如,1970年美国著名心理学家高顿(T. Gordon,1918—2002)在加利福尼亚州创立的父母效能训练(Training for Effective Parenting, TEP)。父母效能训练的核心目标是将父母训练成为能协助子女健康成长的咨询师或辅导员,主要包括三个方面的内容:积极倾听、使用"我-信息"和积极沟通。通过父母效能训练,父母可以与子女进行无障碍的交流,建立良好的亲子关系,并能为子女进行及时的心理疏导,这些都有益于他们子女的健康成长。①

二是基于父母教养行为的干预。父母的教养行为可以直接影响儿童的日常生活和心理发展。不恰当的教养行为,如过度惩罚、忽视或溺爱,都可能导致儿童的行为问题、情感障碍或社交困难。因此,许多大型家庭教育干预项目都着眼于父母的教养行为。例如,美国心理学家尼尔森(J. Nelsen,1937—)开发的"正面管教"(Positive Discipline)项目强调,与传统的奖励和惩罚方法不同,鼓励和支持的行为更能激发儿童的良好行为,该项目在不同文化和社会经济背景的家庭中得到了广泛应用。

三是基于亲子关系的干预。基于亲子关系的干预项目非常重视父母与孩子

---

① 王艳辉.(2017).美国亲职教育实践经验及对我国的启示.成人教育,37(4),79-83.

的互动方式以及亲子关系,并尝试提高父母对儿童需要的敏感性,以此来影响儿童的依恋。例如,"录像反馈促进积极育儿和敏感管教的干预"(Video-feedback Intervention to Promote Positive Parenting and Sensitive Discipline, VIPP-SD)项目。该项目由荷兰莱顿大学研究者开发,旨在提高父母对孩子需求的敏感性,促进积极的亲子关系,并通过非惩罚性的纪律管理方法来促进儿童的社会和情感发展,其有效性得到了多项研究的支持。在干预过程中,干预人员会借助孩子和母亲在家中的录像带来引导母亲回应孩子的需要,并强调在孩子出现某些特定行为时,父母应当对孩子进行回应(例如安抚哭泣的孩子)。

四是基于家庭环境的干预。和谐、稳定的家庭环境有助于儿童的身体健康和情感、认知的发展。因此,那些以家庭环境为主要干预内容的项目会通过家庭访问、观察和问卷调查,评估家庭环境的质量,识别需要改善的领域,并为家庭提供关于如何改善家庭环境的指导。如怎样创造一个有序、清洁、安全的家庭环境,如何为儿童提供一个有利于学习和成长的环境,等等。例如,在"安全护理"(Safe-Care)项目中就有专门的指导者来帮助家长识别和消除家中的安全隐患,以减少儿童受伤的风险,从而为儿童营造一个安全、舒适的家庭环境。

需要注意的是,尽管不同的家庭教育干预项目在干预内容上各有侧重,但这并不意味着各项内容之间是互相独立、不能共存的。实际上,很多家庭教育干预项目会涉及不止一项干预内容,并关注不同内容之间的相互影响。

五、家庭教育干预的评估

对家庭教育干预效果的评估非常重要,它能指导干预方案的推进和推广,使参与人员了解干预成功或失败的原因。在家庭教育干预项目兴起的初期,项目的设计、评估主要依靠权威人员的个人经验或人们的传统观念,缺乏科学的评价体系。到了20世纪90年代,受到循证医学的影响,基于证据的干预实践体系在心理学、社会工作和教育学领域相继萌芽并发展,科学研究的证据逐渐成为衡量干预项目质量的重要依据。1994年,美国医学研究所(Institute of Medicine, IOM)发布报告,将循证干预中的重要方法——随机对照试验(RCT)确立为评估干预项目的重要方法。以该报告为基础,美国政府开始只为得到随机对照试验证据支持、被证明为有效的项目投入经费。循证干预研究在几十年内飞速发展,从业人员、政策制定者和心理服务的消费者越来越认识到选择循证治疗的重要性,期望最大限度地提高干预效果。

在此背景下,不断发展循证干预以及制定针对干预方案的有效审查标准是很有必要的。2017年,临床儿童和青少年心理学学会(Society of Clinical Child and Adolescent Psychology, SCCAP)推出了一套评价循证干预研究时使用的方法学标准,这些标准包括:

(1) 分组设计。通过分组,让不同组接受不同的实验处理,从而验证干预效果。包括随机对照试验、序列多重分配随机试验(SMART)、准实验设计(QED)或断点回归设计(RDD)。

(2) 有明确的自变量。有干预手册或相应的干预方法。

(3) 有明确的干预人群。在有特定问题的人群中进行研究,有明确描述的样本纳入标准。

(4) 结果评估。有对结果的可靠性和有效性的评估。使用有效的工具来分析特定的问题。

(5) 充分的数据分析。使用恰当的数据分析和足够的样本量来检测预期的效果。

这些标准为研究者开发并实施家庭教育干预方案提供了参考,同时也为政府和社会工作人员选择并推广切实有效的方案提供了依据。发展至今,循证已经成为家庭教育干预的重要基础,也是评价一个干预方案的基础标准。然而,循证干预是我们在干预实践中需要遵循的守则,但不是一个非黑即白的黄金条例。除了是否有证据支持以外,一个项目在开发初期是否具有可靠的理论支持,它所提出的干预要素是否在已有研究中得到支持,干预项目是否具有结构化的干预手册,能否在确保准确实施的同时大范围推广,这些方面均是我们评估一个干预项目时应该考虑的内容。

第二节　国际家庭教育干预项目介绍及启示

国际上较有影响的大型家庭教育干预项目有:"开端计划"、亲子互动疗法、"不可思议的岁月"项目和"3P"正面教养项目。这四个项目在干预人员数十年的干预研究中得到了广泛验证,被证明能够改善父母教养方式,促进儿童发展。此外,这些项目都形成了较为成熟的干预手册,其干预方案是较为结构化和清晰的。通过这四个家庭教育干预项目,我们可以更为具体地了解家庭教育干预的内容和过程,这些家庭教育干预项目也能为我国家庭教育干预工作的进一步开展提供一定的参考。

一、国际家庭教育干预项目介绍

以下家庭教育干预项目的过程和结果能够被复制、推广,并可提升家庭教育的效果。

(一)"开端计划"

"开端计划"(Head Start Project)是一个起源于20世纪60年代的大型家庭教育干预项目,也是迄今为止美国联邦政府开展的规模最大的学前教育干预项目,对美国的家庭教育与学前教育产生了巨大的促进作用,也被称为美国学前教育的"国家实验室"。发展至今,"开端计划"已经为数百万的低收入家庭儿童提供了早期家庭教育、健康和营养服务。

1. 项目背景

"开端计划"是美国联邦政府为低收入家庭的儿童设计的一项综合性早期家庭教

育、健康和营养干预项目。20世纪60年代,美国正处于社会变革的时期,贫困和社会不平等的问题受到广泛关注。尤其是在城市贫民区和农村地区,许多儿童(主要是3—5岁儿童)由于家庭经济困难无法获得良好的教育和健康服务。在当时的总统约翰逊(L. B. Johnson,1908—1973)的领导下,美国政府启动了"伟大社会"(Great Society)计划,旨在消除贫困和种族歧视,提高全民生活水平。作为"伟大社会"计划的一部分,1964年,美国国会通过了《经济机会法》,正式启动了"开端计划"。1994年,美国联邦政府将0—3岁儿童和怀孕妇女纳入计划对象,拓展了项目的普及范围。

"开端计划"的设计受到了当时一些先进教育理念的启发。例如,蒙台梭利教育法、皮亚杰的认知发展理论以及布鲁纳的认知学习理论都为该项目提供了理论基础。此外,该项目还吸取了一些成功的早期教育项目,如"佩里学前教育计划"(Perry Preschool Project)的经验。为了确保"开端计划"的科学性和实用性,项目的设计和实施采取了跨学科的合作模式。教育学家、心理学家、医生、营养师和社会工作者等参与了该项目的各个环节,确保儿童在教育、健康和营养等方面得到全面的支持。

2. 项目原则

"开端计划"的提出者认为,每个儿童都是一个独立的个体,他们应得到家庭的支持,而家庭又应该得到社区和邻里的支持。基于此,"开端计划"的咨询委员会提出了以下项目原则,以支持儿童在家庭中的成长以及家庭在社区中的发展:

(1) 高质量原则

该原则强调,无论是直接还是间接通过转介提供的服务,都必须达到高质量的标准。项目应深入挖掘并应用儿童发展、家庭发展和社区建设领域的专业知识和技能。项目的开发者应非常重视从受孕期到三岁时儿童发展的独特性,基于儿童的发展特点提供针对性的干预。此外,美国联邦政府也会对项目实施进行持续的监督,为项目实施提供持续的技术支持、项目成果评估服务,以确保项目质量。

(2) 预防和促进原则

项目咨询委员会认识到儿童成长的"窗口期"转瞬即逝,因此提出了预防和促进原则。这一原则强调在受孕前、孕期、儿童出生后以及早期阶段,项目应积极地促进儿童和家庭成员在身体、社交、情感、认知和语言方面的发展。同时,项目人员还需具备应对家庭在参与过程中可能遇到的突发危机的能力,确保每个家庭都能得到及时和恰当的支持。

(3) 积极关系与连续性原则

该原则强调项目成功的关键在于建立和增强儿童、父母、家庭之间牢固、关怀和持续的关系。这种关系不仅强调父母教养对儿童发展的重要作用,还强调儿童与照料人关系稳定的重要性,以及避免频繁更替主要照料人可能给儿童带来的创伤。此外,项目还会通过在工作人员、家庭和社区之间建立和维持相互尊重的关系,为可能在人际关系方面存在困难的父母提供参照,同时为父母创建一个开放的环境,鼓励他们互相学习和教导。

(4) 家长参与原则

该原则强调的是与儿童的父母建立和维持紧密的合作关系。这意味着项目不仅要为作为儿童主要照料人的父母提供支持，还要确保每位父母都能够实现自己的成长目标，特别是在家庭教育方面。此外，项目也鼓励家长在决策中主动发挥作用，同时提供机会增强他们的自主性和自我效能感。项目还特别强调父亲作为主要合作者与参与者投入到项目中。

(5) 包容性原则

该原则强调在对不同社区的人们进行干预时，干预人员既要尊重每位儿童和成人的主体性，也要增强他们的团体归属感。这意味着项目不仅要支持有困难或有障碍的儿童及其家庭参与社区生活，还要确保那些有重大困难的儿童和家庭接受到所有的项目服务。

(6) 文化原则

该原则强调儿童及其家庭在第一次参与项目时，干预人员应当考虑到他们的文化认同及文化背景。项目不仅要体现对每个家庭的文化和传统的尊重和理解，还要鼓励项目工作人员深入了解自己的价值观念，并认识到文化和传统在整个社区中的重要性。

(7) 全面性、灵活性、响应性和强度原则

该原则强调项目应尊重并基于所服务对象的独特优势展开工作，同时灵活调整方案以满足家庭不断变化的需求。项目会为儿童及其家庭提供个性化的支持，同时确保干预能够满足所有家庭成员的需求，特别是需要外出工作的父母的需求。项目咨询委员会秉持这一信念：所有家庭，无论面临的问题有多大，都有能力确定自己的目标并实现成长。

(8) 过渡原则

该原则强调项目应确保儿童及其家庭能够顺利地过渡到后续高质量的学前教育项目中，如从针对0—3岁儿童的"开端计划"过渡到针对3—5岁儿童的"开端计划"。过渡原则不仅能确保为儿童持续提供丰富的教育资源，还为家庭提供了持续的支持服务。为了促进这种过渡，项目鼓励父母或其他照顾者共同制订过渡计划，并确定所需的资源。

(9) 合作原则

该原则强调为了满足儿童和家庭的需求，项目应与社区中的其他组织，如学校、居委会，建立紧密的合作关系。这种合作旨在创建一个全面和综合的支持系统，以最大化利用资源并避免重复劳动。同时，美国联邦政府也应加强与地方各州的合作，以实现系统变革并更高效地利用资源。

3. 项目内容

在"开端计划"项目创立初期，项目咨询委员会就将"促进儿童发展、父母发展、社区发展和工作人员发展"列为"开端计划"的四个基石。

(1) 促进儿童发展

"开端计划"考虑儿童在身体、社交、情感、认知和语言发展方面的特点和规律,致力于通过提供个性化支持来增强和推进每位儿童的发展,具体包括以下措施:第一,早期家访,针对新生儿家庭开展家访,提供早期鼓励和支持,并为家庭与社区资源建立联系提供桥梁;第二,全面的健康服务,即为儿童提供全面的身体健康和心理健康服务,包括定期进行健康护理、筛查健康问题、免疫接种、进行营养评估、进行发展监测和预期指导;第三,高质量的儿童护理,即通过直接或与其他机构合作的方式,确保为需要护理的儿童提供高质量的保育服务。此外,"开端计划"还设立了健康服务委员会,为有残疾或有残疾风险的儿童及其家庭提供持续、稳定的服务。通过这些措施,项目能够为儿童和家庭提供一个全面、综合的支持系统,以促进儿童的健康和全面发展。

(2) 促进父母发展

"开端计划"的开发人员认为,为了促进儿童和家庭的最佳发展,需要帮助父母获得为自己和孩子设定目标并执行的能力。为了实现这一目标,项目采取了以下措施:第一,为家庭制订发展计划,即在确保项目提供的服务符合项目基本原则的同时,根据家庭的目标和计划进行灵活调整;第二,提供全面的家庭服务,即项目人员会为家庭提供一套完整的服务和指导,特别是会考虑到孕妇阶段、孩子刚出生阶段等处于不同发展阶段的家庭的特点,以及孩子的兄弟姐妹、爷爷奶奶等不同成员的需要,根据不同的需要和目标提供完整、全面的指导服务;第三,关注父母健康与儿童健康的联系,即项目强调父母的健康与儿童的健康和发展之间的紧密联系;第四,提供直接或转介服务,即项目可以直接提供或通过转介提供一系列服务,包括儿童发展咨询、身体健康服务、心理健康服务、增加健康行为的服务、成人可以使用的自助项目,以及紧急援助和交通服务等;第五,强调父母参与,即项目人员会为父母提供参与项目的机会,允许父母作为决策者、志愿者或员工参与其中。通过这些措施,项目可以为父母提供一个全面、综合的支持系统,以促进他们的健康和全面发展,提高他们的家庭教育能力。

(3) 促进社区发展

"开端计划"强调的不仅是儿童个体的发展与福祉,还有提升整个社区的责任感,使其一同承担起儿童的健康发展责任。为了实现这一目标,项目采取了以下措施:第一,营造开放与关怀的社区氛围,即项目以开放和关怀作为核心价值,致力于促进社区建设,鼓励父母成为社区的重要支持资源,并与社区机构、企业和社区领导者建立信任关系;第二,建立文化敏感的服务网络,即考虑到美国的多元文化背景,项目为教育工作者提供文化敏感性培训,确保他们能够尊重和理解不同文化背景的家庭和儿童,同时还为家长提供文化交流活动,帮助他们了解和尊重不同的文化,从而在整个社区形成包容、支持的多元文化氛围;第三,开展深入评估与合作规划,即所有项目的服务者在开展服务前都会对现有的社区资源和需求进行深入评估,并与一系列利益相关者,包括父母和社区居民一起,进行持续的合作规划,以灵活调整项目方案。

(4) 促进工作人员发展

"开端计划"项目委员会认为,项目的成功在很大程度上依赖工作人员的能力和专业性,尤其是在面向儿童的项目中。因此,"开端计划"同样将促进工作人员发展,培养一批专业、稳定的工作人员视为整个项目的重要内容。为此,"开端计划"设计了一系列选拔、培训与评估激励机制,促进工作人员实践技能与工作效能感的提升。

4. 效果评估

截止到 2023 年,"开端计划"已经为 4 000 多万名儿童及其家庭提供了综合性家庭教育干预服务,这些服务有效促进了儿童的健康成长,也提高了父母的生活质量与幸福感。具体来说,在认知和语言能力发展上,参与"开端计划"的儿童在标准化的认知发展评估中得分更高,与对照组儿童相比,他们的词汇量更大,使用的句子在语法上更为复杂,同时他们面临认知发展功能风险的可能性也更低。在家庭环境方面,参与"开端计划"后,儿童更有可能生活在支持认知发展、语言和早期读写能力发展的家庭环境中,父母的育儿压力和家庭冲突也会减少。在亲子互动方面,参与"开端计划"后,儿童的母亲表现出更强的支持性,对儿童的需要更加敏感和热情,与儿童每天一起阅读书籍的时间也有所增加,在与儿童发生冲突时,采用严厉体罚的概率更低,而采用更温和、积极的管教策略的可能性提升。最后,长期来看,参与"开端计划"的儿童较之未参加该项目的兄弟姐妹更有可能获得高学历,从事犯罪活动的可能性更小,并在长大成人之后有更高的收入。

总体来说,"开端项目"为低收入家庭的儿童提供了重要的支持,帮助他们在认知、语言和社交能力方面取得了显著的进步。

(二) 亲子互动疗法

亲子互动疗法(parent-child interaction therapy, PCIT)是最早被用来治疗 2—7 岁表现出破坏性行为的儿童的干预方案。除了儿童的破坏性行为,亲子互动疗法对于焦虑、低自尊、完美主义等一般性发展问题也有显著的积极效果,能够帮助父母与孩子更好地应对因为忽视、离异、收养等生活事件触发的关系问题,也能够帮助父母改善儿童的叛逆、攻击行为和多动等问题行为。

1. 项目发展

亲子互动疗法由艾伯格(S. Eyberg, 1944—)于 20 世纪 70 年代初开发,艾伯格于 1974 年正式提交申请,获得美国酒精、药物滥用和精神卫生管理署(Alcohol, Drug Abuse, and Mental Health Administration)的拨款,以进行干预效果的试验研究。

在亲子互动疗法干预效果得到初步验证后,艾伯格开始在佛罗里达大学培训其博士生。这些学生中的许多人毕业后在大学(如奥本大学、西弗吉尼亚大学)和医疗中心(如俄克拉荷马大学医学中心)开展了亲子互动疗法的实践和研究。随着亲子互动疗法干预效果的实证证据不断增加,越来越多的研究者开始就亲子互动疗法的临床应用对社区机构进行培训。

亲子互动疗法结合了传统游戏治疗和行为原则,将游戏治疗理念应用于家长培训小组,并指导家长在家中对孩子实施游戏干预。该疗法将父母作为干预的主要焦点,赋予他们改变孩子行为的力量。

2. 干预内容

亲子互动疗法包含两个独立的模块:一是儿童导向的互动模块(Child-Directed Interaction,CDI),强调提升亲子关系的质量;二是父母导向的互动模块(Parent-Directed Interaction, PDI),致力于建立结构化和一致的家庭教育计划。在每个模块中,父母都会先参加一次没有孩子在场的教学课程,在该课程中,干预人员会向父母介绍具体的技能,父母将在随后的会谈中接受技能指导和进行练习。在教学中,干预人员会与父母建立合作关系,并为父母提供每个技能的详细描述和解释。除此之外,干预人员会对每个技能进行演示和模拟,帮助父母更好地学习。在初始的教学会谈之后,父母每周将与孩子一起参加干预,并在指导下应用所学的技能。

对于大多数家庭而言,完整的干预过程通常会持续10～16周,每周1小时。干预人员还会建议家庭成员在接受干预后的第1个月、3个月、6个月和12个月学习加强课程,以保证技能的维持并能够解决新问题。

(1) 评估阶段

在干预开始前,干预人员会先对家庭进行全面的、多模式的、多信息来源的评估。这包括标准化的量表测量(如儿童行为量表、父母压力指数、儿童虐待量表),用以了解儿童是否存在问题行为,以及了解父母的压力状况、心理健康情况。此外,干预人员还会对父母进行访谈和结构化的行为观察,并对其教养行为进行编码。在确定亲子互动疗法是一个合适的干预方法后,干预人员会向家长提供有关亲子互动疗法的基本信息,并要求他们承诺在特定日期参加一定次数的干预。通常,干预人员会与家长签署一份书面协议,以提高干预的效果。

(2) 儿童导向的互动教学阶段

评估完成后,家长被要求单独参加一次会谈,干预人员会向他们介绍儿童导向互动教学技能,即"PRIDE"技能,以及如何在与孩子的互动中使用这些技能。"PRIDE"技能指的是鼓励父母在与孩子相处过程中使用赞美(pride)、反应(reflect)、模仿(imitate)、描述(describe)和热情(enthusiasm)技能,同时避免提问、命令和批评。这些儿童导向互动教学技能如表11-1所示。此外,干预人员还会教导父母要让孩子主导游戏,并要求父母分别对恰当和不恰当的行为使用选择性注意和忽略策略。采取这些干预措施的目的是帮助父母把注意力集中在孩子的长处上,同时促进温暖、积极和建设性的亲子互动。

此外,干预人员还会要求父母每天在家里和孩子一起完成5分钟的"特殊游戏"。这5分钟的时间可以让父母练习和运用在会谈中学到的技能,增加积极亲子互动的时长,并与孩子建立一种新的互动方式。对孩子来说,这5分钟是在家庭环境中接受父母积极关注的时间,也是通过游戏发展社交技能(如分享、轮流发言)、决策和领导技能的时间。

表 11-1　儿童导向互动教学技能

技能	定义	目标	例子
鼓励使用的技能			
赞美	用特定的语言表达对孩子的某项行为、表现或态度的正面评价	让亲子关系更加温暖,增强孩子的自尊	父母:"你画得真好看。"
反应	对孩子的话给予回应,如立即重复孩子的语言表达	让孩子掌握对话的主动权,让孩子知道父母很感兴趣,父母表现出接受和理解	孩子:"马要和牛做朋友了。" 父母:"哦,我明白了。马要和牛做朋友了。"
模仿	模仿孩子的行为或在其间陪伴	允许孩子主导游戏,教孩子如何和别人一起玩	孩子:"我在画一个圈。" 父母:"我也要画一个圆——就像你一样。"
描述	对孩子的行为进行中性的描述	教授孩子概念,向孩子示范如何表达,吸引孩子的注意力,引导孩子的思维与行为	父母:"你正在把车开进车库。"
热情	对孩子的表现感到兴奋或感兴趣	保持孩子的兴趣,在忽略孩子的消极行为的同时,将孩子的注意力转移到更恰当的行为上	父母的声音有很多变化
避免出现的行为			
提问	用疑问形式表示评论	开展不愉快的互动(引导对话),让孩子感到难堪	父母:"你到底在做什么?"
命令	要求或命令孩子作出某些行为反应	让孩子失去主动权,让互动变得不愉快	父母:"快把积木放进盒子里。"
批评	对孩子的行为、表现或态度吹毛求疵	打击孩子的自尊,开展不愉快的互动	父母:"你不应该这么做,你知道的。"

(3) 儿童导向的互动指导阶段

第 3—8 次的会谈是儿童导向的互动指导阶段,这一阶段的目标是通过改变父母与孩子互动的方式,促进良好亲子关系的建立,减少孩子的部分消极行为(例如抱怨、拒绝分享)。

父母和孩子会一起参加这一阶段的干预,在每一次干预的过程中,干预人员都会在单向镜的一侧观察父母与孩子的互动行为,并使用耳机对父母进行指导,帮助他们在互动过程中恰当地使用技能。每次干预开始时,干预人员都会先询问父母和孩子这一周的情况,确认家庭作业的完成情况,并解决在"特殊游戏"时间遇到的所有问题。接下来,干预人员使用专门的编码系统对父母的行为进行5分钟的观察和编码,以确定父母当前的技能水平。这一评估可以帮助干预人员确定该阶段如何对父母进行指导。比如,如果评估结果显示父母没有使用赞美的技能,那么干预人员将侧重指导父母更多地对孩子进行赞美。干预人员会对父母进行至少30分钟的指导。在完成指导后,干预人员会再次安排家庭练习("特殊游戏"时间)。一旦父母的技能水平达到预期的标准,父母导向的互动阶段就开始了。

拓展阅读

单向镜在家庭教育干预中的运用

单向镜是一种特殊的玻璃,一面呈现为镜子,另一面则可以看到镜子后的情境。这种技术经常被用于心理治疗、警察审讯以及市场研究。在家庭教育干预中,单向镜也发挥了重要作用。

在家庭教育干预中,单向镜常被用作评估和干预的辅助工具。比如,在干预过程中,家长和孩子被邀请在一个特定的环境中进行互动,如玩游戏或完成某个任务,干预人员则可以从单向镜的一侧进行观察,而不被家庭成员所察觉。这使得干预人员能够在没有外部干扰的情况下,观察家庭成员的自然互动,从而为家长提供即时反馈和建议。这种实时的、基于观察的反馈是非常有价值的,因为它有助于研究者针对具体的家庭情境和问题提供解决策略。

(4) 父母导向的互动教学阶段

与儿童导向的互动阶段相似,父母导向的互动阶段的第一次干预也是仅由父母参加的一次课程会谈。在干预过程中,干预人员会告诉父母在与孩子相处过程中稳定性、一致性、可预见性的重要性,并教授父母一些需要使用的技能,如确定规则,为遵守和不遵守规则的行为提供具体的指导。对于有身体虐待史的父母,干预人员还会和他们讨论之前是什么导致了对孩子的虐待,讨论的重点是父母是否愿意管教孩子,同时注重提高父母调节自己情绪的能力,如进行愤怒管理和放松练习等。

(5) 父母导向的互动指导阶段

这一阶段的目标是帮助父母学习通过非攻击性的行为管理技能来有效地教养孩子,并减少孩子的行为问题,使孩子的行为在干预结束时处于正常范围。在这个阶段,干预人员会有策略地指导父母和孩子,教导父母在互动中帮助孩子学会遵守规则,并减少其不当行为。具体操作流程如下:父母和孩子在一个独立、私密的治疗室内学习和练习特定的技能,这种环境减少了外部干扰,使他们能够集中精力学习基本技能。当父母和孩子在受控的环境中熟练掌握这些技能后,治疗师会带领他们进入一些控制较少但仍相对可预测的环境中进行练习,例如诊所的候诊室、走廊或诊所附近的游乐场。之后，治疗师会布置"家庭作业"，让父母在家中和其他生活化的场景中（如拜访亲戚时）练习这些技能。随着练习的深入，场景的复杂性和不可预测性会逐渐增强，以确保父母能够应对各种情况，增强信心。

(6) 结束和总结阶段

在父母掌握教养技能，孩子的行为也在正常范围时，干预就可以结束了。在干预结束前，干预人员还会和全家成员一起进行一次结束会谈，在最后的会谈中，干预人员会对干预效果进行回顾，讨论未来可能会遇到的困难，并教给家长解决问题的技能，以帮助父母应对有可能出现的问题。父母还会和孩子一起参加一场"毕业典礼"，在毕业典礼上，父母和孩子都将获得对他们成就的认可（例如结业证书、绶带等）。

3. 效果评估

在过去几十年的干预研究中，亲子互动疗法对父母教养行为以及儿童发展的积极作用得到了验证。随机对照试验结果表明，经过完整的亲子互动治疗后，父母的教养技能和儿童行为均得到了改善。对亲子互动的行为观察表明，父母教养行为发生了明显变化，表扬、反应和与孩子身体接触的比率增加，批评和讽刺孩子的次数减少。此外，父母报告他们在完成亲子互动治疗后，教养压力降低，对自己的教养能力也更有信心。对儿童行为的观察同样表明，在接受亲子互动治疗后，儿童的破坏性行为和过度活跃减少，对父母管教的依从性增强。一项基于 165 项实验研究的综述研究表明，亲子互动疗法是儿童行为问题、对立违抗障碍、注意缺陷多动障碍、儿童虐待预防和儿童虐待干预这五大儿童问题的有效干预方法。[1]

需要注意的是，尽管亲子互动疗法的开发者已经编制了专门的干预指导手册，其内容涵盖了如何使用测评工具、如何评估亲子互动以及干预的各个环节，但根据亲子互动疗法咨询委员会提出的最低标准，想要成为一名合格的亲子互动治疗师，需要接受最少 40 小时的初始培训，并定期接受督导及后续培训。此外，亲子互动疗法还有特殊的设备和房间要求。理想的房间包括一个带收音设备的单向镜、录像设备等，这也为亲子互动疗法的推广带来了一定的困难。

(三) "不可思议的岁月" 项目

在 20 世纪末的美国，儿童攻击行为的发生率不断上升，且呈现出低龄化的趋势，行为障碍的治疗和预防被确定为美国的优先事项之一。因此，许多研究者开始关注诱发儿童行为问题的风险因素和儿童行为问题的发展过程。其中"不可思议的岁月"（The Incredible Years, IY）项目就是一个对儿童的行为问题行之有效的家庭教育干预项目。

1. 项目发展

"不可思议的岁月"项目由华盛顿大学的韦伯斯特-斯特拉顿（C. Webster-Stratton, 1947— ）教授开发，是一个旨在提高儿童社会能力，预防、减少 0—12 岁儿童内外化问题的综合项目。该项目在开发初期是针对 3—8 岁有明确行为问题和对

---

[1] Ferro García, R., Bocanegra, M. R., & Ascanio Velasco, L. (2021). A Systematic review of the effectiveness and efficacy of Parent-Child Interaction Therapy. *Psychologist Papers, 42*(2), 119–134.

立违抗障碍的儿童及其家庭设计的,在证明该项目的有效性后,开发人员进一步将其作为一种预防计划拓展到了处于不利处境的风险家庭中,并将干预范围拓展到了存在内化问题(如抑郁、焦虑)和依恋困难的儿童及其家庭之中。该项目旨在提升家长的教养能力、沟通技能,减少严厉和暴力的管教方式,鼓励家长采用积极的教养策略,提高家长解决问题和管理愤怒的能力,增强家庭的支持网络和学校参与度,促进家长和教师合作。

"不可思议的岁月"项目借鉴了教养方式理论,提倡父母要学会通过亲子游戏等方式促进亲子关系,教导孩子遵从父母的管教。除此之外,该项目还特别关注儿童发展的保护性因素和风险因素,在干预过程中,干预人员会帮助父母寻找和发展家庭的保护性因素,同时帮助父母更好地应对儿童发展过程中可能出现的风险和困难。

2. 干预方式

"不可思议的岁月"项目的干预形式是小组讨论式的会谈,每个团体由12至14名家长和1名带领者(如果条件允许,可以是2名带领者)组成,孩子并不直接参与干预项目。这种团体讨论的方式可以帮助父母建立社会支持感,他们在分享自己的困难、了解其他家庭相似的困扰时,可以意识到自己的经历和体验是正常的。在团体会谈过程中,每位家长都可以分享自己解决问题的经验。

团体会谈主要通过两种方式展开:一种方式是录像示范,即父母观看其他父母教养过程的录像。相较于口头的说教或是书面讲义,这种录像示范的方式更容易实现,成本也较低。另一种干预方式则是整个团体的协作讨论,这也是该项目的特色之一。在协作讨论的模式中,团体的带领者不是向父母提供建议的"专家",每次会谈都需要整个团体成员的共同努力,带领者和父母要一起解决问题。在这种非指责性和非等级性的方式中,带领者总结父母提出的观点,鼓励每位成员参与。通过协作讨论,每个人的目标和价值观都受到尊重。在一次会谈中,大约60%的时间用于协作讨论、解决问题和提供支持;25%的时间用于录像示范(播放25至30分钟的录像);15%的时间用于教学。

该项目的一个特色是,根据儿童和家庭的具体情况(例如行为问题、内化问题等),干预者设计了不同模块的内容。具体来说,该项目包含如基础、进阶等在内的多个模块,每个模块又包含不同的干预主题,可供带领者和团体灵活选用。

在具体干预实践中,带领者会根据父母和孩子的个人目标和需求,通过不同模块的组合来调整干预内容。带领者需要在多个层面理解干预项目,包括干预模式、内容和方法,从而适应或调整干预过程以满足每个儿童和家庭的需求。

在第一次小组会谈中,带领者会帮助父母确定他们为自己和孩子设定的目标。通过与父母讨论,带领者会根据每个家庭的需求和孩子的特点为每个家庭制订计划。通过这种方式,家长不仅会觉得这个项目是为他们"量身定做"的,也会从其他需要处理类似问题的父母那里得到支持。

3. 干预内容

对于父母而言,管教存在行为问题的儿童往往是非常困难的,他们不听父母的话,不会按照父母的要求行事,而父母对儿童违抗行为的批评、斥责不仅会诱发儿童的攻击行为,还会进一步增加其违抗行为出现的频率。因此,对于有行为问题的儿童及其父母,"不可思议的岁月"项目的干预目标就是在增进亲子关系,增加家长对有行为问题儿童需求的理解、共情和接纳的同时,帮助父母制订行为计划,教授父母如何对孩子进行管教,针对性地为儿童的积极和消极行为制订恰当的奖励和约束措施。具体来说,针对有行为问题的儿童,该项目主要有以下干预主题和内容:

(1) 增进亲子关系,鼓励儿童合作

带领者会向父母教授"儿童导向游戏"的概念,它是指让儿童来选择游戏内容和方式,父母则跟随儿童参与游戏。在通常情况下,存在行为问题的儿童的父母往往通过更强的控制来应对儿童的违抗,这反而使儿童的行为问题更加严重。父母需要学习如何促进儿童与他人合作的行为,同时不去给予儿童的行为问题过多的关注。在玩耍过程中,只要儿童表现得当,父母就应给予关注并作出鼓励,帮助儿童学习基本的社会交往技能,比如如何在玩耍时分享想法、接受朋友的想法以及给予赞美等。这种以儿童为导向的游戏不仅能帮助儿童学习有价值的社交技能,还能促进更积极的亲子关系的建立。

(2) 提高父母的积极养育技能

有行为问题的儿童通常比其他儿童得到更少的表扬和鼓励,且当他们得到表扬时,可能会表现出对表扬和鼓励的拒绝或反抗。对一些有行为问题的儿童来说,这种对表扬和鼓励的反抗实际上是为了获得更多的关注,让父母更长时间地关注他们。父母可以经常给予这些儿童表扬而不去过度关注儿童随后的反抗。随着时间的推移,儿童对自己的看法也会变得更加积极,并能更加适应父母的鼓励和表扬。此外,父母的另一个重要目标是鼓励孩子遵守规则,因为一旦孩子的依从性增强,培养其他社会行为就会更加容易。

(3) 帮助父母学会建立明确的家庭规则

有行为问题的儿童在超过 70% 的时间里会拒绝按照父母或老师的要求做事,而正常儿童大约有 65% 的时间会听话。这是因为拒绝父母的要求会赢得父母更多的关注。而父母已经习惯了这种不服从甚至对抗的行为,并可能通过避免下达指令或不断重复同一个指令来应对儿童的行为,这又会进一步加剧儿童的不服从甚至对抗行为。因此,想要打破这个循环,带领者就要帮助父母制订明确和稳定的家庭规则,帮助父母学会保持冷静。同时,带领者还会建议父母在与孩子互动过程中减少过度和不必要的指令,清楚、礼貌地发出必要的指令。

(4) 教授非暴力管教策略

父母要学会有策略地忽略有行为问题的儿童表现出的挑衅行为,如发脾气、发牢骚、争吵和顶嘴。例如,带领者会教授父母使用"暂停并冷静下来"的技巧,父母会和儿童讨论如何在情绪高涨时暂停,并和儿童一起练习深呼吸。

(5) 促进积极的家庭沟通和支持

由于缺乏家庭、社区和社会的支持,一般来说,存在行为问题的儿童的父母出现抑郁、婚姻冲突、高度压力、愤怒管理问题的风险更高。因此,该项目也会帮助父母学习有效地与伴侣、其他家人和学校教师沟通;学习应对沮丧和抑郁的情绪,以及管理愤怒;学习给予其他家庭成员支持或获得支持,并有效解决家庭中的问题。

4. 效果评估

数十年的干预研究结果表明,参加"不可思议的岁月"项目的父母的粗暴教养行为显著减少,他们的亲子交流质量明显提升,儿童的行为问题也显著减少。有研究者对参加该项目的家庭开展了随机对照研究,对父母的教养行为以及儿童的行为表现和社会适应进行了3次(参加项目前、参加项目后、项目完成1年后)全面的评估,研究方法包括家长的主观报告、研究者的入户观察和教师的评估。结果表明,参加该项目的父母的严厉管教行为减少,体罚减少,对孩子的批评减少,正面管教行为增加;他们的孩子也更少出现问题行为,而表现出较多的积极情绪和亲社会行为,并且这些积极结果在1年后的评估中依旧能够被观察到。目前,此项目已被美国少年司法与犯罪预防办公室(Office of Juvenile Justice and Delinquency Prevention)评为最佳实践项目。

(四)"3P"正面教养项目

自20世纪80年代,越来越多的研究者意识到,对于每位父母而言,家庭教育都是一项有挑战性的活动,且不当的教养方式与儿童的心理健康和社会性发展息息相关,因此,增强家庭中的保护性因素对父母教养和儿童发展会有很大帮助。在这样的背景下,澳大利亚昆士兰大学的研究者开发了一项增强家庭保护性因素,减少与儿童行为和情绪问题相关的风险因素的教养项目——"3P"正面教养项目(Triple P-Positive Parenting Program)。该项目旨在通过增强父母的育儿知识、技能和信心,预防儿童出现行为、情绪等发展问题。

1. 项目发展

"3P"正面教养项目的开发受到了许多家庭教育研究的启发。例如,从20世纪70年代到80年代,昆士兰大学的研究者与时任奥克兰大学客座教授的莱斯利(T. Risley,1937—2007)进行了一系列讨论,这激发了开发者对于"家庭友好型"社会环境的思考。在开发"3P"正面教养项目时,昆士兰大学的桑德斯(M. R. Sanders)教授特别关注了整体社会氛围的建设以及对父母自我调节的干预。"3P"正面教养一词在1993年第一次被用于描述一个针对学前儿童父母的积极教养行为的早期干预项目。在那之后,昆士兰大学育儿与家庭支持中心相继开发了许多家庭干预计划,这些计划既包括对特定问题儿童的早期干预,也包括从更广泛的公共卫生框架中制订的教养干预计划,有通过电视节目、大型教养干预团体进行干预和自助式教养干预等形式。"3P"正面教养项目也从核心计划扩展到了更广泛的儿童问题和更复杂的父母问题上,包括患有进食障碍、注意缺陷与多动障碍的儿童,以及存在婚姻冲突、抑郁问题和管理愤怒困难的父母。随着"3P"正面教养项目的成熟,它从澳大利亚传播到了其他国家,发展至今,已经有数十个国家参与了"3P"正面教养项目,为父母提供"3P"正面教养干预。

2. 干预特点

"3P"正面教养项目的一个重要特点就是,针对不同人群制订不同的干预方案,以满足他们的不同需要。从社会环境建设到具体行为问题,"3P"正面教养项目包含五个等级的干预方式(表11-2)。

表11-2 不同干预等级的目标人群与干预方式

干预等级	目标人群	干预方式
等级1	对教养和促进孩子发展的信息感兴趣的所有父母	通过线上和纸质媒体,为父母提供积极教养的相关信息,提高父母对儿童发展的认识,鼓励父母参加教养干预计划
等级2	对家庭教育干预感兴趣或对孩子的发展有具体困扰的父母	针对不同的儿童行为问题或发育问题给父母提供具体的建议,包括小组讨论或父母与干预者进行简短的(最多20分钟)面对面或线上咨询
等级3	有具体问题需要咨询或想要参加积极技能培训的父母	四次短期的干预课程,结合提供建议、模拟演练和自我评估的方式,指导父母处理孩子的具体问题,包括线上或面对面的小组会谈
等级4	希望接受积极教养技能强化培训的父母,通常是有攻击性或抑郁、焦虑等问题的孩子的父母	更为分散的干预(约10小时,分8至10次),侧重提升父母的自我调节能力,指导父母将教养技能应用于广泛的目标行为,包括与干预人员的线上、面对面或是团体会谈
等级5	家庭困难且孩子有行为障碍的父母,例如抑郁、离异或情绪管理困难的父母	有针对性的干预计划,涉及不同模块(每个模块60至90分钟的课程),包括提高教养技能、情绪管理和压力应对技能以及伴侣支持技能的练习课程

注重父母自我调节能力的提升是"3P"正面教养项目的另一个特点。由于教养干预的时间是有限的,父母需要具有自我调节的能力,成为独立的问题解决者,这样他们才能相信自己的判断,在进行积极、正面的家庭教育的同时减少对他人的依赖。这意味着父母需要具有足够的韧性、教养相关的知识和技能、社会资源和自我效能感。因此,在参与项目的过程中,父母会学习一些技能来提高自我调节的能力。这一过程包括提升父母的教养效能感和自我管理技能两个方面。

提升父母的教养效能感,是指让父母相信他们可以克服或解决特定的教养或儿童管理问题。干预人员会鼓励父母将家庭状况的改善归因于他们自己或整个家庭的共同努力,而不是其他无法控制的因素(例如偶然事件、自然发展的规律等),同时帮助父母挑战和改变对于自己和孩子的行为问题的消极归因(例如,"他这么做只是为了让我生气""我就是一个糟糕的父母")。

提高父母的自我管理技能,也就是提升父母自主改变育儿方式的技能。这些技能包括自我监控、自我确定目标和标准、根据某些标准进行自我评估以及自我选择教养策略等。在"3P"正面教养项目的框架中,干预人员会通过分享正面教养知识和技能,培养父母自我管理和积极教养的技能,从而使他们在教养过程中作出正确的决定。

3. 干预内容

"3P"正面教养项目的干预策略(表11-3)较为丰富,但有五项积极教养原则构成了该项目的核心,这些原则的制订考虑了与儿童积极发展和心理健康结果有关的风险和保护性因素。在干预过程中,这些原则被运用到不同的教养实践中。

(1) 营造安全且有参与性的成长环境

这一原则对于保护儿童在成长过程中的身体健康以及预防家庭中的事故和伤害是至关重要的。即使对于年龄更大的青少年而言,对他们进行适当的监督和约束也很有必要。

(2) 营造良好的学习环境

具体的技能包括:当儿童试图与父母进行沟通时,父母需要回应儿童发起的互动,并通过"问、说、做"(即问问题、说明原理、示范行为)的方法引导孩子将一个复杂的技能分解为不同步骤,逐步教授孩子学习某项技能。

(3) 制订明确的纪律

对于存在行为问题的儿童的父母而言,强制性教养和无效的约束(例如大喊大叫、威胁和体罚)是普遍存在的。"3P"正面教养项目会教授父母对于特定的儿童行为的管理和改变策略。这些策略具体包括:针对不同情况制订基本规则;与儿童讨论规则;冷静地给儿童明确且适宜的指令和要求;向儿童说明不同行为的后果等。在干预过程中,父母会被鼓励在各种家庭和社会环境中应用这些策略。

(4) 设置现实的期望

干预人员会澄清过高的期望可能对儿童发展产生的不良影响,并与父母一起讨论和制订符合儿童发展规律的切实的目标。目标的设定不仅要考虑儿童发展的普遍规律,也需要考虑存在行为问题的儿童的具体发展情况。

(5) 鼓励父母自我照顾

各级"3P"正面教养干预都会鼓励父母关注自身状况,确保自己的身心健康。在教授父母自我调节技能的过程中,干预内容也包含父母如何应对自己的消极情绪以及教养过程中的压力。在更具针对性的第五级干预中,干预内容还包括如何与伴侣进行有效的沟通,鼓励父母探索自己的情绪状态会如何影响自己以及对方的教养过程,并为有特定情绪困难,例如有抑郁、焦虑或愤怒情绪的父母提供特定的情绪管理策略。

表 11-3 "3P"正面教养项目的干预策略

策略类型	描述	适合的年龄段	应用
与孩子共度美好时光	经常短暂(30秒至3分钟)但不间断地参与儿童喜欢的活动	全年龄段	表达对孩子的兴趣和关心;为孩子提供自我展示和练习对话技巧的机会
与孩子交谈	与孩子就他的活动或兴趣进行简短的交谈	全年龄段	提升孩子的词汇量、会话和社交技能
经常与孩子进行肢体的接触	通过与孩子的身体接触向孩子表达爱	全年龄段	拥抱、触摸或抚摸孩子
表扬孩子	用描述性的语言来鼓励孩子表现出自己希望看到的行为	全年龄段	对孩子恰当的行为表示赞赏;激励孩子,促进孩子的自尊发展
给予关注	在孩子表现出亲社会行为或其他正面行为后予以积极关注	全年龄段	用温柔的声音说话,与孩子玩耍
为孩子树立榜样	通过自己的行为,为期待孩子出现某种行为提供示范	全年龄段	提升孩子的社交技能、自我管理技能
在自然情境下教育孩子	利用日常生活中的机会来教育和引导孩子,根据孩子的学习进度,逐步增加学习内容的难度,以促进孩子不断进步	全年龄段	提高孩子的语言表达能力、问题解决能力、认知能力
通过"问、说、做"来鼓励孩子	使用语言、动作来帮助孩子学习技能	3到12岁	提升孩子的自我照顾技能(如铺床、整理房间)
积极行为图表	具体列出期待孩子出现的行为,以及完成后孩子可以得到的奖励	2到12岁	鼓励孩子做家务、一个人睡觉、合理饮食等

4. 效果评估

"3P"正面教养项目已经在包括亚洲、欧洲、北美洲和大洋洲等不同文化、种族、语言背景的地区得到了实践与效果验证。在多项重复研究中,接受"3P"正面教养项目的父母的消极教养行为减少,对儿童的积极关注和其他正面技能的使用增加,这有效改善了儿童外化行为问题、持续性进食困难等多种问题。此外,"3P"正面教养项目还帮助父母降低了自身的抑郁、压力和愤怒水平,减少了夫妻在教养问题上的冲突,提高了他们对婚姻的满意度。

二、对我国家庭教育干预的启示

通过对以上四个大型家庭教育干预项目的了解,我们可以发现,大型、权威的家庭教育干预项目往往有一系列科学、系统的理论作为基础,在内容设计上也紧紧围绕干预目标和理论基础展开,而科学的干预效果评估也是支持家庭教育干预项目推广的必要条件。这些经验和探索可以为我国家庭教育干预项目的开展带来一定的启示。

(一) 干预对象

在干预对象上,家庭教育干预应当既要关注那些面临特定困难和有一定需求的家庭,也要关注普通家庭。

一方面,针对有特定困难和有一定需求的家庭(如单亲家庭、有残疾儿童的家庭等),干预人员需要提供更有针对性的干预和支持,因为这些家庭可能面临更多的挑战,如适应障碍、教育资源不足、心理健康问题等。例如,在为有孤独症障碍儿童的家庭提供家庭教育干预的过程中,干预人员需要为父母提供与孤独症障碍有关的知识,并针对儿童的发展特点教授父母相关教养技能,帮助儿童更好地适应社会。

另一方面,针对普通家庭的早期预防性干预在家庭教育干预中同样重要。早期干预有助于父母建立健康的家庭教育模式。对父母的早期干预和支持可以帮助他们掌握正确的教养观念和方法,从而在儿童成长的早期阶段就营造出积极、健康的家庭教育环境。此外,早期干预还可以有效预防儿童心理健康和行为问题的发生,减少长期的教育和社会成本。通过早期的干预和支持,干预人员可以识别家庭教育中的风险因素并进行改善,减少儿童未来出现心理和行为问题的可能性,为儿童和社会创造更多的福祉。

因此,在我国家庭教育干预开展的过程中,干预人员需要对不同类型的家庭进行需求分析,并针对不同的家庭开展针对性的家庭教育干预。

(二) 干预形式

在干预形式上,干预人员应当采用多样化的干预形式,综合运用团体干预和个体干预,并充分利用网络平台,增强家庭教育干预的普惠性和有效性。

团体干预和个体干预各有独特的优势,干预人员在干预中应当结合使用。团体干预,如家长讲座、支持小组等,能够为父母提供交流和学习的平台,家长可以在这里分享经验、相互学习和支持。这种形式有助于提高父母的归属感和依从性,同时也能提高干预的成本效益。而个体干预，如一对一咨询、家庭访问等，可以为父母提供更为个性化的支持和帮助。针对特定家庭的特殊需求和问题，个体干预能够提供更为精准的指导和帮助。

随着互联网技术的发展，网络干预成为家庭教育干预的一个重要补充。发展至今，"3P"正面教养项目和"不可思议的岁月"项目均已有网络干预版本。通过视频会议、在线课程、互动论坛等线上形式，网络家庭教育干预不仅为家长提供了更加灵活和便捷的学习方式，也使家庭教育干预资源能够覆盖更广泛的地区和人群。

因此，在我国家庭教育干预项目开展的过程中，干预人员需要开发和提供多样化的干预形式，综合利用团体干预和个体干预各自的优势，以满足不同家庭的需求。与此同时，干预人员还应当加强对网络技术的利用，开发高质量的在线家庭教育干预资源和平台。在对家庭教育干预人员培训的过程中，培训者应当注重提升他们熟练运用多种干预形式开展干预的能力，从而使其更好地提供有效的家庭教育支持。

(三) 干预内容

在干预内容的设计上，干预人员应当注重干预方案的文化适用性，开发结构化、规范化的家庭教育干预方案。

文化适用性是确保家庭教育干预有效的重要条件。家庭教育干预项目发展至今，已有大量学者参与到项目设计与实施中。然而，这些项目大都是针对美国及欧洲国家的低收入或中等收入家庭开发的，在其他文化群体中可能存在适用性的问题。不同的文化背景会影响家庭结构、父母的价值观和教养方式。因此，家庭教育干预的内容设计需要充分考虑到我国的文化特征，确保干预措施与我国文化相契合。例如，在设计干预内容时，干预人员应考虑到我国家庭的传统习俗和受我国传统文化影响而产生的家庭教育观念，家庭对家庭教育干预的接受程度，以及社会环境对家庭教育的影响。

另外，家庭教育干预方案的结构化和规范化同样至关重要。结构化的干预方案有助于系统地解决家庭教育中的问题，提供连贯和由浅入深的支持。规范化的干预方案意味着每一步干预都有明确的目标、内容和方法，这有助于确保干预的质量和一致性。例如，干预人员可以将干预分为不同的阶段，每个阶段都有具体的目标和活动，如初期的需求评估、中期的教养技能培训、后期的效果评估等。

因此，在我国家庭教育干预内容的设计上，干预人员需要充分考虑我国传统文化对家庭教育的潜在影响，对我国家庭的现实需求进行深入分析，以确保干预内容的文化适用性。同时，干预人员要注重干预方案的结构化和规范化，确保干预的有效性。

(四) 干预实施与管理

在干预的实施和管理上，家庭教育干预项目应当注重效果评估，强调政府投入和社会参与的重要作用，重视培养专业人才，确保项目的可持续发展。

效果评估是家庭教育干预有效的保障。科学的评估不仅可以帮助干预设计人员了解干预措施的成效，还可以为改进干预提供依据。在效果评估中，定量方法，如问卷调查和统计分析，可以提供客观的数据支持，帮助相关人员评估干预的广泛影响和趋势。而定性方法，如访谈和案例研究，则可以帮助干预人员更深入地洞察、理解干预的作用过程和家庭的个体经验。两种方法应当结合运用，为增强干预效果的有效性提供切实证据。

政策支持和社会参与是家庭教育干预开展的必要保障。政府可以通过制定相关政策、提供资金支持和建立服务平台等方式促进家庭教育干预的发展。例如，我国颁布的《家庭教育促进法》，就在立法层面为家庭教育干预项目的开发、实施提供了有力支持。此外，政府还应为开展家庭教育干预提供必要的资源，如培训设施、资金支持和专业人员培训等。与此同时，社会各界，包括教育机构、社区组织、企业和媒体等，都应在家庭教育干预中发挥作用。这些机构和组织可以为开展家庭教育干预提供多样化的资源和支持，如社区活动、家庭教育咨询和宣传等。

拓展阅读 >>>

家庭教育指导服务体系在我国的建立

随着社会的发展和教育观念的变革，家庭教育的重要性日益受到广泛关注。党的十九届四中全会明确指出要"构建覆盖城乡的家庭教育指导服务体系"。《家庭教育促进法》同样明确指出"中小学校、幼儿园应当将家庭教育指导服务纳入工作计划，作为教师业务培训的内容"。

家庭教育指导服务体系是以提升家长家庭教育能力、提高家庭教育质量、促进儿童健康发展为核心，向家长提供指导和服务的系统，既包含关键实体要素，比如服务内容、服务对象、服务主体、服务模式等，又包含保障这些要素协调、高效运行的机制。

我国学校家庭指导服务体系的现状、挑战与对策分析：基于我国9个省（市）的调查结果

具体来说，家庭教育指导服务可以通过以下方式开展：设立家庭教育指导中心，为家长提供家庭教育咨询、培训和支持服务；组织各种家庭教育培训活动，如讲座、工作坊、研讨会等，帮助家长提高家庭教育的能力和水平；提供各种家庭教育资源，如图书、手册、视频等，为家长提供科学、实用的家庭教育知识和方法；通过家庭访问、观察和问卷等方式，对家庭教育进行评估，为家长提供反馈和建议。

家庭教育指导服务体系在我国的建立代表着党和政府对于家庭教育的高度重视，也进一步凸显了家庭教育干预的重要作用。

此外，合格的干预人员是确保家庭教育干预成功实施的关键。专业的培训不仅能够丰富干预人员的知识和技能，还能够确保他们在实际操作中有效地应用这些知识和技能。针对干预人员的培训，应当结合理论培训与实践操作，全面提升干预人员的专业素养。理论培训可以为干预人员提供必要的基础知识，培训内容包括儿童发展理论、家庭教育心理学知识以及有效的沟通技巧等。实践操作的培训则可以促进干预人员将理论知识应用于实际情境中,可以通过角色扮演、模拟干预情景,以及在有经验者的指导下进行现场实习等方式实施。对干预人员进行持续的评估和反馈也是培训的重要部分。定期的技能测试、同行评审和督导会议可以帮助干预人员识别自己的强项和需要改进的领域,从而促进自身的专业成长和发展。

因此,在我国家庭教育干预项目实施和管理过程中,相关人员应当建立有效的效果评估机制,结合定量和定性方法,全面评估家庭教育干预的效果。同时,家庭教育干预项目要鼓励和促进社会各界的参与,培养干预人员,形成全社会支持家庭教育干预的良好氛围。

理解·分析·应用

1. 你认为哪些家庭在家庭教育干预的范围之内?
2. 如果采用线上家庭教育干预这种新形式,干预人员应注意哪些事项?
3. 在评估一个家庭教育干预项目的过程中,评估人员需要考虑哪些方面的因素?
4. 从本章四个大型家庭教育干预项目中选择一个,阐述该项目的特点以及值得学习和借鉴的地方。
5. 如果请你来设计一个家庭教育干预项目,你会如何设计干预目标和干预内容?为什么?

推荐阅读书目

1. 边玉芳.(2014).*读懂孩子:心理学家实用教子宝典(0—6岁)*.北京:北京师范大学出版社.
2. 边玉芳.(2014).*读懂孩子:心理学家实用教子宝典(6—12岁)*.北京:北京师范大学出版社.
3. 边玉芳.(2014).*读懂孩子:心理学家实用教子宝典(12—18岁)*.北京:北京师范大学出版社.
4. 萨提亚,贝曼,格伯,葛莫莉.(2019).*萨提亚家庭治疗模式:第二版*(聂晶 译).北京:世界图书出版有限公司北京公司.

参考文献

《习近平总书记教育重要论述讲义》编写组.(2020).*习近平总书记教育重要论述讲义*.北京:高等教育出版社.

白旭晨,周秀平.(2023)."鸡娃"现象的互联网群体传播与治理路径.*杭州师范大学学报(社会科学版)*,*45*(1),66-73.

本诺克拉蒂斯.(2021).*婚姻家庭社会学(第8版)*(严念慈 译).北京:中国人民大学出版社.

边玉芳,等.(2009).*儿童心理学*.杭州:浙江教育出版社.

边玉芳.(2023).*家庭教育概论*.北京:高等教育出版社.

陈传锋,葛国宏,卢丹凤,岳慧兰.(2023).祖辈协同教养与幼儿错误信念理解能力的关系:亲子依恋与祖辈同住的作用.*心理发展与教育*,*39*(1),21-30.

陈鹤琴.(2013).*家庭教育*.武汉:长江文艺出版社.

陈世民,张莹,陆文春.(2020).父母教养方式的影响因素综述.*中国临床心理学杂志*,*4*,857-860.

陈小陈,曹建,徐志欣.(2022).母婴互动干预对精神障碍患儿母亲养育压力和育儿效能感的影响.*中国妇幼保健*,*37*(16),2945-2948.

陈延斌.(2006).中国传统家训研究述论.*上海师范大学学报(基础教育版)*,*3*,24-30.

池丽萍.(2011).亲子沟通的三层次模型:理论、工具及在小学生中的应用.*心理发展与教育*,*27*(2),140-150.

华生.(1998).*行为主义*(李维 译).杭州:浙江教育出版社.

贾茹,吴任钢.(2012).不同类型婚姻冲突解决方式对婚姻的影响.*中国性科学*,*21*(5),49-53.

李珊珊,文军.(2021)."密集型育儿"当代家庭教养方式的转型实践及其反思.*国家教育行政学院学报*,*3*,48-57.

李燕芳,刘丽君,吕莹,骆方,王耘.(2015).人际关系状况与学龄前流动儿童的问题行为.*心理学报*,*47*(7),914-927.

刘畅,伍新春,邹盛奇.(2016).父母婚姻满意度及其相似性对协同教养的影响:基于成对数据的分析.*心理发展与教育*,*32*(1),49-55.

刘雯,於嘉,谢宇.(2021).家庭教育投资的性别差异:基于多子女家庭的分析.*青年研究*,*5*,51-63.

刘云,赵振国.(2013).隔代教养对学前儿童情绪调节策略的影响.*学前教育研究*,*2*,37-42.

卢凤,许定远,刘电芝,朱传林.(2021).青年夫妻冲突应对方式性别差异的扎根理论分析. *中国临床心理学杂志, 29*(1), 109-117.

聂焱, 风笑天. (2022). 祖辈的儿童照料能提升生育意愿吗？：基于 23 个城市家庭的质性研究. *江淮论坛, 6*, 128-134.

彭聃龄, 陈宝国. (2023). *普通心理学(第 6 版)*. 北京: 北京师范大学出版社.

彭于珏, 郭成, 曾晋逸, 陈帅. (2023). 父母协同教养对其教养压力的影响: 亲子亲密性和亲子冲突性的中介作用. *心理与行为研究, 21*(4), 488-495.

屈国梁, 曹晓君. (2021). 同胞冲突及其解决: 家庭子系统的影响. *心理科学进展, 29*(2), 286-295.

司继伟, 郭凯玥, 赵晓萌, 张明亮, 李红霞, 黄碧娟, 徐艳丽. (2022). 小学儿童数学焦虑的潜在类别转变及其父母教育卷入效应: 3 年纵向考察. *心理学报, 54*(4), 355-370.

王乐. (2023). 观念与行动之间: 新时代我国家庭教育发展的机遇、挑战与展望. *当代青年研究, 4*, 90-99.

王美萍, 张文新, 陈欣银. (2015). 5-HTR1A 基因 rs6295 多态性与父母教养行为对青少年早期抑郁的交互作用: 不同易感性模型的验证. *心理学报, 47*(5), 600-610.

王淼, 李春凯. (2017). 社会资本与多代抚养对儿童自尊的影响研究: 基于天津市单、双亲家庭的对比分析. *华东理工大学学报(社会科学版), 6*, 45-54.

谢弗, 基普. (2009). *发展心理学: 儿童与青少年(第 8 版)* (邹泓 等译). 北京: 中国轻工业出版社.

张春泥. (2019). *离异家庭的孩子们*. 北京: 社会科学文献出版社.

赵凤青, 俞国良. (2017). 同胞关系及其与儿童青少年社会性发展的关系. *心理科学进展, 25*(5), 825-836.

周宗奎. (2011). *儿童青少年发展心理学*. 武汉: 华中师范大学出版社.

邹强. (2011). *中国当代家庭教育变迁研究*. 天津: 天津大学出版社.

邹盛奇, 伍新春, 黄彬彬, 刘畅. (2019). 母亲守门行为与母亲教养投入、母子依恋的关系及发展性差异. *心理学报, 51*(7), 816-828.

Barber, B. K. (1996). Parental psychological control: Revisiting a neglected construct. *Child development, 67*(6), 3296-3319.

Bornstein, M. H. (Ed.). (2019). *Handbook of parenting: Volume 3-Being and becoming a parent* (3rd ed.). Taylor & Francis.

Chorpita, B. F., Daleiden, E. L., Ebesutani, C., Young, J., Becker, K. D., Nakamura, B. J., Phillips, L., et al. (2011). Evidence-based treatments for children and adolescents: An updated review of indicators of efficacy and effectiveness. *Clinical Psychology: Science and Practice, 18*(2), 154-172.

Darling, N., & Steinberg, L. (1993). Parenting style as context: An integrative model. *Psychological Bulletin, 113*(3), 487-496.

Duvall, E. M. (1946). Conceptions of parenthood. *American Journal of Sociology, 52*(3), 193-203.

Fosco, G. M., & Lydon-Staley, D. M. (2019). A within-family examination of interparental conflict, cognitive appraisals, and adolescent mood and well-being. *Child Development, 90*(4), 421-436.

García, F., Bocanegra, R., & Velasco, A. (2021). A systematic review of the effectiveness and efficacy of parent-child interaction therapy. *Papeles Del Psicólogo, 42*(2), 119-134.

Johnston, C., Mah, J. W., & Regambal, M. (2010). Parenting cognitions and treatment beliefs as predictors of experience using behavioral parenting strategies in families of children with attention-deficit/hyperactivity disorder. *Behavior Therapy, 41*(4), 491-504.

Lauharatanahirun, N., Maciejewski, D., Holmes, C., Deater-Deckard, K., Kim-Spoon, J., & King-Casas, B. (2018). Neural correlates of risk processing among adolescents: Influences of parental monitoring and household chaos. *Child Development, 89*(3), 784-796.

Liu, J., Peng, P., & Luo, L. (2020). The relation between family socioeconomic status and academic achievement in China: A meta-analysis. *Educational Psychology Review, 32*, 49-76.

Luthar, S. S., Kumar, N. L., & Zillmer, N. (2020). High-achieving schools connote risks for adolescents: Problems documented, processes implicated, and directions for interventions. *American Psychologist, 75*(7), 983-995.

McHale, J. P. (1997). Overt and covert coparenting process in the family. *Family Process, 36*(2), 183-201.

Merz, E. C., Maskus, E. A., Melvin, S. A., He, X. F., & Noble, K. G. (2019). Parental punitive discipline and children's depressive symptoms: Associations with striatal volume. *Developmental Psychobiology, 61*(6), 953-961.

Reiss, F. (2013). Socioeconomic inequalities and mental health problems in children and adolescents: A systematic review. *Social Science & Medicine, 90*, 24-31.

Schaefer, E. S. (1965). Children's reports of parental behavior: An inventory. *Child Development, 36*(2), 413-424.

Yan, Y., & Gai, X. S. (2022). High achievers from low family socioeconomic status families: Protective factors for academically resilient students. *International Journal of Environmental Research and Public Health, 19*(23), 15882.

郑重声明

高等教育出版社依法对本书享有专有出版权。任何未经许可的复制、销售行为均违反《中华人民共和国著作权法》，其行为人将承担相应的民事责任和行政责任；构成犯罪的，将被依法追究刑事责任。为了维护市场秩序，保护读者的合法权益，避免读者误用盗版书造成不良后果，我社将配合行政执法部门和司法机关对违法犯罪的单位和个人进行严厉打击。社会各界人士如发现上述侵权行为，希望及时举报，我社将奖励举报有功人员。

反盗版举报电话　（010）58581999　58582371
反盗版举报邮箱　dd@hep.com.cn
通信地址　　　　北京市西城区德外大街4号
　　　　　　　　高等教育出版社知识产权与法律事务部
邮政编码　　　　100120

读者意见反馈

为收集对教材的意见建议，进一步完善教材编写并做好服务工作，读者可将对本教材的意见建议通过如下渠道反馈至我社。

咨询电话　400-810-0598
反馈邮箱　gjdzfwb@pub.hep.cn
通信地址　北京市朝阳区惠新东街4号富盛大厦1座
　　　　　高等教育出版社总编辑办公室
邮政编码　100029